蘇聯政治體制及崩潰

鄭易平 著

目次

以美蘇對抗為背景

蘇聯解體已有二十幾年了。學者們早已從最初的震驚或興奮中走了出來，投入到艱苦和細緻的研究中去，進行了多維度、深層次探索，發表了大量的有價值的論著，如美國著名國際政治專家前國家安全事務助理布熱津斯基的《大失敗》、《大失控和大混亂》、福山的《歷史的終結和最後一人》、俄羅斯前總理普裡馬科夫的《大政治年代》、前蘇共政治局委員雅科夫列夫的《一杯苦酒》、亞歷山大・季諾維也夫的《俄羅斯共產主義的悲劇》、大衛・科茲等著的《來自上層的革命》、利加喬夫的《警示》、戈巴契夫的《戈巴契夫的回憶錄》和著名學者阿爾巴托夫的《蘇聯政治內幕：知情者的見證》，中國學者姜琦、張月明的《悲劇悄悄來臨》、陸南泉等著的《蘇聯興亡史論》、王長江的《蘇共一個大黨的衰落》、黃葦町的《蘇共亡黨十年祭》。這些論著中，都對蘇聯解體原因提出了各自的解析。

縱觀這些著作，有以下幾個角度和觀點：

一、**「原罪說」**。西方不少學者和俄國部分學者從自由主義出發，把十月革命說成是「原罪」，蘇聯是專制集權的國家，政治、經濟、社會、文化全面倒退，必然垮臺。

二、**俄羅斯歷史的影響**。尤其是沙俄的專制主義對史達林模式的深刻而有力的影響，思想家別林斯基、赫爾岑、車爾尼雪夫斯基等人的空想主義的思想對布爾什維克的負面影響。

三、**新經濟政策的中斷**。一些研究社會主義的學者對列寧對社會主義改革的探索特別是新經濟政策和關於黨和國家機關的政治體制改革思想給予了積極的評價，同時認為，遺憾的是，這些政策和思想沒有被繼承。

四、**史達林模式**。關於史達林模式，研究最多，但觀點大相徑庭，爭論也最多。第一種觀點也是最傳統的觀點認為，史達林模式是歷史的必然，甚至創造了社會主義運動的高潮，打敗了德國法西斯；第二種觀點認為，史達林模式有些合理性因素和歷史功績，但後來僵化了，阻礙了經濟、社會、文化的發展；第三種觀點認為，史達林模式是俄國的歷史產物，是對馬克思列寧主義的背離，也不符合社會主義的要求，因此阻礙了經濟、社會、文化事業的發展、甚至阻礙了政治改革的進行，是蘇聯解體的最深刻、也是最基礎的原因。

五、赫魯雪夫改革的失敗。對此爭議很多，有人認為赫魯雪夫改革是對馬克思主義的背離，是戈巴契夫改革失敗的序曲；也有人認為，儘管赫魯雪夫的改革中有許多失誤和錯誤，其自身的局限性亦很大，但畢竟是蘇聯改革第一人，開闢了社會主義改革的新時期，給後來的改革者打下了基礎，留下了經驗、啟示和教訓。

六、勃列日涅夫時期的停滯。關於勃列日涅夫對後來蘇聯解體的影響也有爭議，有人認為勃列日涅夫主政時，蘇聯實現了穩定和發展；更多人認為勃列日涅夫時期是蘇聯走向衰亡的一個關鍵性時期，它為以後蘇聯的劇變埋下了伏筆。

七、戈巴契夫改革的失敗。關於這個問題的爭議也很大，有很多人認為戈巴契夫改革是導致蘇聯解體的直接原因，也是主要原因；但也有不少人雖然承認戈巴契夫改革是蘇聯解體的直接導因，但更強調蘇聯解體有著十分深刻的深層次的歷史原因。

八、對外政策的失誤。俄羅斯著名學者和活動家麥德維傑夫認為蘇聯的對外政策演變成了對外擴張政策，引起了國內外人民的不滿。另一俄羅斯學者涅仁斯基甚至認為蘇聯對外政策是自殺政策。中國學者左鳳榮認為，對外戰略的失衡以及由此導致的國家對外政策的失誤，是蘇聯失敗的關鍵原因。

九、民族政策上的偏差。戈巴契夫等人認為族際問題沒有得到妥善解決是蘇聯解體的一個重要原因。日里諾夫斯基認為蘇聯民族政策的錯誤導致聯盟的解體。學者戈爾什科夫認為大俄羅斯主義的消極影響最終導致蘇聯的解體。中國也有不少學者論述了民族問題是蘇聯解體的原因。

中外學者們關於蘇聯解體原因的上述分析都從某個角度進行了探究，但蘇聯解體畢竟是二十世紀乃至人類歷史上的一件大事，其原因錯綜複雜，需要長期的研究和探索，有點像一個令人回味長久的橄欖，越嚼越有味道。本人雖才疏學淺，卻不妄自菲薄，斗膽以自己的口味去「品評」一下這一橄欖，希望能咀嚼出新的味道。

筆者認為雖然蘇聯解體的根本原因在於其內部，但外部的影響也是不容忽視的。正所謂內因是事物變化的根據，外因是變化的條件。美蘇的對抗及其對雙方造成的影響似乎就像兩個巨人的搏鬥，結果一方雖然傷痕累累，但未傷及要害，且傷口很快就癒合了；而另一方在搏鬥中傷及內臟，但自己沒感覺到，又缺乏自我修復功能，等到意識到病情嚴重時，慌亂中病急亂投醫，結果不治而身亡。

如果兩個巨人不發生搏鬥，恐怕誰都不知道自己的優勢和弱點。但是在兩個巨人的搏鬥中，他們各自的強項和弱點被充分展現出來了。因此，要研究兩個巨人的體格強弱，得出真實可靠的結論，有必要仔細觀察他們之間的搏鬥過程與結果。

所以，本文試圖以美蘇對抗為背景來分析蘇聯政治體制及崩潰，即從剖析蘇聯政治體制的特徵入手，進而對兩國對抗歷史進行分析，也就是從兩國之間的互動來揭示蘇聯政治體制本身存在的問題，研究其最後崩潰的深層原因所在。這樣做，不僅可以使研究的結果更明晰可靠，而且從實踐意義上看能夠較準確地總結蘇聯劇變的經驗和教訓，儘量避免蘇聯改革過程中出現的錯誤，從而積極穩妥地推進政治體制改革和政治文明建設。

上篇
蘇聯政治體制

第一章 蘇聯政治體制的形成

從列寧的建黨實踐來看，列寧在世的時候，蘇共就開始顯現出僵化的徵兆。列寧對這個問題是高度重視的，企圖通過建立黨的監察委員會等機構來健全黨內的權力平衡和糾錯機制。可是天不假年，他沒能解決這個問題。史達林掌權後，逐步取消了黨的領導機構的權力制約和糾錯機制，政治體制逐漸僵化，給以後的改革造成了巨大的障礙。

在本章我們對列寧為建立新型政治體制所做的大膽探索及其局限性做了分析；對史達林模式政治體制的產生、發展和定型的原因做了剖析，並分析了其社會和歷史根源。

一、列寧時期的探索

（一）列寧的建黨理論與實踐

俄國十月革命的成功，離不開列寧創建的布爾什維克的領導。十九世紀末二〇世紀初的俄國，社會矛盾十分尖銳，工人運動蓬勃發展，農民暴動頻繁發生，學生運動聲勢浩大。形勢的發展一個激進的革命政黨提供一個奪取政權的契機。列寧敏銳地發現這一契機，他明確指出：「革命無產階級的獨立的、毫不妥協的馬克思主義政黨是社會主義勝利的唯一保證，是一條通向勝利的康莊大道。」從十九世紀九〇年代中期開始，列寧就致力於在俄國建立一個不同於在資本主義和平時期建立起來的第二國際黨的新型政黨，以領導俄國的革命。

中國學者王堅紅認為列寧主張建立的新型無產階級政黨，與第二國際各國黨相比，具有以下幾個顯著特點：一是思想上必須完全以馬克思主義為指導；二是政治上必須堅持無產階級革命和無產階級專政；三是在組織上必須堅持民主集中制的原則。

筆者認為王堅紅的理解是準確的。

我們先看第一個特點，列寧指出：「我們完全以馬克思的理論為依據，因為它第一次把社會主義從空想變成科學……它說明了革命的社會黨的真正任務……是組織無產階級的階級鬥爭。領導這一鬥爭，而鬥爭的最終目的是由無產階級奪取政權並組織社會主義社會。」、「沒有革命的理論，就不會有革命的運動。」、「沒有革命的理論，就不會有堅強的社會黨，因為革命理論能使一切社會黨人團結起來，他們從革命理論中能取得一切信念，他們能運用革命理論來確定鬥爭方法和活動方式。」顯然，列寧所說的「革命理論」、「先進理論」，就是馬克思主義。當然這裡的馬克思主義是指列寧所理解的馬克思主義，而不是第二國際的伯恩斯坦、考茨基所堅持的馬克思主義。另外，列寧認為工人階級單靠自身力量只能產生工聯主義意識，不可能有社會主義意識，而社會主義學說是從有產階級知識份子創造的哲學、歷史和經濟理論中成長起來的。因此，無產階級政黨必須學習馬克思主義的革命理論，以便把它灌輸給工人階級。

我們來看第二個特點，列寧認為新型無產階級政黨必須在馬克思主義基礎上形成鞏固的思想統一，也就是在政治上必須堅持無產階級革命和無產階級專政。在一八九五——一八九六年、一八九九年和一九〇二年，列寧曾先後為俄國黨提出過三個綱領草案，強調俄國黨必須堅持通過無產階級革命和無產階級專政來實現奪取政權和組織社會主義社會的目標。他指出：「承認無產階級專政的必要性，是同《共產黨宣言》提出的只有無產階級是真正革命的階級這一原理最密切地不可分割地聯繫著的。」

我們再來看第三個特點，列寧認為新型的政黨必須是一個集中的、戰鬥的革命家組織。他指出：「在黑暗的專制制度下，在流行由憲兵來進行有選擇的情況下，黨組織的廣泛民主制只是一種毫無意思而且有害的兒戲。相反，只要有了優良的革命品質就能保證比「民主制」更重要的東西。即革命者之間的充分的同志信任，而這種更重要的東西對我們來說是絕對必要的，因為在我們俄國是根本不可能用普遍的民主監督來代替它的」。因此，「革命家的組織應當包括的首先是並主要是以革命活動為職業的人……這種組織必須是不很廣泛的和盡可能祕密的組織。」

一九〇五年革命後，人民爭取到了集會、結社、出版的自由，黨有了在黨內實行民主的條件，列寧對黨的組織建設的關注轉向認真地實行黨內民主，實行選舉制，一九〇五年十二月，俄國社會民主工黨的第一次代表會議在列寧提議通過的決議中，確認「民主集中制原則是不容爭論的。」民主集中制的主要內容是：少數服從多數、部分服從整體、下級組織服從上級組織、各地方組織服從中央。列寧重視實行民主集中制的原則，在一九〇六年五月召開的俄國社會民主工黨第四次（統一）代表大會的報告中，列寧指出：「現在留下的是一項重大的嚴肅的和非常重要的任務。在黨組織中真正實現民主集中制的原則，……要進行頑強不懈的努力，是基層組織真正成為而不是在口頭上成為黨的基本組織細胞，使所有的高級機關都成為真正選舉產生的、要彙報工作的、可以撤換的機關。」

在民主集中制原則中，列寧雖然強調少數服從多數，但沒有忽視對少數人民主權利的保護。他認為黨內少數派有權派代表參加代表大會並享有充分的「舌頭自由」，必須保證讓那些批評黨中央機關工作的黨的書刊能夠出版，甚至把允許出版不滿分子的著作的建議用黨章固定下來，以便使不滿情緒正當地表現出來。在列寧看來，正常的黨內鬥爭是不可避免的，不致妨礙正常的工作。

十月革命後，布爾什維克取得了政權，但國內和國際的形勢都十分嚴峻。在這種情況下，黨總體上繼續沿用了十月革命前領導地下鬥爭時期形成的高度集權的模式。列寧明確指出：「在目前激烈的國內戰爭時代，共產黨只有按照高度集中的方式組織起來，在黨內實行近似軍事紀律那樣的鐵的紀律，黨的中央機關成為擁有廣泛的權力，得到黨員普遍信任的權威機構。只有這樣，黨才能履行自己的職責。」列寧甚至強調：「無產階級實現無條件的集中和極嚴格的紀律，是戰勝資產階級的基本條件之一。」

與國家實行戰時共產主義政策相適應，俄共本身也軍事化或半軍事化了。在黨內實行了「極端集中制」的領導體制和「戰鬥命令制」的工作方法：黨中央有權解散任何地方委員會；

幹部的調配「全部由黨中央掌握」，「上級機關的一切決議下級機關必須絕對執行」；要求「在目前階段黨必須直接實行軍事紀律」等。在一九一九年三月黨的八大上建立了黨的最高機關體系：選舉了黨的最高領導機構──中央政治局，其任務是對政治工作實行總領導。為了領導黨的整個組織工作，通過了關於建立組織局的決定，並規定組織局每星期應舉行三次會議。列寧對兩個機構的相互關係作了準確地說明：組織局調配力量，政治局確定政策。它使集中和鐵的紀律的要求能夠很順利地變成具體的行動。

但是，在強調集中的同時，列寧並沒有忘記這種集中應當建立在民主的基礎上，他指出黨的各級組織「是民主地組織起來的」。「黨內的一切事務是由全體黨員直接或通過代表，在一律平等和毫無例外的條件下來處理的」。列寧甚至提出了黨內監督的任務。一九二〇年黨的九大決定成立由代表大會選舉產生的、與中央委員會平行的監察委員會。這樣，總的說來加強集中制是內戰時期建黨的主要方面，但是「列寧在採用這樣一些措施的同時，也明確強調其中大多數措施是與黨的本質相矛盾的，是應急的、只具臨時意義的，今後應當停止使用。」

在內戰時期俄共實行極端集中制雖然有其歷史合理性，但這種體制帶來的弊端也是明顯的。特別是內戰結束、新經濟政策實行後，極端集中制帶來的弊端就更加嚴重。一九二一年俄共（布）十大指出了戰時的集中制帶來的弊端，認為「集中發展了官僚主義化和脫離群眾的傾向;戰鬥命令制往往採取被歪曲和不必要的壓制形式,必要的特權變成了各種舞弊行為的憑藉;黨的機關必要的緊縮削弱了黨的精神生活……這一切引起了黨內的危機。」

面對危機,布哈林認為黨應適應新的和平條件,因為黨不再是「內戰的黨,而是國內和平的黨」。國家不再主要是「鎮壓的工具,相反,它為『合作』和社會統一創造必要的和平條件。」但是「列寧沒有考慮政變黨的體制和運作方式。他更多地把注意力傾注在完善政治機器上。……一是發展和擴大民主,二是繼續加強集中。」

從實際情況來看,發展和擴大民主的措施不得力,而加強集中的措施卻是實實在在的,之所以會如此,主要是因為列寧把新經濟政策看成是向資本主義的退卻。而要保證退卻不發生混亂,不變成逃跑,就必須強調集中和紀律。其具體措施是:禁止派別存在和任命制。

在俄國黨的歷史上,幾乎圍繞每一個重要的、有時甚至是不重要的問題,都出現過派別。經常性的派別活動,成為黨的一大特色。派別活動是表達黨內不同意見的有效形式之一,有利於保持黨的活力,防止黨的僵化。派別活動的消極作用在於它會破壞黨的統一和集中。有時派別之間的爭論和分歧會被敵人所利用,從而使黨的利益受到損害。

列寧更多地看到了派別活動的消極作用,所以才決心禁止派別活動。儘管他對派別所下的定義是嚴格的即有特別的綱領和紀律的組織才是派別,而且在實踐上他沒有把任何不同意見作為派別來處理。可問題在於，取消了派別活動，如何保持黨內不同意見表達管道的暢通？如果黨內不同意見不能表達，黨能避免僵化嗎？列寧雖然看到了這些危險，遺憾的是，他所找到的替代方案僅僅是建議設立《爭論之頁》這樣的出版物。事實證明，這樣的建議面對高度集中並迅速走向僵化的巨大的黨的機器，顯得脆弱無力。

一九一九年三月俄共（布）八大決議確定，「黨的工作人員的全部分配工作由黨中央委員會掌握。」在所有蘇維埃國家機關裡，都成立了最嚴格地服從黨的紀律的黨組。俄共（布）十大實際上把組織工作的大部分都交給了書記處，在一九二三年俄共（布）十二大上，史達林在代表中央作組織報告時強調黨的機構「必須毫無例外地包括一切管理部門和黨賴以掌握我們的經濟機關並實現自己領導的全體工業指揮人員。」這實際上是代表中央發布了由黨任命而不是由選舉產生各級行政管理幹部的指示。

伴隨著任命制普遍推行，俄共中央委員會解散經選舉產生的地方黨組織，由委任的人另組班子的現象也越來越普遍。例如一九一九年和一九二〇年，俄共中央兩次解散了烏克蘭共產黨經選舉產生的中央委員會，另行任命了一個臨時中央委員會。

任命制窒息了黨內的民主生活，使官僚主義盛行同時也損害了黨員的基本權利，使他們失去了主人翁感，從心理上乃至政治中對黨產生異己感，最後疏遠離開這個黨。列寧越來越清醒地看到了這種「在特殊情況下」才「必要的」任命制的弊端，多次提出要以自下而上的選舉制來代替它，遺憾的是列寧的想法和黨的決議由於史達林的抵制而沒有落實，相反，一九二〇年書記處建立的推行任命制的兩個主要部門——登記分配局和組織指導部恰恰是黨的十大提出要排除委任制後的一九二一、一九二二年全面開展工作的。只是和以往的公開任命制稍有不同，地方委員會的選舉形式表面上得到了保留，任命制被稱為「推薦」。對此捷爾任斯基在一九二三年九月中央會議上批評說：「黨的渙散、黨內生活的窒息和任命日益代替選舉導致了一場政治危機，並使黨對工人階級的政治領導陷於癱瘓。」

在列寧生命的後期，集中制所帶來的弊端，比如官僚主義、個人專權都已顯現出來，憂心忡忡的列寧為了制止這個趨勢採取了如下措施：一是通過吸收第一線的工人把中央委員會擴大到五〇——一〇〇人，以便減少官僚主義和防止個人專權。可是，被擴大進中央委員會的人並不是第一線的工人，而是由史達林主持的組織局和書記處挑選出來的基層幹部。當然即使是來自第一線的工人，也難以達到列寧所預期的目的。二是建議把掌握了「無限權力」的史達林調離總書記的崗位，換一個「較為耐心、較為謙恭、較有禮貌、較能關心同志也較少任性的同志。」遺憾的是由於史達林等人的抵制，列寧的這一建議亦未被接受，問題在於，如果制度設計有缺陷，僅更換領導人並不能防止個人專權的弊端。

應當指出的是，列寧對集中制的加強一直是心懷戒備的。他把高度集中制看作是受形勢所迫，不得已而採取的暫時性措施，問題的關鍵在於他在有生之年沒有來得及為俄共設計出一個完整的監督和制衡機制，而且在理論在實踐上沒有完成一個革命黨向執政黨的轉變。換句話說，沒有解決一個執政黨的權力來源問題或者說合法性的問題。因為對於革命黨來說它的任務是用暴力奪取政權，而作為執政黨它就必須解決它的權力來源問題，即獲得大多數民眾的認可和支持。而黨內外的任命制實際上使得民主在國家的政治生活中名存實亡，政權的合法性問題難以很好地解決。這就為史達林時期建立的對國家、社會和意識形態進行全面控制的政黨模式留下了隱患。

（二）列寧對「議行合一」的國家體制的探索

行政、立法、司法三權分立，是資產階級在反對封建專制的鬥爭中發展和完善起來的政治體制。洛克、孟德斯鳩等人對這種體制的必要性做了說明，英美等國的政治實踐也說明這種體制確有它的不可替代的優越性，但它畢竟是資產階級的創造物。在早期的美國，這種體制不僅為資產階級甚至為「貴族」政治服務。這也是有人稱早期美國的民主共和制為貴族共和制的原因。

關於分權原則，馬克思恩格斯從國家機構的各個組成部分的分工和監督的意義上評價了分權學說的積極作用，認為分權學說不僅反映了新興資產階級反對封建專制、向封建主奪取權力的要求，也反映了國家機器發展到工業社會以後更加龐大、更加複雜而需要分工的要求。恩格斯曾指出：「事實上這種分權只不過是為了簡化和監督國家機構而實行的日常事務的分工罷了。」

而「議行合一」這一政體形式是巴黎公社首創的。一八七一年三月十八日，在法國巴黎的無產階級起義後，建立了無產階級政權──巴黎公社，公社的政權機關是公社委員會，公社委員會同時行使立法權和行政權，也就是說立法機關和行政機關是合而為一的，公社市政委員們既參加委員會制定法律和決定一切重大問題，又擔任各部門委員會的委員，直接組織執行公社委員會制定的法令和決議，一身二任，兩權合一。馬克思肯定了巴黎公社的作法，指出「公社是由巴黎各區通過普選選出的市政委員組成的。這些委員是負責的，隨時可以罷免」。「公社是一個實幹的而不是議會式的機構，它既是行政機關，同時也是立法機關」。在馬克思恩格斯看來，取代資本主義的社會主義社會，不僅在本質上而且在形式上都應優於資本主義社會，巴黎公社正是這樣一個樣板。它不僅使政府從壓迫人民的機關變成了為人民服務的機關，而且改變了資本主義國家行政官員大多是任命的狀況，也改變了議會議而不決的低效率。當然，由於在馬、恩所生活的年代，資本主義國家三權分立的政治體制僅僅是個雛形，比如美國還處於「貴族」共和階段，因此馬、恩更多地看到了這種體制的幼稚和弊端。

應當指出的是，馬、恩在贊成巴黎公社政權機構組織上的創造——「議行合一」的同時，也肯定了公社所實行監督和制衡的嘗試。「議行合一」有兩個基礎和前提，一是官員由普選產生，二是選民可以隨時罷免不稱職的官員。總之，「這些勤務員總是在公眾監督之下進行工作的。」

列寧接受並發展了馬、恩的思想，他指出：「資產階級議會制共和國限制並壓抑群眾自主的政治生活，不讓群眾自上而下地直接參加全部國家生活的民主建設。工兵代表蘇維埃則與此相反。」

具體說來，相反之處在於以下兩點：

一是更澈底更真實的民主。「廢除常備軍，一切公職人員完全由選舉產生並完全可以撤換。」「把國家的官吏變成我們委託的簡單執行者，變成對選民負責的，可以撤換的，領取微薄薪金的『監工和會計』。」

二是取消議會制，但不是取消選舉制和代表機構。沒有代表機構，我們不可能想像什麼是民主，即使是無產階級民主。只是代表機構要「兼管行政和立法」，而不是「清談館」。「議員要親自工作，親自執行自己通過的法律，親自檢查實際執行的結果，親自對自己的選民直接負責。」顯然，列寧同馬、恩一樣，雖主張「議行合一」，但卻堅持人民有權通過普選和隨時罷免官員來監督政府。

十月革命後，一九一八年七月第五屆全俄蘇維埃代表大會通過的新憲法規定，全國性的立法檔由「全俄蘇維埃代表大會、全俄蘇維埃中央執行委員會、全俄中央執行委員會主席團及人民委員會頒布」（第五〇條），「人民委員會對全俄蘇維埃代表大會及其執行委員會負責」（第四〇條），「俄羅斯社會主義聯邦蘇維埃共和國的一切政務總的管理屬於人民委員會」（第三七條），「人民委員會為實施此項任務有權頒發一切指令，並採取為保證國家生活正常、快速運轉所必須的任何措施」（第三八條）。

從憲法的規定來看，立法權是由全俄蘇維埃代表大會及其常設機構——中央執行委員會與人民委員會共用的；行政權由人民委員會行使，同時接受全俄蘇維代表大會及其中央執行委員會的監督。

關於黨和政權的關係，列寧一開始是這樣理解的：「蘇維埃政權既不是遵照誰的指令，也不是根據哪個政黨的決議建立的。」他甚至說：「勞動者在不滿意自己政黨的時候，可以改選自己的代表，把政權交給另一個政黨，不必進行任何革命就可以改組政府。」在蘇維埃政權建立之初，俄國多個政黨並存，俄共對蘇維埃的領導採取的是在蘇維埃中組織議會黨團的形式。人民委員會開始由清一色的布爾什維克組成，後曾有七名左派社會革命黨的代表參加。一九一七年十一月底至一九一八年三月，社會革命黨和其他小黨在全俄中央執行委員會中的代表數接近布爾什維克的代表數。後由於社會革命黨與布爾什維克在簽訂布列斯特條約和在農村建立貧農委員會以及實行餘糧徵集制等問題上意見相左，矛盾逐漸激化，其他政黨相繼退出政權機關，甚至政治生活，從而形成了俄共一黨執政，甚至一黨代政的局面。用列寧的話說就是：「這樣一來，就成為最地道的『寡頭政治』了。我們共和國的任何一個國家機關沒有黨中央的指示，都不得決定任何一個重大的政治問題或組織問題。」

無庸諱言，十月革命後「議行合一」的體制的缺陷是明顯的。

首先，職能重疊、立法權分散。全俄蘇維埃中央執行委員會、全俄中央執行委員會主席團及人民委員會這幾個機構之間缺乏相互監督和相互制約，人民委員會權力過大，負擔過重，難免顧此失彼。在多黨制和列寧領導下，情況稍好。因為全俄中央執行委員會由多黨派的代表構成，對人民委員會能起到一定的監督與制衡作用，同時列寧又是一個具有民主作風的領導者。一黨執政後，這個體制的運轉好壞全係領導人個人品質，十分危險。

其次，也是更重要的，官員的普選被實際上的任命制所取代。巴黎公社的最高行政與立法機關的公社委員會、司法部門的工作人員（法官、公證人等）、國民軍各級將領，甚至工廠企業負責人都是選舉產生的。相反，蘇俄不僅政府系統各級幹部、法律檢察系統幹部、軍事幹部，而且各級蘇維埃辦事機構的幹部甚至人民團體辦事機構的幹部也都是任命的。這樣一來，人民對幹部的選舉權、罷免權和監督權都丟失了。蘇維埃這個所謂擁有一切權力的機關自然變成了一個鼓動和通知的機關。

再次，官僚主義盛行。在舊俄國，一九一三年每百名工人對應八點一個職員，而蘇俄一九二〇年則達到十六名。後來增加的更多，幹部追名逐利，貪污腐化，脫離群眾者越來越多。

（三）列寧對聯邦制的探索

蘇聯是建立在俄羅斯帝國基礎上的。俄羅斯帝國可以追溯到十三世紀末十四世紀初出現的莫斯科公國。這個小公國最初只一千三百平方公里，它同周圍別的小公國一樣都在成吉思汗之孫拔都建立的金帳汗國的統治之下。直到一四八〇年，莫斯科大公伊凡三世才完成了對各公國的統一，擺脫了蒙古的統治，最終於十六世紀初形成了統一的俄羅斯國家。

獨立後的俄羅斯國王們繼承了他們過去主子蒙古韃靼人的秉性，開始了瘋狂的領土擴張。史學家把俄羅斯的擴張分為三個階段：第一階段以伊凡雷帝（伊凡四世）為代表，向東擴張，征服伏爾加河流域和西伯利亞。吞併了喀山汗國、阿斯特拉罕國和西伯利亞汗國。第二階段以彼得大帝為代表，在他的統治下，俄羅斯軍事封建專制制度得到了強化，游牧式的農奴專制制度與資本主義殖民擴張主義結合起來，構成了一個極具侵略性的專制大國，對一切可能的區域發動侵略戰爭。首先，通過十八世紀歷時二十餘年的北方戰爭，打敗了主要對手瑞典，實現了沙俄上百年一直夢寐以求的戰略目標，奪取了波羅的海出海口及其沿岸地區。其次，向俄國南部和東部擴張，僅彼得一世去世前的十餘年間，就強佔了黑海和高加索地區，使俄國版圖向東延伸一大片。第三階段，以葉卡捷琳娜二世為代表，主要把俄國的軍事封建制度發展到極致，對波蘭、土耳其等國進行侵略戰爭。第一次瓜分波蘭的戰爭（一七六八－一七七二年）俄國佔領了白俄羅斯地區和拉脫維亞的一部分，面積達九十二萬平方公里，人口一百三十萬。一七九二年，俄國發動第二次瓜分波蘭的戰爭，白俄羅斯和立陶宛的一部分及烏克蘭的大部分併入俄國，共計二十五萬平方公里。僅一年後沙俄又一次進攻波蘭，得到了立陶宛、庫爾蘭（拉脫維亞西部舊稱）、西白俄羅斯和沃倫西部（今烏克蘭境內）領土，共計十二萬多平方公里。至此，俄國獲得原波蘭領土的百分之六十二，約四六萬多平方公里。

葉卡捷琳娜二世為奪取黑海和巴爾幹地區，於一七六八——一七七四年與土耳其交戰。結果佔領了該地區大片領土並奪得了黑海出海口。一七七九年，沙俄以武力迫使土耳其將克里木半島及黑海北岸等地區割讓給俄國。一七八七年，沙俄第二次發動侵土戰爭，進一步鞏固和擴大了自己在黑海及周圍地區的勢力範圍，成為黑海地區的霸主。

與此同時，葉卡捷琳娜二世還進行了東侵和南下。南下是向高加索地區推進。先後吞食庫班河流域和小亞細亞東部，開闢了通向波斯（伊朗）和印度洋的通道。東侵則是為侵佔中國黑龍江流域和奪取太平洋沿岸出海口創造條件。結果沙俄在東北亞地區（其中大部分是中國領土）侵佔了大片領土。葉卡捷琳娜二世甚至還染指非洲和美洲。阿拉斯加等地被沙俄攫取。

據統計，十六世紀三〇年代俄國的領土為二百八十萬平方公里，人口六百五十萬。到一九一七年，俄羅斯帝國的疆域已達二千二百八十萬平方公里，比原來擴大七倍多（其中有二百多萬平方公里是從中國攫取的），人口為一千二百八十二億（一八九七年普查結果），同時俄國由原來單一的俄羅斯民族國家變成了擁有一百多個大小民族的多民族國家。

顯然，俄國的建國史就是鐵與火的擴張史，其中不知摻進了多少被征服民族的血和淚。哪裡有壓迫哪裡就有反抗。正如中國學者江流、陳之驊指出的那樣：「可以想見，伴隨對不同民族征服過程中的殺戮和壓迫，其他民族的反抗鬥爭和離異心理是多麼強烈。特別是一些民族比俄羅斯人有著更為悠久的歷史和文化，在短時間內是很難消融其民族性的，加上傳統歐洲國家對沙俄擴張進行遏制，鼓動其他民族獨立，使民族歸屬意識始終處於不穩定當中。」

正是這種反抗伴隨著十月革命的勝利，俄羅斯帝國內的各族人民宣告了帝國的解體。革命發生的兩個月後，現烏克蘭的九個省宣布成立獨立的烏克蘭人民共和國；哥薩克人在俄羅斯西南部成立了兩個類似的獨立國家；格魯吉亞於一九一八年五月二十八日建立孟什維克執政的國家；緊跟著阿塞拜疆和亞美尼亞宣布獨立。在中亞西亞，全土耳其斯坦穆斯林議會於一九一七年十一月底在浩罕宣布中亞西亞南部實行自治。在西部，波蘭、芬蘭（當時是俄羅斯帝國的一部分）和三個波羅的海國家全部獲得獨立，只有莫爾達瓦（當時叫比薩拉比亞）則被羅馬尼亞兼併。

除了波蘭、芬蘭、波羅的海三國和莫爾達瓦之外，獨立的原俄羅斯帝國屬國又陸陸續續統一到蘇聯的版圖中來，這個過程持續了六年。

一九一九年至一九二〇年，蘇俄紅軍和波蘭軍隊發生衝突，一九二〇年六月蘇俄紅軍收復烏克蘭後，七月份開始進攻波蘭，八月份波蘭軍隊反攻，蘇俄紅軍潰敗。波蘭保持了自己的獨立。

公正地說，雖然新生的蘇維埃政權使用武力，但當時絕大多數獨立的原俄帝國成員內部都有布爾什維克及其強大的支持力量。廣大下層勞動人民受到了布爾什維克的口號和綱領的吸引願意接受布爾什維克的領導。同時俄羅斯帝國境內的大部分少數民族歷史上都是定居或不定居的游牧民族。像卡爾梅人、韃靼人、車臣人、布裡亞特人、茨岡人等都是典型的游牧民族，而中亞幾個大的民族如哈薩克、烏茲別克、塔吉克、土庫曼等以前也是游牧出身，遠東和西伯利亞的少數民族基本上都是游牧或狩獵民族。從社會心理上說，游牧民族中的廣大勞動人民有社會「大同」思想的傳統。這可能是基於以下兩個原因，一是游牧民族獨特的生產方式和地域概念使他們對土地私有的固定生活不以為然，他們更喜歡「公社」式的、自由的集體生活。二是游牧生產生活中自然產生的團結協作意識和廣泛而必需的互助協作形式使他們對社會主義和集體主義有某種「天然」的理解和憧憬，這很可能是他們願意加入蘇聯的一個深層而普遍的思想動機。

聯邦制即由若干具有相對獨立性的地區作為成員單位聯盟組成的國家。聯邦制國家有適用全國的憲法和基本法律，聯邦的立法機構、行政機關和司法機關在全國範圍內行使主要國家權力，但是，各成員單位在不違反聯邦憲法和法律的前提下也有自己的憲法和法律，也可以建立自己的政府，在本區域範圍內的經濟、社會和財政等方面享有相當的自主權。單一制是將國土按地域劃分成若干行政單位、具有統一主權的國家結構形式，其基本特徵是：國家具有單一的憲法，統一的法律體系和司法體系、統一的最高國家權力機關、全國統一的行政機關體系和統一的國籍。

由於受馬克思、恩格斯的影響，列寧認為「真正民主的集中制共和國賦予的自由比聯邦制共和國要多」，在蘇聯的國家結構上，他主張單一制。但為了團結各民族，遏制十月革命後民族分離的趨勢，列寧轉而支持聯邦制。俄共掌權後，黨內很多人反對聯邦制。史達林受中央組織局的委託，擬就了一份《關於俄羅斯聯邦和各獨立共和國的相互關係》的決議草案，其要點是不要建立蘇維埃社會主義共和國聯盟（即「蘇聯」），而是建立包括一切民族共和國的俄羅斯蘇維埃社會主義共和國。也就是讓烏克蘭、白俄羅斯、阿塞拜疆、格魯吉亞和亞美尼亞等五個共和國均以自治共和國的身分加入俄羅斯聯邦。而俄羅斯聯邦本身就是由俄羅斯民族各州與十幾個少數民族自治共和國組成的，讓烏克蘭等五國加入俄羅斯，實際上是把它們貶低到和俄羅斯內的少數民族自治共和國的同等地位。這明顯是大俄羅斯主義在作祟。列寧知道後堅決反對，並提出建立一個新的國家組織——蘇維埃社會主義共和國聯盟，它是一個特殊的國家類型，或者說是一個特殊的聯邦制類型。它建立在各共和國自願和保留各自平等權利的基礎上，並選出全俄聯盟中央執行委員會，作為各平等共和國的政權機關。列寧還堅決主張「要絕對堅持在聯盟中央執行委員會中由俄羅斯人、烏克蘭人、格魯吉亞人等輪流擔任主席。絕對！」

列寧提醒全黨注意防止和克服大俄羅斯沙文主義。十月革命剛勝利，蘇維埃政府發布了《俄國各族權利宣言》，宣布在俄國消滅民族壓迫，實現各民族的平等自由，直至實行民族自決，直至分離和組織獨立國家的權力；廢除任何民族的和宗教的一切特權和限制；居住在俄國領土內的各少數民族與民族集團的自由發展。

不僅如此，在一九二四年在制定聯邦憲法時，列寧堅決把民族自決和分離的權利寫進憲法。結果，一九二四年頒布的第一部《蘇聯憲法》規定，聯盟是「各平權民族的自願聯合」，「每一個共和國均有自由退出聯盟之權。」

應當說列寧的主張對聯共解決歷史上遺留下來的民族矛盾，起了很好的作用，但列寧在國內民族問題上，一直以建立「組織統一的民族」為目標，而這個目標是和各民族的自我發展是有矛盾的。更重要的是列寧在黨內強調集中，而聯共又是蘇聯的領導核心，高度集中的「核心」和自治聯邦制是個不可調和的矛盾，而矛盾的解決途徑只能是形式上的自治，實際上從一開始，聯邦制就沒有真正實現。

十月革命是開天闢地的革命。作為這一前無古人創舉的領導者，列寧進行了大膽的探討，取得了令全世界矚目的成就，穩定了新生的革命政權。但從以上的分析中，我們也可以看出，蘇聯（俄國）的政治體制已出現了不少僵化的徵兆，其弊端依稀可見，主要表現在黨政不分、權力集中且缺乏監督與制約，人民普選權和監督權從十月革命後政權建立起就沒有真正落實，官僚主義日趨明顯。對此，列寧採取了一系列的應對措施，如黨、政、軍負責人分別由史達林、列寧本人和托洛茨基擔任；堅持按期（每年一次）召開黨的代表大會和代表會議，頻繁召開中央全會，即使在一九一九年三月政治局和組織局成立後，重要問題也要在黨的代表大會和中央全會上決定，可見，黨的權力重心還是放在這兩個會議上的；列寧作為全黨最有威望的領袖，從不把自己的意見強加於人，黨內同志們也從不認為列寧是唯一正確的人，經常有人提出與之不同的意見，如在布列斯特和約、外貿壟斷制、成立蘇聯、黨內民主等重大問題上都是如此，對於不同意見，列寧從不以勢壓人，而是通過辯論和說服最後達到一致，因此，在列寧主持工作期間，黨內民主雖然有問題，但基本保持了集體領導體制，黨內不同聲音還不時響起，如「軍事反對派」、「民主集中派」和「工人反對派」都對黨中央的政策提出過反對意見。但列寧在一九二二年初，因病休養十個月，在此期間，史達林把由他領導的本來負責處理「日常的組織性工作和執行性工作的書記處」變成了黨的指揮中樞，從而掌握了「無限的權力」。列寧於一九二二年十月恢復工作後發現問題嚴重，他立即進行調研，準備採取改進措施。可十二月份，他第二次中風，不得不在病榻上以垂危之軀指揮幾位秘書調閱文件、思考對策，給即將召開的黨的十二大準備報告，以便作「最後的鬥爭」。列寧晚年的思考和建議主要是以下幾點：一是切實實行黨政分開，明確劃分黨和蘇維埃的職能，加強蘇維埃和全俄中央執行委員會的決議，提高人民委員會的威信和各人民委員部的獨立自主精神和責任心。二是加強權力的監督和制衡機制，具體措施是擴大中央監察委員會的獨立性和權力，列寧建議讓中央監察委員會享有與中央委員會並行的權力，其代表有權出席政治局會議，可以「不顧情面」，「不管是總書記，還是其他某個中央委員」，都可以「對他們提出質詢，檢查文件，以至做到絕對瞭解情況並使各項事務嚴格按照規定辦事」；同時，建議把擴大的中央監察委員會同改組後的工農檢察院的基本部分合併，對國家機構行使監督檢查職能。三是加強法制。具體措施是糾正過去那種以黨委越權代行司法機關職責的錯誤做法，提高司法機關的作用；改組和限制在勝利初期擁有大權的契卡的權力（全俄肅反委員會）。四是把中央委員會擴充到五十到一百人，以防止中央可能發生的分裂，並建議把史達林從總書記的職位上調開。

遺憾的是，列寧晚年改革黨和國家領導制度的寶貴建議沒被蘇共領導層接受。究其原因，至少有以下幾點：1.在對黨內民主重要性的認識上，列寧在世時，全黨並未形成共識。列寧強調民主集中制，一九〇六年，黨的四大把民主集中制列為黨的原則，但在列寧逝世前，黨的組織並未真正建立在民主選舉的基礎之上，集中制一直是建黨的基本原則，黨的最高領導權實際上掌握在以列寧為首的少數職業革命家手裡。在聯邦制的問題上，列寧在思想深處認為聯邦制是過渡形式，因此，無法解決黨的統一領導和民族自治的問題。2.制度建設不到位。黨政分開、權力監督和制衡缺乏有力的制度保障。列寧在世時，一黨制、以黨代政、任命制、權力過分集中等問題都不同程度的存在。3.力挽狂瀾，為時已晚。列寧想調開已大權在握的史達林，時間已不允許。第二次中風住院後，史達林不僅公開的抵制他，而且設法使他處於與黨中央隔離的狀態。4.客觀上困難重重。比如用普選制取代任命制的問題就很難解決，當時俄國人民群眾的文化水準過低，對實行普選就是個有力的制約。五、列寧組織能力超群，理論素養高，思想靈活，善於團結他人，是個具有超凡魅力和崇高威望的領導人，他的早逝也是他難能可貴的探索很快被終止的重要原因。

一、史達林模式政治體制的形成

（一）史達林建黨模式的確立

史達林作為列寧之後的蘇共領導人，自然在一定程度上繼承了列寧的建黨理論與實踐，但是隨著其權力的鞏固，逐漸形成了他自己的建黨模式。

1. 史達林與列寧建黨理論的區別

史達林與列寧建黨理論的區別主要表現在是實行一黨制還是多黨制的問題上。

列寧在革命勝利前後一直在探索布爾什維克黨與其他政黨的多黨合作，其主要合作對象是俄國社會革命黨和孟什維克黨。

作為沙俄專制制度勢不兩立的敵人，俄國的社會革命黨成立於一九〇一年。它在思想上崇奉赫爾岑、車爾尼雪夫斯基、米哈依洛夫斯基學說，但不全盤否定馬克思主義。在階級基礎上，它反映的是俄國農民的利益。由於在農村長期不懈的努力和策略上的不斷調整，它的政綱被農民所接受，成為農民階級的代言人。一九一七年，社會革命黨在全部六百七十八個縣裡設有三百個獨立組織，相反布爾什維克只有四個支部，幾乎談不上有什麼影響。在俄國，離開農民的支持，革命的成功是不可想像的。布爾什維克直到與左派社會革命黨聯合後，才在農民中擺脫了孤立狀態。但直至一九一七年十二月十日召開農民蘇維埃第二次代表大會時，布爾什維克代表也僅有九十一人，左派革命黨則有占三百五十人，右派社會革命黨下降為三百零五人。十月革命後通過的兩大法令之一——《土地法令》，實際上是社會革命黨人提出的。其實，社會革命黨人不僅是同沙皇專制制度鬥爭的有功之臣，而且其中的左派社會革命黨更是十月革命勝利的生力軍。正因為如此，在起義勝利後布爾什維克同社會革命黨繼續保持合作，並於一九一七年十二月與其一起組成了聯合政府。

孟什維克，因一九〇三年在第二次代表大會上反對列寧新型建黨原則並處於少數地位而得名（「孟什維克」在俄語中意為少數）。但在後來大多數的革命歷程中，孟什維克並不總是處於少數地位。十月革命前，孟什維克只是一股強大的思潮而不是一個獨立的政黨。（十月革命後，少數派孟什維克於一九一八年二月曾召開社會民主工黨（國際主義派）成立大會）。直到一九一七年，至少在名義上，孟什維克與布爾什維克都是在同一個俄國社會民主工黨內活動的。許多著名的孟什維克如普列漢諾夫、阿克雪里羅得、查蘇利奇等幾乎都是向俄國傳播馬克思主義的先驅者。孟什維克的特點是信仰馬克思主義，但受西歐馬克思主義，特別是第二國際的和平發展道路的影響大。儘管他們有忽視俄國實際的弱點，但他們對推翻沙俄統治的貢獻難以抹殺。

立憲會議是俄國革命者追求了一個世紀的奮鬥目標，也是俄國資產階級民主革命時期反對沙皇專制制度的戰鬥口號。各類革命或改良政黨和運動——包括十月革命前的布爾什維克，都把召開立憲會議作為俄國社會新生的標誌和起點。二月革命勝利後，臨時政府也許諾召開制憲會議，十月革命勝利，蘇維埃政權成立，布爾什維克認為立憲會議已經過時，因為無產階級政權比資產階級的立憲會議更高級，但當時召開立憲會議的思想已深入人心，一九一七年十二月二十八日，開始了立憲會議的選舉，在總共七百零十五名當選代表中布爾什維克一百七十五名，左派社會革命黨人四十名，右派社會革命黨人三百七十名，孟什維克十五名，立憲民主黨人十七名，民主團體八十六名，人民社會主義者二名，無黨派一名。掌權的布爾什維克在立憲會議的代表席位與其他政黨通過普選得來的席位相去甚遠。不得已，布爾什維克用武力驅散了立憲會議，宣布一切權力歸蘇維埃。立憲會議被驅散後，立憲民主黨的代表被捕獲、被殺，這激起了工人群眾對布爾什維克的抗議，結果在一月五號，莫斯科和彼得格勒的數以十萬計的遊行示威工人，遭到了蘇維埃軍隊的血腥鎮壓。

儘管立憲會議被驅散了，但列寧開始並不主張實行一黨制，而是力主以布爾什維克為主導的多黨聯合執政。在第一次同各派社會革命黨人組成聯合政府未獲成功時，列寧並未放棄嘗試。他說：「我們願意成立蘇維埃聯合政府。我們沒有把任何人排除在蘇維埃之外。」在列寧看來，布爾什維克和左派社會革命黨的聯合，也就是「無產者同被剝削者勞動人民之間『真誠的聯合』是可能，也是必要的。」遺憾的是，左派社會革命黨人和孟什維克反對布爾什維克的農民政策，特別是「餘糧徵集制」。結果被指控參與了喀琅施塔得叛亂（其實他們並沒有號召武裝推翻政權）。最終導致了兩黨的暴力對抗，左派社會革命黨和孟什維克遭到了鎮壓，多黨聯合失敗。

到實行新經濟政策的一九二一年，列寧又提出了多黨合作的可能性。對此，他解釋得很清楚：「富農的出現和小資產階級關係的發展自然會產生相應的政黨，在俄國，這些政黨是在幾十年當中形成起來的，我們對他們都很熟悉。這裡要選擇的，不是讓不讓這些政黨發展，因為小資產階級經濟關係必然會產生這些政黨；我們要選擇的，而且只能在一定程度上選擇的，只是集中和聯合這些政黨的行動的形式。」

有人懷疑列寧能否真的實行多黨制，這些懷疑確實是有根據和遠見的，但誰也不否認列寧確實對多黨制進行過嘗試。其實即使列寧去世後，布爾什維克黨內還仍然有一些人是贊同多黨制的。比如黨的著名理論家和重要領導人布哈林，在一九三六年得知高爾基曾提出把知識份子聯合成一個單獨的政黨參加選舉的設想後，評論說：「某種第二黨是必要的。如果只有一個候選人名單，沒有競選，這就和納粹主義一樣了。為了在俄國人和西方人的眼裡使我們和他們有區別，我們應該建立有兩個候選人名單的選舉制度，作為一黨制的對立物。」

但是史達林認為，既然富農已被消滅，多黨制已沒有任何基礎。因為「幾個黨，也就是政黨自由，只有在有利益敵對而不可調和的對抗階級的社會裡，譬如說，在有資本家和工人、有地主和農民、有富農和貧農等等社會裡，才會存在。可是，在蘇聯已經沒有資本家、地主、富農等等階級了。在蘇聯只有兩個階級，即工人和農民，這兩個階級的利益不僅不彼此敵對，相反地，是互相友愛的。所以，在蘇聯也就沒有幾個政黨存在的基礎，也就是說沒有這些政黨自由的基礎。在蘇聯只有一個黨，即共產黨存在的基礎。在蘇聯只有一個黨可以存在，這就是勇敢和澈底保護工農利益的共產黨。」

由此可見，正是史達林從理論上確立了蘇聯的一黨制。

2. 史達林的建黨實踐

同列寧不同，史達林把黨內的不同意見簡單地等同於機會主義、資產階級和小資產階級在思想上的反映。因此他認為，布爾什維克一直以來用黨內思想鬥爭的方法來消除意見分歧是危險的，相反只有用黨內清洗的手段來解決黨內分歧、保證黨的鞏固。他明確指出：「黨是靠清洗自己隊伍中的機會主義分子，來鞏固的。」

十月革命前，布爾什維克黨的領導機構是中央委員會。一九一七年八月起，為了從組織上準備奪取政權，黨中央設立了一個以斯維爾德洛夫為首的中央委員會書記處，主要負責從工人和士兵中吸收黨員的工作。一九一九年初中央委員會內建立了集權性的組織機構中央政治局、中央組織局和中央書記處，後者是前兩者的執行機構。為了加強書記處的工作，一九二二年四月在黨的第十一大一中全會上，決定設立中央委員會總書記的職位。史達林擔任總書記後，書記處人員增加，職能變多，逐級由一個秘書機構變成了掌握實權的領導機構。書記處下屬的組織指導部和登記分配局，組織指導部根據史達林的指示進行改組，權力增大，不僅有權彙集各地黨內情報資訊，並向各地黨組織下達指示性計畫，還負責同宣傳鼓動部等有關部門向中央書記處提交需要通過的各項條例，和指令草案，登記分配局的職權則由一般統計、登陸、分配幹部變為有權考察、審查各部門各地方的負責幹部，提出提拔和調動的意見。這就大大擴大了他的權力。史達林領導的中央書記處就是通過這兩個部門獲取了黨內情報、制定命令和人事任命的大權。從而也同各地方黨組織建立了牢固的隸屬關係。當時黨中央機關大約有六百人，而全國脫產的黨的工作者大約為一萬五千人，從那時起，中央書記處的權力逐步膨脹並且一直延續到戈巴契夫時期。

當了總書記的史達林身兼黨的三要職：政治局委員、組織局委員和書記處的領導，這使他處於極有利的地位。隨著時間的推移，史達林利用自己黨的總書記權力把越來越多的「自己人」安插到黨和國家機關的各個崗位，從而使本來就很大的權力更加膨脹。具體說來，史達林是通過任命省委書記這一關鍵職務來獲取和鞏固其權力的。一九二六年聯共（布）中央的一個專門決議把中央對幹部的任命權改為對黨的負責崗位幹部的任命權。規定由省委和地區委員會編訂下面的幹部選拔名錄，這樣省委書記一方面給中央提供幹部的名單以便中央任命，另一方面可以物色可靠的全國黨代會代表。如此即可保證選舉中上面提名的「中央委員」的選票達標，中央委員肯定由內定的「自己人」充當。只要他們能當選，就可掌握政治局的多數，確保最高權力在自己手中，從而立於不敗之地。後來由於列寧經常生病休假，作為處理黨的日常事務總領導的總書記自然掌握了越來越多甚至是「無限的權力」。

列寧逝世後，俄共（布）高層內的季諾維耶夫（包括加米涅夫）、托洛茨基、史達林和布哈林等四個派別集團進行了爭奪黨和國家最高權力的鬥爭。一九二三年秋至一九二四年上半年，史達林聯合季諾維耶夫、加米涅夫組成了「三架馬車」，擊敗了托洛茨基。接著「三架馬車」分裂，史達林又聯合布哈林、李可夫打倒了加米涅夫和季諾維耶夫等人組成的所謂新反對派，後又澈底擊垮了季諾維耶夫、加米涅夫同托洛茨基（包括列寧夫人克魯普斯卡婭）組成的聯合反對派。一九二七年十二月蘇共（布）十五大決定將托洛茨基、季諾維耶夫、加米涅夫等人開除黨籍。一九二八年又將托洛茨基驅逐出境。剛剛戰勝聯合反對派的史達林緊接著又展開了以布哈林為打擊目標的反「右傾」鬥爭。布哈林雖然在反對托洛茨基與季諾維耶夫等人的鬥爭中站在了史達林的一邊，但在農業發展道路、工業化道路和速度、基本階級關係、工農聯盟等一系列問題上，同史達林產生了分歧，特別在對當時階級鬥爭的估計和對民主的看法上，兩人的看法針鋒相對。布哈林堅持列寧晚年對黨和國家領導制度改革的探索，主張加強黨內監督與民主建設，而史達林則堅決主張進一步集中權力和強化鎮壓職能。在一九二九年蘇共（布）四月全會上史達林解除了布哈林等人的領導職務，從而穩固地執掌了蘇共中央的大權。

在取得了對布哈林鬥爭的勝利後，史達林便宣布一九二九年是「大轉變的一年」。在這個大轉變中，對黨內、國家機關內、工會和合作社組織中的「右傾分子」進行了清洗，結果在短時期內將一百四十九萬黨員（占黨員總數的百分之十一）開除出黨籍。

與此同時，在這個「大轉變的一年」的年底，史達林正式發動思想文化領域的大批判。這個運動不僅橫掃了經濟學、哲學、史學等領域，衝擊了文學、藝術、教育與語言學領域，而且還把批判的矛頭指向了自然科學部門，使社會科學與自然科學遭受了沉重的打擊。在此過程中，史達林還組織編寫了歪曲歷史和美化神話他本人的《聯共（布）簡明黨史教程》，確立了史達林思想的獨尊地位。

「反右傾」運動之後，政治清洗不是停止，而是一發而不可收。自一九三〇年春至一九三一年，從在烏克蘭公開審判所謂「拯救烏克蘭聯盟」案、「烏克蘭青年聯合會」案開始，短時間內先後製造了「勞動農民黨」案、「間諜組織案」、「工業黨」案、俄國社會民主工黨（孟什維克）中央委員會「聯合常備局」案等，這些冤案牽連的人數很多，其中「勞動農民黨」被宣布有黨員十至二十萬人，「工業黨」雖被宣布僅有黨員二千人，但主要是高級知識份子代表。

在整肅和清洗「資產階級知識份子」和黨外人士的同時，在黨內也搞起了冤假錯案，例如，一九三〇年的「瑟爾佐夫——洛米納澤反黨集團」案，一九三二年的「柳亭——加爾金集團案」和「斯米爾諾夫反黨集團」案以及導致烏克蘭、亞美尼亞和烏茲別克斯坦許多黨的負責幹部遭受迫害的反「民族主義傾向」運動，打擊的物件擴大到了對黨缺乏民主的領導體制、經濟政策有不同看法以及對史達林本人有意見的幹部，包括一些老布爾什維克。

一九三四年十二月一日，聯共（布）政治局委員基洛夫被殺幾個小時後，史達林親自草擬了一個取名為「十二月一日法令」的決議，該決議完全拋棄了起碼應有的訴訟程式。它規定，偵察恐怖案件要在十天內完成，控告結論在正式開庭審判前一晝夜交付被告；不考慮死刑罪犯的申訴；死刑判決宣布後立即執行。這個決議的執行，揭開了「大清洗」的序幕。一九三六年八月至一九三八年三月在莫斯科進行的三次大審判把「大清洗」推向了高潮。包括托洛茨基、季諾維耶夫、加米涅夫、布哈林等黨和國家的重要領導人在內的數以百萬計的幹部和群眾被判死刑。「大清洗」和思想文化領域的大批判的開始，標誌著以個人專權為重要特徵的史達林建黨模式的確立。

（二）史達林掌權後的國家體制的確立

列寧在世時，黨政關係已出現嚴重問題，實際上形成了一黨專政的局面，人民對幹部的選舉權、罷免權和監督權都難以行使，列寧寫了一系列的文章，尋求化解這一困局的方法。史達林掌權後，中止了列寧對黨和國家領導制度的改革探索，以黨代政的情況愈演愈烈。立法機關虛化，行政和司法機關成為黨的領導部門的執行機構。但在名義上，國家體制獨立存在，且有自己的特點。

蘇聯一九三六年憲法規定，全蘇聯最高蘇維埃是全國最高權力機關，各加盟共和國、州、市、區各級蘇維埃是地方相應級別的最高權力機關。它的權力分三個方面：1.最高的立法權力機關。全國一級的最高蘇維埃分設民族院和聯盟院，其中每一院有七百五十名議員。民族院有點像美國的參議院，是建立在民族基礎上的，每一個加盟共和國及其他的民族區域地方均有一定數量的代表。聯盟院類似美國的眾議院，議員是由按全國人口劃分的若干選區選舉產生的。各級蘇維埃的選舉不是公開舉手表決而是採取祕密投票的方式。所有立法由兩院通過。2.各級行政機關是各級蘇維埃的執行機構，向各級蘇維埃負責。蘇維埃擁有任命、監督行政權力機關的最高權力。3.如行政機關一樣，各級司法機關也隸屬於各級蘇維埃，由各級蘇維埃任命和監督。

從形式和憲法條文來看，三權合一體制下的立法機關、行政機關之間也是既講「分權」也講「權力制衡」。譬如，檢察院和法院獨立於行政機關之外，直接接受蘇維埃任命監督和指令。這是司法和行政的分權；國家一級立法機關最高蘇維埃的重要的立法均需聯盟院和民族院一致通過。如兩院無法達成一致，最高蘇維埃主席團將宣布最高蘇維埃解散，進行新的選舉。這無疑是「權力制衡」。只不過制衡和分權都是統一於蘇維埃之下而已。因此從表面上看，這是一種新型的制衡和分權。

不僅如此，從理論上說，這種體制並不缺乏監督。因為各級蘇維埃，從村蘇維埃到最高蘇維埃都由選民直接選舉產生，直接受廣大人民的監督。同時，為了加強對行政部門的監督，行政執行機關還實行自我監督，也即建立監察部，作為各級政府的一個部門，雖然從屬於行政機構。

值得重視的是，政府的監察部權力很小，而名義上隸屬於政府，實際上獨立於政府之外的國家政治保衛機構權力大得驚人。其前身是契卡（全俄非常委員會）和格勃烏（國家政治保衛局）。史達林掌權後，於黨的十七大閉幕不久，把國家政治保衛機關與內務機關合併組成全蘇內務人民委員部，它集公、檢、法的職能於一身，不受任何國家機關的監督，只對史達林個人負責。

（三）史達林掌權後聯邦名存實亡

史達林掌權後，結束了新經濟政策，從二〇年代末到三〇年代中期，工業化和農業集體化迅速進入高潮時期。為了儘快建成社會主義的經濟基礎，必須對全聯盟資源進行全方位的高度集中，這自然要求體現蘇共中央和史達林個人集權的聯盟中央國家機關的作用迅速增強。結果，蘇聯作為聯邦制國家的特徵越來越少，單一制國家的特徵越來越多。這一「少」一「多」，使聯邦制向單一制轉變，其結果必然是聯盟成員的主權原則被虛化。具體表現在以下幾個方面：

首先，就主權分配而言，在理論和政治實踐中，聯邦制國家的政權體系都被化為兩部分，根據憲法，一部分歸屬中央政府，另一部分授予地方政府。聯邦制的主權體系在蘇聯則表現為聯盟主權和加盟共和國主權。蘇聯一九二四年憲法規定，聯盟中央擁有主權，但同時又規定加盟共和國作為聯盟的主體，擁有不容侵犯的國家主權。蘇聯一九二四年憲法甚至規定「各加盟共和國保留自由退出聯盟權利」。蘇聯一九三六年憲法仍保留這些條款，它還進一步賦予每一個加盟共和國同外國發生外交關係的權利。憲法的各項規定使各加盟共和國在憲法上具備了主權國家的各項必要條件，也為加盟共和國主權賦予了法律上的實際意義。這表明蘇聯在法律上存在著聯盟主權和加盟共和國主權的二元主權體系。

儘管憲法規定了聯盟成員的主權，但在實際操作中，特別是史達林掌權後，聯盟成員的主權被虛化。在蘇共的集中體制下，各加盟共和國的黨中央沒有任何獨立自主權，必須絕對服從蘇共中央。在蘇共中央集中掌握組織和人事權的條件下，各加盟共和國黨中央領導機關由聯共中央組建，各加盟共和國黨中央領導幹部由聯共中央直接委派。在黨政幹部兼職的條件下，各加盟共和國黨中央領導人也是各加盟共和國的國家領導人。他們雖然一身二任，但主次是分明的，作為加盟共和國的黨中央負責人必須首先執行蘇共中央的決定，維護全黨的利益，而不是作為加盟共和國的國家領導人，維護加盟共和國的權利和利益。質言之，各加盟共和國黨中央對蘇共中央的從屬地位決定了他們無法獨立領導各加盟共和國獨立行使自己的國家權力。一九三六年憲法第一次把共產黨在蘇聯社會政治體制中起領導作用作為憲法的一條基本原則確定下來以後，各加盟共和國的黨組織及其領導人必須絕對服從蘇共中央的格局就更是不可改變了。

其次，在立法、司法和行政上，由於聯盟中央的高度集權，各加盟共和國的權力被剝奪。根據一九三六年憲法，聯盟中央不再僅僅制定法院組織、訴訟程式以及民事和刑事立法的基本原則，而且擁有法院組織法、訴訟程式法及刑法和民法的立法權，擁有頒布最重要的法律和一切法典的權力；一九二四年憲法規定聯盟的檢察機關和各加盟共和國的檢察機關之間沒有隸屬關係，但是一九三六年憲法賦予蘇聯總檢察長任命各加盟共和國、邊疆區、州以及自治共和國和自治州的檢察長的權力，他們只服從蘇聯總檢察長，行使職權時不受任何地方機關的干預。在行政方面，在以前加盟共和國有權批准成立新的邊疆區、州、自治共和國和自治州，而一九三六年憲法時，這個權力收歸聯盟中央所有。同時，中央把原屬於各加盟共和國在教育方面的大部分的自主權集中到聯盟中央。本來由於各加盟共和國和民族地區語言不通，存在著風俗習慣的差異和文化發展的不平衡，因此文化教育是最需要體現民族特點的領域。正是考慮到這一特點，在成立蘇聯時，各加盟成員共和國教育人民委員部都保留有相當的自主權，而聯盟中央的教育人民委員部是聯盟中央中唯一沒有全聯盟許可權的機構。經過三十年代初文化教育領域的清洗和改組，至一九三六年正式把各加盟共和國教育人民委員部置於俄羅斯聯邦教育人民委員部直接領導之下。與此同時，各加盟共和國在科學、文化、電影廣播、出版發行、圖書檔案等方面的權力也同樣集中到聯盟中央。

最後，在經濟上，聯盟中央牢牢控制全聯盟經濟大權，各加盟共和國已無權獨立領導和管理自己的經濟建設。由聯盟中央制定並監督執行具有法律效力的全聯盟統一的國民經濟計劃，直接管理銀行、財政、物資、進出口貿易及全國絕大部分工農商企業，從而中央完全控制了全聯盟經濟生活的各個方面和各個環節。一九三六年聯盟中央管理的企業的產值在全蘇工業產值中占百分之八十九，各加盟共和國管理的企業的產值僅占百分之十一。聯邦中央集中了大部分財政預算權，到一九四〇年聯盟預算占到了百分之七十五點八，共和國與地方預算僅占百分之二十四點二。在這種條件下，各加盟共和國無法獨立解決自己重大的經濟建設問題，更無權過問全聯盟的經濟社會發展問題，它只能一切聽命於中央，嚴格按中央指令和統一計畫行事。按照蘇聯部長會議第一副主席米高揚在蘇共二十二大上的說法，史達林時期「出現了一種限制各加盟共和國權力的傾向，許多加盟共和國範圍的和地方性的問題的解決越來越集中到中央。」可見，聯盟中央的權力集中，使一九二四年蘇聯第一部憲法賦予各加盟共和國獨立領導和管理經濟、財政等方面的主權很難實現。尤其是一九三六年憲法更是第一次將民主集中制原則正式推行於國家領導體制並直接規定為國家機關整個系統的組織與活動的基本原則，進而導致各加盟共和國已無法對地方經濟事務進行管理，其結果只能是經濟主權喪失殆盡。

對史達林模式政治體制的形成，著名歷史學家麥德維捷夫評論說：「總括起來說，史達林並未破壞二〇年代初奠基的政治體制。因此，他並不是推翻基礎的人。但他發現、掌握並發展了體制中所包含並已付諸實施的東西中最不好的部分。」確實，史達林執政後，把列寧建黨思想的靈活、辯證的內核拋在一邊，教條地、絕對化地對待列寧思想。把列寧時期迫於國內外形勢而不得不實行的高度集權的領導體制變成了蘇共必須遵循的基本原則和惟一模式，並將之發展到了極致。

史達林模式政治體制的產生和發展是多種現實原因和蘇聯獨特的歷史共同作用的結果。我們先分析現實的原因。首先，權力本身有自我擴張的趨勢。「一切有權力的人都容易走向濫用權力，這是一條千古不變的經驗。有權力的人直到把權用到極限方可休止。」高度集權的政治體制一旦形成，就會按照本身的邏輯繼續強化。史達林戰勝反對派，獨攬大權之後，緊接進行了「反右傾」和思想文化領域的大批判，大清洗從此拉開帷幕。到了一九三六年，史達林把大清洗推向了高潮。列寧的戰友們和數以百萬計的幹部群眾成了刀下冤魂。與此同時，史達林模式的政治體制也在這個過程中趨於定型並發展到極至。二戰剛結束，史達林又掀起新的清洗浪潮，成千上萬的幹部被冤殺。赫魯雪夫上臺後，試圖改革這個體制也確實觸動了它的根本，但很快被體制內的力量趕下了台。勃烈日涅夫上臺後，這個體制幾乎恢復原樣，結果該體制與蘇聯共存亡。

其次，列寧逝世後，史達林很快放棄了新經濟政策，建立起了高度集中的經濟體制（或稱為史達林模式經濟模式）。用一舉消滅城市資本主義和農村富農，大力剝奪農民的辦法強行推進國家的工業化和農業集體化。在這個過程中，國家的暴力發揮了至關重要的作用。因此，必須建立起高度集權的政治體制，否則，高度集中的經濟體制就建立不起來，也缺乏有力的保障。這一點以後還會專門分析，在此就不贅述了。

再次，蘇共幹部的構成也有利於史達林模式政治體制的形成和發展。俄共（布）最早由流亡國外的革命者和國內的地下工作者兩部分人組成，所處的寬鬆而自由的環境使前者見多識廣、思想活躍，養成了暢所欲言的民主習慣和作風。後者由於處在嚴酷的專制統治之下，聽得少，見得少，眼界不夠開闊，而大多情況下需要保密的地下鬥爭，使得他們缺少自由和民主思想的薰陶，養成了言行謹慎、絕對服從組織和聽從命令的習慣。十月革命後，俄共成為執政黨，幹部隊伍迅速擴大，從國外回來的幹部的比例逐漸降低，影響力減弱，史達林打敗反對派之後，擁護黨內民主的勢力遭到毀滅性打擊，支持建立高度集權體制的人自然在黨內佔據絕對優勢地位。

在二〇年代末至三〇年代初，大量農民進入工廠，使工人中的真正無產階級成分下降，出現了所謂的工人階級「農民化」現象。黨和蘇維埃的各級幹部很多是從當時的工人中選拔的，這些人的文化水準和理論素養普遍較低，而農民世代形成的迷信沙皇老爺的傳統又使他們心理上具有排斥民主、強調紀律和服從、崇尚權力的傾向，這自然有利於史達林政治體制模式的建立和鞏固。

同時，在史達林模式政治體制的形成和發展過程中，出現了對這個體制有很大支撐作用的兩大政治力量，一是官僚特權集團，二是凌駕於黨和國家之上的政治保衛機構（祕密員警）。這兩者雖有重疊和交叉，比如，後者的中高層也屬於前者，但二者職能明顯不同，而且缺一不可，前者主要是餡餅收買，後者則是大棒恐嚇。僅有後者，無法收買、控制龐大的官僚階層；僅有前者，又無法威嚇、制服前者中的叛逆者。

最後，二〇年代中期至三〇年代的國際環境構成史達林模式政治體制形成的國際背景。一九二五年起英蘇關係開始惡化，一九二七年五月，英國宣布斷絕英蘇關係，一九二七年六月七日，蘇聯駐波蘭大使被刺，同年六月十四日，英國外相張伯倫在日內瓦發起英、法、德、日、意、比六國外長會議，提出和共產國際作鬥爭的口號，這自然引起蘇聯的強烈反應。一九二七年八月一日，史達林作了題為《國際形勢和保衛蘇聯》的報告，指出「現在戰爭問題是當前的基本問題」。

三〇年代初，德、意、日三國建立起法西斯專制統治，一九三一年九月，日本出兵侵略中國東北，一九三五年十月義大利發動侵略埃塞俄比亞戰爭，一九三七年十一月，德、意、日三國達成反共產國際協定，形成「柏林——羅馬——東京軸心」，公開叫囂戰爭。

迫近的戰爭危脅使處於資本主義包圍之中的蘇聯黨內外產生一種強烈的危機感和緊迫感，這種險惡的國際環境不可能不對史達林模式政治體制形成和發展產生深刻影響。

史達林模式政治體制形成和發展的歷史根源主要有以下幾點：

第一，從經濟上看，俄羅斯空間廣大、自然環境惡劣，依靠單個家庭的力量很難開發森林與沼澤，需要聯合起來以集體的力量戰勝嚴酷的自然，從而形成了政府主導經濟生活的傳統。從彼得大帝到葉卡婕林娜二世，政府都在大規模地興建官辦企業。到十九世紀後期，企業仍然對政府仍然有嚴重的依賴，靠政府訂貨才能生存。與工人生活在「政企合一」的集體類似，農民也長期生活在「政社合一」的村社之中。村社是以土地共有、定期重分、集中居住、封閉排他、宗法維繫、連環保甲等為特徵，以集體對國家負責為形式的農村基層統治制度。在村社的生活中，個人都是一顆一顆的「螺絲釘」，要無條件地服從集體，久而久之就有了一種敬畏政府和集體的順從心理特徵。

第二，從政治上看，皇權主義的影響根深蒂固。俄羅斯的歷史就是一個無休止的戰爭和征討的歷史，為了維繫民族生存，反抗韃靼蒙古人的殘暴統治和外敵的入侵，確實需要一個能夠動員組織民眾，率軍抗敵的有超凡魅力的領導人，沙皇在結束諸侯割據，建立中央集權國家，開疆擴域等方面功不可沒，久而久之，沙皇不僅成為國家主權和統一的象徵，而且是國家的絕對統治者，他既是最高立法者，又是最高執法者；既是武裝部隊最高司令，又是東正教的世俗領袖，同時還是俄羅斯最大的地主。結果對沙皇的崇拜和迷信構成了皇權主義的最主要內容。

除了這個主要內容之外，俄國的皇權主義還有以下幾個特點：一是國家至上。俄羅斯在歷史上既沒有自由的個人，也沒有制度化的公民社會，結果以沙皇為代表的國家成了社會生活和社會發展的唯一力量。從政治變革、經濟變遷、宗教活動到生活方式，無不由國家來操縱和決定。二是崇尚武力。俄羅斯是靠血與火的征服起家的，後來又成為「歐洲憲兵」，軍隊成為國家的重要支柱。三是法制缺失。十九世紀初，俄祕密員警總長本肯朵夫伯爵曾這樣寫道：「法律是為被統治者而不是為統治者制定的。」確實，許多沙皇都熱衷都依賴員警治理國家，伊凡雷帝令人髮指的殺戮不亞於羅馬暴君尼祿。而靠「野蠻革命」起家的彼得大帝和「殺夫奪位」的「開明君主」葉卡特琳娜二世的鐵腕統治也同樣令人歎為觀止。

皇權主義對俄羅斯的影響是深遠的，從貴族地主階極、資產階級到農民階級都有很強的皇權主義意識。史達林不僅多次稱讚過彼得大帝，甚至還稱讚殘酷至極的伊凡雷帝為「偉大而英明的統治者」。

第三，從文化傳統上看，作為俄國國教的東正教對俄國民族性格的塑造也產生了很多負面的影響。與新教理念不同，東正教強調的是對權威的崇拜、對等級的順從以及對現世政權的服從。這種宗教傳統上的歷史積澱，對史達林模式政治體制的形成也不可能沒有影響。

第二章
史達林模式政治體制的特徵及弊端

一、全權主義的政黨制

史達林模式政治體制或稱之為史達林模式政治方面，在三〇年代中期形成之後繼續強化，在史達林逝世前達到了頂峰。赫魯雪夫上臺後，試圖改革這個體制，也取得了一定的成效，但赫魯雪夫很快被官僚特權階層和政治保衛機關聯手推翻。勃列日涅夫執政之後，史達林模式政治體制基本恢復。戈巴契夫掌權後，對該體制進行大刀闊斧的改革，在改革的過程中，支撐了蘇聯近六十年的史達林模式政治體制，即蘇聯政治體制最終走向崩潰，蘇共也隨之垮臺。在本章，我們先從六個方面對蘇聯政治體制的重要組成部分——蘇聯政黨制度的特點和弊端展開分析，然後剖析了立法、行政、司法三權合一的蘇聯國家體制形成及其弊端，最後我們揭示了蘇聯國家結構形式的實質——聯邦制名義下的單一制，指出了其內在的缺陷和史達林、赫魯雪夫、勃列日涅夫等人的錯誤的民族政策。

（一）蘇聯政黨制度的特點

1. 黨內監督和權力制衡的缺失

在列寧時期，黨的監察委員會雖然沒有起到監督和制衡的作用，但監委會作為一個獨立的機構，還是有可能發揮一定的監督和制衡作用的，正是出於對監委會這種潛在作用的擔心，史達林才逐步限制它的獨立性和許可權，最終把它變成了維護個人專權的工具。

在列寧因病未能參加的一九二二年八月黨的第十二次代表會議上，新黨章刪去了十大、十一大通過的決議和案例中關於監委會與同級黨委會權力平行的規定，並將「監委的決議本級黨委必須執行，不得加以撤銷」的規定改為「監委的決議，本級黨委不得撤銷，但須經黨委同意後方能才能發生效力，並由後者付諸實施。」

一九二三年黨的十二大規定，中央候補委員可以兼任中央監委委員，中央委員會可派遣有發言權的代表參加中央監察委員會。監委會的獨立性開始受到削弱。一九二六年十一月，聯共（布）中央和中央監察委員會聯席會議決定，由政治局候補委員奧爾忠尼啟則擔任中央監委會主席。這形成了中央委員會和監察委員會之間實際上的領導和被領導的關係。一九三四年一月，聯共（布）十七大決定中央監察委員會更名為黨的監察委員會，取消了中央監察委員會委員不得兼任中央委員的規定，並由中央委員會委派一名書記擔任其領導人，至此，監察委員會對中央委員會的隸屬關係正式確立。一九三九年十八大進一步確定，監察委員會不再由代表大會選舉產生，而由中央委員會直接任命。並強調它是中央委員會的下設機構，這樣監委會的獨立性完全喪失。對此，反對派提出了一針見血的批評，「中央監察委員會已成為一個純粹的行政機構。它支援尤其他官僚機構推行高壓政策，承擔了他們的工作，甚至採取了一系列懲罰措施，並壓制黨內出現的各種獨立思想、各種批評的呼聲、對黨的命運深表憂慮的任何情感和對某些黨的領袖提出的各種批評意見。」

一九五二年十月，聯共（布）十九大再次修改黨章的有關條款，索性完全取消監委實際上已經無法履行的監督黨和中央委員會決議執行情況的權力，只把檢查黨員遵守黨紀情況、對違反黨紀的行為追究責任的權力保留下來。

2. 黨內民主的消失

史達林用黨的統一和紀律取代黨內民主，他直言不諱：「黨內的民主是什麼？黨內民主就是提高黨員群眾的積極性並加強黨的統一，加強黨內自覺的無產階級紀律。」他所說的統一和紀律其實就是要求全黨服從他個人的意見。米高揚在其回憶錄中提供的一個細節很能說明問題。一九三四年黨的十七大選舉中央委員會，當史達林看到選舉結果是基洛夫只得了三張反對票，而他的反對票達二百九十二張時，竟毫無愧色地要求把他的反對票也降低到三張。

在史達林執政後期，黨的代表大會形同虛設。從一九三九年到一九五二年的長達一三年的時間裡，黨的代表大會才召開了一次。一九四一年——一九四九年八年中一次中央全會都沒有召開。儘管從三九年到四五年間，蘇共在準備和進行戰爭，形勢高度緊張，不開代表大會和中央全會可以理解，但是戰爭結束之後依然如此。可見，中央的權力高度集中於政治局和書記處。中央委員會和政治局、書記處的關係被顛倒了，不是中央委員會選舉政治局和書記處，而是政治局和書記處確定中央委員會的人選，不是政治局和書記處向中央委員會負責，而是後者向前者負責。在中央政治局和書記處中，權力最後集中於總書記史達林。起初，這是一條不成文的規定，後來被寫進蘇共文件。一九三四年，聯共（布）第十七次代表大會決議「責成各級黨組織以史達林同志報告中所提出的原理和任務作為自己工作的指南。」十七大後，是否執行史達林的指導和決議成為一條政治準則。

黨內民主消失的一個重要的表現是幹部的任命制逐步固定下來。對此，前面我們談到，列寧在世時迫於形勢實行了幹部的任命制，但對此列寧憂心忡忡，一直在考慮如何用選舉制取代任命制。相反，史達林掌權後，使幹部任命制變成了黨的領導的基本體現和保障。把任命制的適用範圍擴大到黨和國家的各級幹部。他明確指出，「黨的幹部是黨的指揮人員，而由於我們是當時執政的黨，所以他們也就是國家領導機關的指揮人員。」到一九三九年，史達林進一步提出把挑選、提拔、配備和考查幹部的工作集中起來，歸口由黨中央幹部部以及每一個共和國、邊疆區和州的黨組織的幹部部統一負責。

3. 個人專權與個人迷信

任命制很自然就會發展成家長制或個人專權，史達林擔任總書記後一直緊握任命幹部大權，有人證實史達林從二〇年代前半期就開始親自掌管在他看來最重要的一些人員檔案卡片，甚至連他的秘書也不准靠近。那麼什麼樣的人可以擔任黨的幹部呢？史達林說得很清楚：「必須這樣來選拔工作人員，要讓那些善於貫徹執行命令、能夠理解指令、能夠對待親生摯愛一樣接受指令並善於把它們加以貫徹到生活中去的人，站到各種崗位上，否則，政治就失去意義，就變成了撒手既逝的東西。」據赫魯雪夫回憶，「史達林在一九大之後親自召開了中央委員會第一次全體會議，建議成立了二十五人的主席團。他從口袋裡取出一些文件，向會議宣讀了名單——新主席團人選。建議與提名沒有討論就通過了。」個人專權不僅是任命制的自然結果，黨內民主和監督的消失也和它密切相關。事實上對一個領導社會主義建設這個從未有過的事業的黨來說，離開黨內探討、切磋和爭論是不可能找到正確道路的，但個人專權必然導致黨內的不同意見銷聲匿跡，因為任何不同意見都成被看成是階級鬥爭的反應，是對最高領袖的攻擊。既然不允許廣大黨員用自己的頭腦獨立思考問題，既然會必須服從一個人的思想，那麼把這個人和這個人思想神化就是絕對必要的。個人迷信這個政治怪胎便由此產生了，而且它越來越猙獰可怕。

在蘇共的報刊上，大量地出現這類肉麻的詞句：「史達林就是希望；他就是我們的未來；他是指導全體人類進步的燈塔。史達林是我們的旗幟！史達林是我們的意志！史達林是我們的勝利！」其實不僅蘇聯人，連中國詩人郭沫若也寫了類似的詩句。而且不僅是報刊，就是在黨的代表大會上，對社會發展迫切問題的討論也讓位於對史達林個人的無休止的頌揚。

二十多年的時間裡，人們對史達林的頌揚達到了登峰造極的地步，全國的一切成就都被說成是在史達林的關懷鼓勵下取得的。他的名字事實上已變成國家、人民、愛國之意和共產主義等概念的同義詞，就像戰爭時期前線將士高呼：「為了史達林！為了祖國」那樣。到了史達林執政的後期，他早已不滿足於「今天的列寧」，而被稱為「一切時代最偉大的人物」、「我們星球上最偉大的人物」、「一切時代科學的泰斗」、「永不犯錯誤的理論家」；結果「史達林就是真理」、「誰反對史達林就是反對真理」、「史達林的指示就是法律」、「誰反對史達林的指示，就是犯法。」更有甚者，對史達林的個人崇拜，帶有了強烈的宗教狂熱，比如《真理報》上就有這樣的話：「如果你在戰爭中或工作中遇到了困難，一下子對自己的力量產生了懷疑——你就想一想他，想一想史達林，你立刻就會獲得必要的信心。如果你在不該疲勞的時候感到了疲勞——你就想一想他，想一想史達林，你就可以順利地完成工作。如果你找不到一個正確的決定——你就想一想他，想一想史達林，你就會找到這一決定。……史達林說什麼，就意味著人民在想什麼……」

對史達林的個人崇拜自然導致了在思想領域地壟斷，因為是否堅信史達林的思想，不僅是界定公民是否忠誠於黨和國家，還是某人是否是「人民敵人」的主要政治標準，而且成為公民是否有覺悟、是否認識真理的最高思想準則。

思想壟斷地一個重要表現是高度的輿論一律。一九三八年一月《聯共（布）黨史簡明教程》

出版後，聯共（布）中央專門作出決議，要求在全國範圍內立即停止使用其他版本的黨史教科書，凡是黨史方面和馬克思列寧主義基本理論方面的正式解釋，一律要以《教程》為標準。

在這樣的氛圍中，人們很容易失去獨立思考能力，即使沒有喪失獨立思考能力，又有誰敢於把獨立思考的結果說出來呢？

個人崇拜的結果使個人專權和個人迷信得到了強化，反過來又使個人崇拜更加的狂熱，最終形成了難以打破的怪圈。史達林去世後，赫魯雪夫破除了對他的迷信，但到了勃列日涅夫時期，領導人的個人專權和對領導人的個人迷信又恢復了。

4. 培植特權階層

美國學者大衛・科茲和弗雷德・威爾在他們合著的《來自上層的革命》一書中指出：蘇聯共產黨的總書記、政治局、書記處、部長會議、中央委員會——約有幾百人——一起構成了精英高層……整個黨國精英還包括廣大的官員們。在黨內，它包括各部領導、中央委員會其他重要人物、共青團高層領導、各加盟共和國、省主要城市黨委的第一書記。在政府中，它包括聯邦各部門和各委員會的高級官員、最高蘇維埃的領導、各加盟共和國的部級官員，它還包括武裝部隊和安全部門的高級官員。除了以上這些正式的政府機構以外，它還包括大型企業的最高層、貿易協會領導人和科學、教育、文化和大眾媒體各主要機構的負責人。關於特權階層的人數，西方和俄羅斯學者有不同的看法，大衛・科茲認為第二次世界大戰後，這一精英階層人數約十萬人，占蘇聯總人口的千分之一。英國蘇聯問題專家默文・馬修斯博士認為大約有二十五萬五千人，連同家屬有一百萬左右。而俄羅斯學者估計有五十至七十萬人，連同家屬共有三百萬人之多。這個所謂黨國精英集團被大多數學者稱為官僚特權階層，中國學者黃葦町認為應該把特殊待遇和特權分開，特殊待遇是合理的，比如列寧時期搞的「特殊配給」（包括療養食堂）。不僅如此，黃葦町還認為特權分為兩種。一種是公務性特權，包括居住休息條件、辦公交通條件等，這種特權在一定條件下是合理的；另一種特權是非公務性特權。這種特權與履行職責無關或關係不大，而是由職務帶來的大量私人生活方面的優待。應反對的也為群眾所不滿的是後一種特權。筆者認為特殊待遇和公務性特權是一回事，之所以給高級公務員提供特殊待遇是考慮到完成公務的特殊需要，比如高級領導人需要防彈汽車和警衛。而這種所謂的公務性特權一旦超出一定限度就是不再是合理的了。因為，除了因公務產生的安全保衛和交通方面的特殊需要外，沒有理由認為領導人要比從事其他工作的人需要更好的生活和工作條件。特別是在蘇聯，公車普遍私用，高級幹部實際上實行終身制，即使退休仍然能享受特殊待遇，公務性的特殊需要和特權混為一談，對這種不公平的狀況民眾當然不滿。當這種不滿積聚到一定程度，就會給政權帶來威脅。

在蘇聯，特權階層按級別享有各種各樣的特權，比如特殊的門診部、醫院、別墅、在風景區建立的療養院和禁獵林區建立的狩獵區等。除了已發展的非常精細的配給制外，還有各種商品的購物證和票券作為補充。憑購貨證和票券可以買到各種酒類、精美的食品、高級服裝、鞋類以及其他各種各樣群眾在普通商店買不到的商品。而利用這些物品投機倒把，幾乎成了蘇聯高中級官員家庭正常生活必不可少的一部分。「而高級將領在這方面越來越起帶頭作用。有些將軍膽大妄為到這種地步，以至向來對這種腐化行為眼開眼閉的史達林不得不出來糾正，命令把某些人逮捕。這是真正的『瘟疫盛行時的盛宴』，因為人民在貧困化，實際上生活在貧窮線上，不能糊口。」這種情況一直延續到戈巴契夫時代。戈氏有一次批評道：「各級領導有自己的食品供應基地，他們的妻子連酒店都不用跑了。在每個區、每個城市，都有自己的基地和內部供應商店，在那裡分配著進口的商品。我們自己在所有這些問題上都有錯。」

自三〇年代起，蘇聯的領導幹部實行高薪制。到一九五三年史達林去世時，最高工資與最低工資的比例已到五十比一甚至更多。同時還實行兼職取酬制度，即個人可以兼任幾個職務並領取這幾個職務的工資。由於各級黨的領導人普遍兼任蘇維埃執委會或政府負責人，反過來後者也兼黨的領導職務。結果，領導人和普通勞動者的收入差距更大了。此外還有各級領導人的工資附加款制度。這就是史達林時期達到登峰造極地步的所謂「錢袋」。「這個附加款可以從幾百盧布（當時的貨幣）到幾千盧布，取決於職位的高低。裝在信封裡（『錢袋』裡）祕密發給，不上稅，甚至在交納黨費時也不包括它。例如，部長那時除工資外得到二萬多盧布，相當於一九六〇年改革後的二千多盧布。如果考慮到通貨膨脹和不納稅，這個數目相當於不久前為蘇聯總統規定的工資的兩倍。級別低的官員們也得到相應比例的款額」。

由於幹部終身制（赫魯雪夫時期有短暫的任期制），特權階層相對凝固化了，有點像某種貴族制度，「貴族」們和其他階層的鴻溝不斷擴大，越來越脫離社會。他們共同的生活和交際圈，使子女們相互熟悉並通婚，從而形成了錯綜複雜的家族甚至氏族關係。這種關係發展的結果自然要求建立起特權繼承制度。到了勃列日涅夫時代，建立了專門培養特權階層子弟的教育制度，在當時，政治上比較重要的學院，像培養外交官和出國工作的負責人員的國際關係學院、外貿學院等。這些學院雖然不具有祕密的性質，但是它們從不被列入每年向社會公布的高等學校招生手冊。與此同時，一套任命和提升特權階層子弟職務的制度也相應地建立起來了。最高領導人作出了榜樣：勃列日涅夫的兒子當上了對外貿易部副部長，女婿則任內務部第一副部長。

前面分析史達林模式政治體制形成和發展的原因時已經談過，官僚特權階層和政治保衛機構構成了該體制的兩大支撐，官僚特權階層掌握了廣泛的權力，高度集權的政治體制正是依靠這個階層的忠誠來維繫。那麼怎樣使它保持忠誠呢？除了利用政治保衛機構對其進行監控和恐嚇外，最主要也是最有效的辦法就是用特權來收買這個階層。這是史達林和勃列日涅夫培養官僚特權階層的目的和意義所在。

5. 用國家機器處理黨內分歧

由於蘇共取得政權道路的特殊性以及取得政權後國內敵人的反撲和國際資本主義的包圍這種環境的特殊性，使用恐怖手段來鞏固自己的政權是迫不得已的。但對恐怖手段的使用應有限度，絕不能濫用。對此，一些老布爾什維克有過清醒的認識。比如加里寧就這樣說：「我們時常被迫訴諸恐怖手段，但是永遠也不要去歌頌它。我們不得不採用恐怖措施，這是我們的悲劇。但是我們大家最渴望的事情，莫過於廢除恐怖。為了這個緣故，我們應該做的，不是歌頌契卡的冷酷無情，而是希望我們不需要這只『懲罰之手』的那一天早些到來。」史達林卻對恐怖手段極為推崇，在他看來：「高壓手段在社會主義建設方面是進攻的主要因素」。基於這樣的認識，史達林本人直接控制國家安全機構，一九三四年由亞戈達領導的國家政治保安機構，劃歸內務人民委員部管轄後，鎮壓機器高度統一並全速運轉起來。在運轉過程中，它越來越向畸形的方向發展。它可以不遵循訴訟程式，獨立審理政治案件和作出判決，實際上凌駕於黨和國家之上。同時，國家安全機關建立了不受黨政部門約束的自成系統的遍佈全國的情報網。它實際上可以監督一切黨政機關，直至蘇共政治局，而只對史達林個人負責。對此，赫魯雪夫在回憶錄裡寫道：「提名為莫斯科市委和省委委員的所有候選人都必須由內務人民委員部審查和批准。中央委員會也好，就整個黨來說也好，都不能再提拔自己的成員。在評價任何黨員的工作，決定其是否能選人黨的高級職務等方面，都只有內務人民委員部的話說了算。」曾任蘇聯內務部長和最後一任克格勃主席的巴卡京對此也深有感觸，「不是由人民，而是由黨來確定誰是敵人，……，『誰不跟我們一道，誰就是我們的敵人』。」

史達林進行的恐怖清洗幾乎遍及了蘇聯的各個階層，連黨和國家的高層也未能倖免。

一九三六年，將季諾維也夫、加米涅夫等十四名反對派成員處決。

一九三七年一月，將皮達可夫、拉狄克、索柯里尼柯夫等十七人逮捕，除兩人外，其餘皆被處決。

一九三七年二月，將布哈林、李可夫等二十人處決。一九四〇年，又在墨西哥處死了托洛茨基。至此，列寧的老戰友們、領導十月革命的功臣宿將幾乎都成了刀下冤魂。

黨的十七次代表大會的出席代表是按照史達林意圖安排的，儘管如此，他們也大多未能逃脫被清洗的厄運。在大清洗期間，參加這次被稱為「勝利者的代表大會」的一千九百六十六名代表中，有一百一十八名被逮捕，其中，約百分之八十被鎮壓；大會選出的一百三十九名中央委員和候補委員中有九十八人被捕和被處決；十一名政治局委員中，奧爾忠尼啟則被迫自殺，科秀爾和楚巴爾被殺；六名政治局候補委員中，埃赫、魯祖塔夫、波斯蒂舍夫三人被殺。

另有資料顯示：領導十月革命的二十四名委員中，除二人被反對派殺害，七人自然死亡，一人失事遇難，其餘十四人皆受到不公正對待或被非法處死。一九一九年至一九三五年的三十一名政治局委員中，竟有二十人遇害。一九三七年以莫洛托夫為主席的人民委員會的二十一名委員中，倖存的只有莫洛托夫等五人（一人被撤職），其餘的全部被處決，其中包括四名副主席（副總理）。在總數為七百三十三人的紅軍高級指揮員和政工人員中，被鎮壓五百七十九人（包括八十名最高軍事委員會委員中的七十五名），這樣紅軍中只剩下一百五十四名高級幹部。被清洗者包括五名元帥中的三名，五名一級軍團長中的三名，十名二級軍團長的全部，五十七名軍長中的五十名，二十八名軍政委中的二十五名，六十四名師政委中的五十八名以及四百五十六名團長中的大多數。在海軍中，只有一個艦隊司令倖存；航空國防委員會和化學國防委員會的領導人幾乎全部遭到了清洗。

據一九九一年六月蘇聯官方公布的數字，從一九二〇年到一九五二年，在蘇聯約有四百二十萬人受到鎮壓，其中有二百多萬人是在一九三七－一九三八年間被鎮壓的。這是一個什麼樣的概念呢？對比一下就清楚了：「俄國一九世紀，在一百年中由於政治原因被處死的有幾十名，死在監獄裡和流放的政治犯有幾百名（最多近千名）。」

史達林不斷地清洗使蘇聯人噤若寒蟬、人人自危，即使他身邊的所謂近衛軍，也就是他最信任的小圈子，個個也都有伴君如伴虎的感覺。比如赫魯雪夫眼見著沃茲涅先斯基、庫茲涅佐夫（曾內定為史達林接班人）等昨日孔策沃別墅晚宴上的酒友，今日就因列寧格勒案被押上萬人公審大會，套上白屍衣，慘遭槍殺，怎能不心驚肉跳？他曾回憶說，進了史達林的孔策沃別墅，心裡就打鼓，因為不知道還能否回來。布林加寧也曾回憶道：「你以一個朋友的身分來到史達林席間，然而你從不知道能否回到家裡去還是要被車子接走——送到監獄裡去！」

史達林用國家機器處理黨內分歧的主要原因是，他清醒地認識到僅靠培植特權階層，也就是用「餡餅」來收買黨的幹部還不足以鞏固集權體制，事實證明總有一些人是收買不了的，一有機會就會挺身而出，設法改革這個體制。對於這些人，恐嚇和肉體消滅交替使用才能奏效。因為恐嚇嚇不倒的人必須從肉體上消滅，而肉體上的消滅本身亦能產生強大的恐嚇作用，使一些人知難而退。

6. 以黨代政

在上一章我們討論過，與列寧對多黨制探索的思路不一致，史達林在理論上堅持蘇聯只應有蘇共一個黨存在。既然如此，這個黨就理應「管理國家」，那麼這個黨應該如何管理國家呢？托洛茨基認為：「黨集中掌握總的領導權。它不直接參加管理，因為它的機關不適合做這項工作。」而史達林的反駁是：「這意味著黨不存在了。」史達林強調：「我們的蘇維埃組織和其他群眾組織，沒有黨的指示，就不會決定任何一個重要的政治問題或組織問題——這個事實應當認為是黨的領導作用的最高表現。」「無產階級專政是黨的指示加上無產階級群眾組織對這些指示的實行，再加上居民對這些指示的實行。」按照這一思路，黨就應對國家和社會生活實行全面的領導。但是事實證明，史達林的思路是不正確的。

歐美近代思想家和馬克思主義經典作家都曾把國家看成是一個禍害，原因在於國家權力有一個難以遏制的自我膨脹的本能。因此，設計出一個可以抑制國家權力膨脹本能的或者說體現人民群眾對國家權力控制的國家體制具有非常重要的意義。當時列寧和布爾什維克沒能設計出一個很好體現人民群眾對國家權力進行控制的體制，但如果處理得當，蘇共可以成為代表人民監督國家權力的重要力量。因為，從理論上說，現代政黨應當是民眾參與政治的工具，是溝通民眾與政府聯繫的主要環節，它不僅說明組織政府機構，而且也限制政府的權力，換句話說，它還是人民控制政府之手的延伸。當然，在革命勝利後，革命黨常常填補在舊的政治體制向新的政治體制轉變過程中出現的真空，代行國家行政權力。如果當國家行政體制健全之後，政黨把權力逐漸歸還政府，或者政黨自身從革命黨轉變為執政黨，像托洛茨基所主張的那樣黨以制定國家的大計方針的形式實現領導權，但不直接管理國家的行政事務，這樣就可以繼續代表人民對國家的權力進行有效的監督和制約。反之，政黨不把權力還給國家時，以黨代政，政黨就由民眾政治參與和實施監督的工具變成國家機器本身的一部分。這種政黨的錯位，使政黨完全處於權力的腐蝕之下，面臨變質的危險。只有採用嚴格的監督和制約機制，才可能降低權力變質的風險。遺憾的是，史達林過分強調階級和政黨對於國家運作的主觀任意性，低估了國家權力異化的可能性，造成了嚴重後果。

按照史達林的思路建立起的以黨代政模式，在蘇聯主要是通過兩個途徑進行的。其一是黨的各級領導機關掌握國家各級行政和經濟管理以及思想文化事業部門的幹部任免權；其二是黨的各級領導機關代行國家各級行政和經濟管理部門以及思想文化事業部門的實際業務領導權。在闡述這個問題時，我們僅以中央機關為例。先看第一點：早在一九二三年，俄共十二大後擴大中央登記分配部的時候，就在該部下設過七個分別負責審定各國家行政和經濟機構幹部組成的專門委員會。一九二四年，中央登記分配部與中央組織指導部合併，組成中央組織分配部，這樣，黨中央的領導機關在任免國家行政和經濟管理等部的領導幹部方面便握有了更大的權力。一九三〇年一月五日，聯共（布）中央決定把中央組織分配部一分為二：一為組織指導部，專管對黨內機關幹部的任命和調配；二為行政管理和工會幹部分配部，下設重工業司、輕工業司、交通運輸司、農業司、蘇維埃機構司、國外幹部司等機構，專司對國家行政管理機關幹部的任免和分配。再看第二點：一九三〇年，聯共（布）中央決定把中央組織分配部一分為二的同時，把中央宣傳鼓動部也劃分為文化宣傳部與鼓動和群眾運動部兩個獨立的部門。到一九三二年為止，中央文化宣傳部下轄國民教育司、科研機構司、文學司、藝術司等十二個業務部門，與政府的相關部門幾乎完全重疊。到了一九三四年，黨的領導機構進一步擴大了對行政和經濟等部門的業務領導。中央書記處屬下的黨中央機關變為農業部、工業部、交通運輸部、計畫——財政——貿易部、政治行政部、黨的領導機關部、文化宣傳部、特別部、事務管理部。後來又設學校部、高校部等。到一九五二年，中央書記處又把下屬的各部門改成：宣傳鼓動部，黨、工會和共青團機關事務部，農業部，輕工業部，重工業部，運輸部，計畫部，金融貿易部，行政部，婦女部，學校部，科學和高等教育部，文化藝術部。有些地方黨委還設有工程部，建築材料部，木材和造紙部，石油部和水產部。黨的這些機構，自然就成為了與之重疊的政府各部的權力中樞，政府各部則成了黨的各個職能部門的辦事機構。

在史達林掌權時期，黨已經從無產階級的先鋒隊變成了主要權力工具，從對國家和社會進行政治和思想上的領導變成了對國家具體行政和經濟管理業務的指揮。從黨中央到基層組織，黨的權力滲透到了所有單位和企業、所有地區，甚至滲透到了國家和社會的一切毛孔中。到了勃列日涅夫時代，這種以黨代政的情況愈演愈烈，黨成為直接管理一切的工具，經濟、文化、科學等等，所有事務都成了黨的事務。中央書記處或政治局每次會議的議事日程中都列出了數十個問題。基本上是經濟問題、行政問題、對外政策問題、軍事問題等具體問題，如果討論黨的問題，那也不過是官員的任命問題。「隨著時間推移，黨的工作者甚至開始對什麼仍然是黨的事務這個問題都搞不清楚了。」這種黨對政府部門越俎代庖的做法使具體業務部門該負責處理的事無權、也無法負責，而又是實行所謂的集體領導制，只掌權、不負責，結果就出現了嚴重的無人負責現象，從來沒有任何人因作出錯誤決定，而被追究責任。其結果是黨本身的任務——對國家和社會發展政策與方針上的指導以及黨自身建設問題都無人管理了。

(二)蘇聯政黨制度的弊端

1. 官僚主義盛行

其實早在列寧活著的時候，官僚主義已經很嚴重了，列寧為此憂心忡忡。由於對此病的病因診斷不清，列寧認為官僚主義及其產生的原因是非無產階級的思想所致，具體的來說就是接收了舊國家機關所致，而沒有看清官僚主義與集權體制的必然聯繫，沒有認識到官僚主義的產生是國家權力發生異化的具體表現，因而開出的藥方並不完全對症。列寧的對策是不斷選拔工人來充實國家機關，進而建立工農檢察院，結果工農檢察院使他大失所望，「再也沒有比我們工農檢察院這個機關辦得更糟的機關了。」

到了晚年，列寧開始認真地思考如何通過改革黨和國家的領導制度來遏止官僚主義的問題，可惜天不假年。到了史達林模式政治體制確立的時候，官僚主義已一發不可收拾。

赫魯雪夫也在回憶錄中對官僚主義作了描述：「每個龐大的行政管理機關總是要設法表明自己的存在是有道理的。因此，它炮製出一封封的電報，到處派出視察員，來來回回地重複電報中提過的事情，檢查本部經費的使用情況，以及發出諸如『只應喝煮沸過的水』等陳腐無味的通告。」多次參加中央高層會議的阿爾巴托夫回憶說：「在各個問題上，（黨中央）從農業到公共衛生等等，都通過很長的決議，但通過很快就忘掉了，很少檢查，更少執行。這種管理機制的一個重要毛病就是完全無人負責現象。……在我的回憶中，沒有一次，沒有任何人因作出錯誤決定，而被追究責任。」

官僚主義在勃列日涅夫時代已發展到了令人啼笑皆非的地步。據原蘇共中央書記兼辦公廳主任博爾金回憶：中央政治局會議越開越短，勃列日涅夫茫然地待在那兒，並不清楚自己身在何處，會議室裡都有誰，應該做些什麼。經常出現這種局面，他坐在那兒，讀著助手們用特製大號字母打字機打出的簡短講稿，有時讀錯行，前言不搭後語。他大概自己也意識到這一點，用憂傷的目光望著在場的人，為了儘快作出結論和提出提案，結束這種折磨人的場面，契爾年科出面結束會議，大家急忙通過各種議案，懷著不安的心情離開政治局會議室。

官僚主義的盛行不僅浪費了大量的人力、物力、財力，而且使廣大黨員幹部變得麻木不仁、玩世不恭，人民群眾漸漸失去了對蘇共的信任。

2. 腐敗蔓延

民主和監督的缺失，特權官僚階層的形成必然使腐敗愈演愈烈。在史達林時期，腐敗主要表現為特權官僚階層所享有的特權，到了勃列日涅夫時期腐敗已演變成大面積的貪污。和西方國家的腐敗相比，蘇共的腐敗現象有下面幾個特點：

第一，腐敗在公有制的前提下發生，表現為腐敗分子對國有財產的貪污、盜竊和大量侵吞。這種現象通常被稱做「謝洛科夫現象」，因為它以著名的「謝洛科夫貪污案」最為典型。與勃列日涅夫私人關係密切的謝洛科夫在擔任蘇聯內務部長時，把內務部從國外進口的九輛豪華車中的五輛留給自己，分別給自己的兒子、女兒、兒媳和老婆使用；他把一樁重大投機倒把案破獲的贓品據為己有；他在全國各地蓋別墅，分給自己的親屬使用；……類似的侵吞國家財產的腐敗方式，在蘇聯具有普遍性，只是官職、侵吞的數額和侵吞的具體方式有所不同而已。

第二，表現為腐敗分子的不法行為有組織的進行。蘇聯幹部制度中的委任制和變相委任制，造成了廣泛的任人唯親和結黨營私現象，促成了一個官官相互、錯綜複雜的關係網，使得腐敗也帶有組織性。比如烏茲別克貪污案，該加盟共和國的許多重要人物都捲入其中，上至共和國黨中央書記、共和國部長會議主席、最高蘇維埃副主席、內務部部長和副部長，下至州、市、區黨委第一書記、企業的領導人。這些人串通一氣，在相當長的時間裡，虛報售給國家的棉花數量，將因此而獲得的金錢中飽私囊。據統計，該案揭出的盧布金額為二十億。更有甚者，這些人不但用貪污的金錢過糜爛生活，而且用來發展地下企業，乃至發展黑手黨來保護自己。更可怕的是烏茲別克的腐敗是半公開的行為。烏茲別克老百姓給蘇共中央寫了大量的揭發信。這些信都按程式轉到了烏茲別克共和國黨中央，但得到的回答千篇一律，或者是查無實據，或是說已作了處理。然而，烏茲別克人還是不斷地經常往莫斯科寫信，不同的是信裡的內容多了一條，說他們遭到了打擊報復。從一九八〇年至一九八三年這四年時間裡，蘇共中央收到的來自烏茲別克的揭發信多達幾萬封。以烏茲別克共和國黨中央第一書記拉希多夫為首的特大貪污受賄集團（即烏茲別克黑手黨）的主要庇護者之一，是勃列日涅夫的女婿，內務部第一副部長丘巴爾諾夫。有這樣的靠山，難怪他們如此肆無忌憚。此案直到勃列日涅夫去世之後才被查處，個中原因也一目了然。

第三，腐敗的範圍廣、風險低。由於腐敗主要是對國有財產的侵吞和有組織進行的，再加上缺乏有效的監督，所以蘇共的腐敗範圍大、風險小、成本低。

關於蘇共的腐敗程度，學者黃葦町的看法是「在八・一九事件之前，蘇共各級黨組織已在很大程度上被官僚特權階層、腐敗分子所控制，除了還有共產黨之名外，已經沒有多少共產黨之實了。他們所攫取的特權和社會財富之多，使共產黨和社會主義的外衣已經成為束縛，不便於他們更放手、更放心地侵佔和鯨吞更多的社會財富。他們已經不滿足於能夠貪污腐化、以權謀私的事實制度，而是要通過國家政治制度的公開變更來從法律上承認他們所攫取的東西，並能名正言順地傳子傳孫。」美國學者大衛・科茲和弗雷德・威爾也有相似的看法，不管他們的整個觀點正確與否，但其對蘇共腐敗的揭示獲得了廣泛的認同。

3. 道德下滑

一個社會道德水準的高低是衡量執政黨成敗的一個重要尺度，原因正如學者王長江指出的那樣：「因為歸根到底，評價一個黨對社會的統治的好壞、成功與否，除了物質生活水準的提高外，還必須加上社會文明程度。而體現社會文明程度的不僅僅是、而且主要不是人民的政治意識，而應當是基本道德水準。從這個角度講，現實社會主義的挫折是更顯而易見的。」道德的失落大概有以下幾個方面：

（1）言行不一。蘇聯前總理雷日科夫曾指出蘇共領導人的雙重人格——說一套做一套，對人們的意識有特別強烈的影響。他認為沒有什麼比這種言行不一，比這種對自己和人民的雙重標準，更容易使領導層失去群眾的信任了。確實蘇共的領導層一面講人民是國家的主人，一面卻由他們這些「公僕」隨意作出損害人民利益的決定；一面要大家為了支援世界革命作出犧牲，一面卻毫無節制地揮霍和享受社會財富；一面大講人人平等，一面卻把子女送到西方留學或當外交官作為自己的特權；一面批判西方資本主義腐朽的生活方式，一面又從特供商店甚至直接從國外購買西方名牌商品。這使廣大人民喪失了對蘇共的信任，在他們的眼裡蘇共是一個虛偽的、說一套做一套的黨，這就從根本上破壞了黨掌權的道義基礎。

言行不一更明確地說是說假話，不僅使人民失去了對蘇共的信任，還使廣大人民包括黨員的心靈麻木，消極遁世，這表現為勞動紀律極其渙散，每天有成千上萬的人曠工，即使上班也心不在焉。「他們假裝付工資給我們，我們假裝勞動。」這個嘲諷是許多勞動者心態的真實寫照。

（2）形式主義。當執政黨失去了人民的信任，不能把自己的綱領轉化為廣大人民群眾的理想，但又想利用強制力量來達到這個目的時，形式主義就不可避免地大行其道。比如作家們替勃列日涅夫寫了名為《小地》、《墾荒地》、《復興》這三部聲名狼藉的作品，結果獲得了全國震耳欲聾的吹捧，並被授予列寧獎金。「全民演出了一齣荒誕可恥的戲」「公眾意識和社會道德所蒙受的精神損失是巨大的。」因為「這大大加深了人們對政權的不信任感，加強了不關心政治和玩世不恭的消極風氣，腐敗了人們的思想和靈魂。」許多教訓證明，不能簡單地把形式主義看成只是一種作風。形式主義會使人民喪失了對黨的信任，因此它對蘇共道德形象損害巨大。深諳內情的博爾金對形式主義的氾濫痛心疾首：「也許玩弄數位可以哄騙某個人，但是形式主義給黨造成了不可補救的損失是有目共睹的。最具創造性的那部分社會力量同蘇共的疏遠、大量不相信理想但卻很有能力的人湧入蘇共，不僅破壞了而且瓦解了黨的隊伍。不道德行為、貪污受賄、入黨收費、出賣黨證等事越來越多……這個曾幾何時不大的、堅如磐石的、以自己領袖和進步思想文明全世界的黨，如今人數發展到反常規模，變得臃腫笨重，染上了難以治癒的疾病。」

4. 心靈污染

史達林的建黨模式使人的品質惡劣的一面得到鼓勵，整個心靈受到污染。許多人出於政治投機和自我保護的需要，幹起了出賣甚至誣陷別人來為自己撈取政治資本的勾當。比如貝利亞，他剛剛從格魯吉亞調任副內務人民委員時常說：「這裡發生的是怎麼一回事啊？我們正在到處抓人和關人，甚至包括一些省委書記，整個事情搞得太過頭了。我們必須及早制止它，免得太遲了。」可就是這個貝利亞為了飛黃騰達變得極其無恥。據說他接替了葉若夫成為國家安全部門的頭頭後，在談到審訊時常說不管哪個嫌疑犯，只要交給他審訊一晚上，他準會讓那個嫌疑犯供認自己是英國的國王。

老布爾什維克阿・弗・斯涅戈夫在六〇年代一次全蘇歷史學會上對此作了一針見血的批評：「史達林不僅消滅了誠實的人，而且帶壞了活下來的人。他迫使人們完成陰暗的使命，並在意識形態上教會人去撒謊。」布哈林對此亦有深切的痛苦：「我們每一個人都必須撒謊，否則混不過去，然而撒謊也不應超過一定限度。」布哈林曾尖銳地批評了史達林時期的黨內狀況給政治道德帶來的消極後果。他認為，現在正發生著蘇維埃機關工作人員們的真正的非人道主義化，「一個把蘇維埃政權變為『鐵蹄』帝國的過程。」在這些工作人員的眼裡，恐怖手段成了正常的行政方法，對上的惟命是從變成了最大的優點。結果他們不再有思考能力，真正地成了一部可怕的機器上的齒輪和螺絲釘。

5. 統治基礎薄弱

執政黨必須有自己堅實的統治基礎，列寧指出：「我們布爾什維克已經說服了俄國。我們已經奪回了俄國——為了窮人、為了勞動者，從富人手裡，從剝削者手裡奪回了俄國。現在我們應當管理俄國。」顯然列寧認為蘇共的統治基礎是建立在工人和農民這兩大階級之上的。應該是和實際上是並不是一回事。十月革命後，黨和工農之間的關係還有一個磨合過程。儘管建國初期黨和工人階級之間也有一些不適應甚至矛盾，比如分配問題和工會作用問題的一些紛爭，但總的說來關係是好的。但黨和農民的關係卻出現了嚴重的問題。

前面談過，十月革命前，布爾什維克和農民的聯繫很少。十月革命後，為了爭取農民的支持，列寧簽署了土地法令，宣布立刻廢除地主土地所有制，不付任何贖金；地主的田莊以及一切皇族、寺院和教會的土地，連同所有牲畜、農具、農用建築和一切附屬物，一律交給鄉土地委員會和縣農民代表蘇維埃支配，直到召開立憲會議為止。但內戰開始後的餘糧徵集制，觸犯了農民的利益，激化了和農民之間的矛盾，很多地方發生了暴動。比較典型的是喀琅施塔得水兵暴動。面對錯誤，列寧及時地調整改革，用新經濟政策代替了戰時共產主義，調整了和農民特別是中農的關係。當然由於農民被布爾什維克看成是與工人階級相對的非社會主義的力量，所以為以後錯誤的農民政策埋下了伏筆。

史達林建黨模式確立之後，黨同工人階級的關係出現了裂痕。這主要是高度集權的工業管理體制使廣大工人的主人翁地位無法體現而造成的。主要表現為，勞動積極性下降，勞動紀律鬆懈，消極怠工等。

黨同農民的關係迅速惡化。一九二九年，史達林拋棄了新經濟政策，把農民看作是要消滅的階級。用赫魯雪夫的話說：「在史達林看來，農民只是渣滓，他毫不尊重農民和他們的工作。他認為要使農民幹活的唯一辦法就是向他們施加壓力。」

經濟學家普列奧布拉任斯基曾提出過一個所謂的「社會主義原始積累論」，簡單地說就是只有剝削農民，才能使工業發展獲得必要的資金。列寧反對這個靠剝削農民來發展工業的思路，列寧擔心這樣做會破壞工農聯盟，從而剝削黨執政的社會基礎。史達林則不去想這一點，結果開始了對農民的大規模剝奪。「農民出售自己產品所得的價錢，比這些產品成本還低。」

一九二九年下半年，農業集體化全面推開，結果加劇了黨和農民的對立。到後來，出現了暴力反抗。僅一九三〇年初到三月中旬這段時間內，全國就發生了二千多次農民武裝暴動，參加人數多至八十萬。

史達林認為農民的反抗是「階級鬥爭日益尖銳化」的表現。於是開始了消滅富農的運動。究竟有多少農民被錯劃成富農不得而知。直到後期糾正過火行為時，被摘帽者竟達農民總數的百分之十五，可見打擊面有多寬。據官方計算，全國的富農戶有將近一百萬個。僅僅一年之中，就有近三百萬富農及其家屬和富農的幫手被流放到遙遠的邊疆地區，其中一部分被槍斃，幾萬人被送到集中營去消滅。

剝奪農民的政策，集體化和消滅富農的運動，結出了苦果。一九三二——一九三三年，烏克蘭欠收，史達林動用員警和國家安全機關強行收糧致使四百多萬人餓死。哈薩克斯坦有二百三十萬人死亡，另有九十萬人不堪忍受飢餓和被硬性改變生活方式，遷往中國、蒙古、阿富汗、伊朗等國。這次饑荒蔓延到包括農業人口達二千五百萬的廣大地區。

應當說史達林的農民政策，部分地達到了目的，比如重工業的基礎迅速建立了起來，但代價是沉重的，那就是黨同農民的關係的惡化。

隨著特權官僚階層的形成和制度化，工人和農民的主人翁地位名存實亡，黨同工人農民的關係也逐漸疏遠，蘇共的統治基礎自然也銷蝕殆盡。據學者王長江介紹，蘇聯解體前，蘇聯社會科學院曾經進行過一次問卷調查，被調查者認為蘇共代表工人的占百分之四，認為蘇共代表全體人民的占百分之七，認為蘇共代表全體黨員的也只占百分之十一，而認為蘇共代表黨的官僚、代表幹部、代表機關工作人員的竟占百分之八十五！也就是說，絕大多數蘇聯人民並不認為共產黨是他們利益的代表！

正是因為史達林的建黨模式銷蝕了蘇共的統治基礎，所以當蘇共宣布解散時，蘇聯的廣大工農群眾，要麼無動於衷，要麼投入到慶祝的狂歡之中。

6. 改革的障礙

任何一種建黨模式亦或政治體制建立之後，都要隨著實際需要而不斷地調整和改革，否則就會被歷史無情地拋棄。史達林建黨模式的命運正是如此。那麼既然這種建黨模式存在著諸多嚴重的弊端，為什麼不對它進行改革呢？事實上，蘇共內部的有識之士甚至從布哈林算起，到赫魯雪夫、安德羅波夫，最後到戈巴契夫，幾代人都看到了史達林建黨模式的弊端，也在努力對它進行改革，可惜都失敗了。原因很多，各不相同，但有一點是共同的，那就是他們面對的模式本身就是改革的巨大障礙。之所以這樣說，是因為史達林建黨模式融政治、思想、文化甚至經濟諸方面於一體，不僅十分堅固，而且隨著時間的推移，不斷地凝固化和神聖化，最終具有了自我強化的功能。這種自我強化的功能主要來源於兩個方面：首先，長期的個人崇拜的宣傳和灌輸已經蒙蔽甚至毒化了人們的心靈。結果史達林的意志就是人民的意志，史達林的思想就是人民的思想。人們已經喪失了思考的能力，更不用說懷疑和反抗了。許多傑出的人物，包括著名的元帥亞基爾等都是帶著對史達林的敬仰走上史達林的刑場的（關於這個問題我們將在第八章詳細討論）。

其次，史達林模式自我強化的功能在於：在史達林建黨模式下，各級領導幹部享受了終身制、特殊化，久而久之形成了一個脫離廣大群眾的特權官僚階層。這個階層作為史達林建黨模式的特點，也是這個模式的既得利益者，對任何反對史達林的舉動都有一種本能的恐懼和抵觸。由於這個階層掌握了廣泛的權力，所以構成了改革史達林建黨模式的難以逾越的障礙。

赫魯雪夫掌權後，對史達林建黨模式最堅固的堡壘——幹部制度發起了衝擊。在一九六一年九月舉行的蘇共二二大上，赫魯雪夫提議實行幹部更新制度，並在新黨章中，對各級領導任期作出了硬性規定。

在衝擊幹部終身制和任命制的同時，赫魯雪夫還對特權制發起了攻擊。他取消了前面所說的史達林時期的「錢袋」，還企圖取消克里姆林宮的高幹食堂及公用汽車。

赫魯雪夫在幹部制度上的大刀闊斧的改革，對蘇聯長期存在的幹部任命制和終身制形成了巨大的衝擊，有助於防止幹部隊伍的老化，給蘇共注入了活力。同時，對於防止權力過分集中，防止宗派主義、家長制和結黨營私都有重要意義。但這樣改革下去，特權官僚階層很可能會土崩瓦解，為了捍衛自己的既得利益，大多數政治局委員、中央委員包括他昔日堅定的支持者抱成團，一起反對他，終於把他趕下了台。

曾經是赫魯雪夫堅定支持者的勃列日涅夫上臺後，接受了赫魯雪夫下臺的教訓。領導們「錢袋」制又恢復了，其他一度被赫魯雪夫削弱的特權，比如高級別墅比以前更豪華了。最重要的是，赫魯雪夫發起的幹部制度改革基本上停頓了，恢復了史達林時期存在的領導幹部職務終身制。

就這樣，特權官僚階層「穩定」下來了。勃列日涅夫也順順當當地在臺上一直到死。可二十年「停滯期」過後，當戈巴契夫接過蘇共總書記這個「燙手山芋」時，他發現積弊如山，難以撼動。經過六年拼殺，頭破血流，遍體鱗傷。結果被自己的所倚重的親信——克留奇克夫、亞可夫等人弄成了「被囚的普羅米修士」，不僅使新聯盟成為了泡影，也使蘇共成了明日黃花。其實這一結局不僅是戈氏大意失察使然，也是特權官僚階層為了自己的利益的最後一搏的結果。緊急狀態委員會的成員和社會基礎正是特權官僚階層。不幸的是，他們這一搏，無力回天，卻玉石俱焚。

二、三權合一的國家體制

史達林執政後的國家體制或稱之為史達林模式國家體制的最大特點也是它的弊端就是理論與實際、形式與內容相脫離。作為最高權力機關的蘇維埃的例行公事是通過最高領導人事先擬訂好的決議。這樣最高權力機關的蘇維埃就成為一塊地地道道的「橡皮圖章」，充其量也不過是一個「鼓動和通知的機關」。而真正的權力——「立法權、行政權、司法權不是分立，而是結合，都統一集中到黨的各級機關直至黨的最高領導——史達林一人手中。」

著名無產階級革命家盧森堡在一九一八年寫的《論俄國革命》中，對蘇維埃的命運做了悲觀的預測。

列寧和托洛茨基用蘇維埃代替了根據普選產生的代議機構，認為蘇維埃是勞動群眾惟一真正的代表。但是隨著政治生活在全國受到壓制，蘇維埃的生活也一定會日益陷於癱瘓。沒有普選，沒有不受限制的出版和集會自由，沒有自由的意見交鋒，任何公共機構的生命就要逐漸滅絕，就成為沒有靈魂的生活，只有官僚仍是其中惟一的活動因素。公共生活逐漸消亡，幾十個具有無窮無盡的精力和無邊無際的理想主義的黨的領導人指揮著和統治著，在他們中間實際上是十幾個傑出人物在領導，還有一批工人中的精華不時被召集來開會，聆聽領袖的演說並為之鼓掌，一致同意提出來的決議。由此可見，這根本是一種派系統治——這固然是一種專政，但不是無產階級專政，而是一小撮政治家的專政，就是說，資產階級意義上的專政，雅各賓派統治意義上的專政（蘇維埃代表大會從三個月召開一次推遲到六個月！）不僅如此，這種情況一定會引起公共生活的野蠻化：暗殺，槍決人質等等。這是一條極其強大的客觀的規律，任何黨派都擺脫不了它。

遺憾的是，盧森堡不幸言中。

從理論上說，聯盟最高國家權力的兩院制設置，為各民族享有在國家政治生活中一律平等的權利，特別是少數民族的代表想入國家最高權力機關，參與管理國家事務創造了制度條件。但實際上國家權力集中在蘇共中央和史達林手裡，這種憲法規定的分權制衡制度僅僅是紙上的東西。

史達林模式國家體制的另一個特點是「法律虛無化」。一九三七年蘇聯總檢察長維辛斯基的一處表白對此是一個很好的注釋：「大家應該記住史達林的話，在一個社會的生活中，在我的自己的一生中，總有這樣的時刻，即法律成為過時的東西而應撇在一邊。」儘管當時的蘇聯也頒布了憲法和無數法律條文，但大多是一紙空文。因為史達林可以修改刑事訴訟法典和其他法律。史達林直接領導的安全機構超越一切的法律，凌駕於黨和國家之上，不受法院和檢察院的監督和約束（法院和檢察院只是協助並提供方便）；集中了公、檢、法全部職權，包攬了從逮捕、審判、監禁到處決這一司法程式全過程；有權逮捕直到中央政治局委員的一切官員；對「反革命破壞案件」的審理，「無須當事人出庭」，起訴書在審理前一天才送給被告；有權刑訊逼供，使用肉刑，判決後，不得上訴，判死刑者立即處決。從三〇年代中期起，這個機構（內務部）就擁有自己的直屬部隊，包括幾十萬名警衛幹部，幾萬名被授予各種軍銜的內務部軍官，它在全國形成了一個蜘蛛網般的獨立系統，成為自立於各級黨政機關之外的「國中之國」。它在各大中城市建立起了內務局，在機關、學校、各大中型企業建立起了內務科（處），在公園、戲院、車站、圖書館等幾乎所有公共場所建立起了觀察站，在人民群眾中組織起了義務情報員和告密員網，為幾千萬可疑分子建立起了專門檔案。內務部利用賦予它的不受監督的權力，採用各種非法手段，羅織罪名，濫捕濫殺，製造了大量駭人聽聞的冤家錯案。後來，蘇共二十大檔在揭露這些現象時指出：「大規模濫用社會主義法律，更多是無法無天。」毛澤東深感痛心，承認「史達林嚴重破壞社會主義法制這樣的事件在英、法、美這樣的西方國家不可能發生。」

史達林模式國家體制還有一個特點就是集中的超高性。西方民主國家是小政府，大社會，而蘇聯是大政府，小社會。政府不僅干預經濟、文化思想，甚至干預公民的私人生活。

中國學者吳仁彰認為史達林模式政治體制和經濟模式及思想文化模式三者之間是相互依存的，他認為列寧的「經濟是基礎，政治是經濟的集中表現」這一論點完全適用於說明他們之間的關係。筆者認為吳先生的看法有道理，史達林模式的政治體制、思想文化體制之間的依存度是相當高的，因為，高度集中的經濟體制，是為實現史達林的趕超西方資本主義國家的政治目標服務的，而高度集中的政治體制又是高度集中的經濟模式的堅強保障。沒有高度集中的政治和思想文化體制的保駕護航，高度集中的經濟體制的運轉是不可能的。因為蘇聯指令性計劃經濟的行為主體是國家，代表國家的是黨和政府，因此高度集中的經濟與政治體制從本質上是一個整體。同理，「經濟的統治、政治的統治，勢必要求思想的統治、文化的統治；而思想文化統治，反過來又促進、鞏固經濟的統治和政治的統治，三者是渾然一體的。」

正是因為三者渾然一體，所以學術界常把蘇聯的政治體制（包括國家體制）、經濟體制和文化思想體制並稱為史達林模式，本文在對蘇聯的三權合一的國家體制進行評價時，也不能不涉及它的經濟體制。因為如果像某些學者所說那樣，史達林模式是一種普遍有效的「後發先進」的現代化模式，它創造了社會主義運動的高潮，因而並不是蘇聯劇變的根子。那史達林模式中最重要的方面之一——國家體制肯定是很有優越性的，起碼也是利大於弊的。筆者認為有必要澄清這個問題，否則無法說明蘇聯國家體制的弊端。

眾所周知，史達林模式（經濟方面）與列寧晚年對社會主義建設道路的理論探索不相一致。但實踐是檢驗真理的唯一標準，只要史達林模式在實踐上行得通，未必不能成為一種有效的「後發先進」的現代化模式。長期以來，國內外一些學者和政治家堅信史達林模式對蘇聯工業化的實現，對在二戰中戰勝德國法西斯以及二戰後的經濟恢復都「發揮了不可替代的作用」。提出了史達林模式是有效的後發先進的現代化模式的學者的論點和主要論據也在於此。

對此觀點，許多蘇聯經濟學家有相反的看法。蘇聯著名歷史學家和政治活動家羅伊·麥德維傑夫指出：「蘇聯經濟學家依據文獻和資料令人信服地證明史達林宣布第一個五年計劃任務提前完成是對黨和人民的欺騙。原來，要達到計畫中的社會經濟指標我們甚至在第二個五年計劃中也是力不能及的。假使繼續和發展新經濟政策，就是走建立混合型經濟，把國民經濟各種成分（社會主義經濟成分、合作社經濟成分、個體經濟成分）結合在一起的道路，那麼成績會大得多，……而且最終結果不會比我們戰前付出可怕代價所取得的成就差。」

被列寧譽為全黨最大理論家的布哈林也認為史達林模式是欲速而不達，「想怎麼幹就怎麼幹」或「雜耍般的致命一躍」。他明確指出：「如果我們在頭一年……用不那麼快的速度前進的話，我們的增長速度以後會提高的更快。」對此，我國也有不少學者持類似看法：在蘇聯經濟迅速發展的年代裡，其他一些非社會主義國家，同樣取得了經濟的高速發展，有的發展速度甚至超過蘇聯。可以設想，如果蘇聯沿著另一條（如列寧、布哈林主張的）社會主義道路，可能獲得的成果不知大多少倍。

關於史達林模式（經濟方面）在二戰中的作用，確實值得反思。不僅僅是史達林模式（經濟方面），事實上，從實施新經濟政策以來取得的種種成就也為蘇聯衛國戰爭的勝利奠定重要的基礎。在衛國戰爭中，由於戰爭初期遭受巨大損失，蘇聯實際上是用約一半的實力和在美國的大力援助下打贏這場戰爭的。這就說明，如果當年不是採取片面發展重工業和軍事工業，而是力求國民經濟各部門的平衡發展，這樣做儘管鋼產量可能僅達一千萬噸（而不是一九四〇年所實際生產的一千八百三十萬噸），但整個國力會得到普遍的提高，人民團結也會更加緊密，蘇聯也許能更好地打贏這場戰爭。

儘管史達林把優先發展重工業絕對化，使蘇聯工業一度發展較快，但早在四〇年代初，蘇聯工業發展速度已出現下降的徵兆。戰後經濟恢復後，五〇年代初蘇聯的經濟形勢也一度不妙。史達林逝世前三年，蘇聯工業生產增長率連年遞減，經濟效益也在下降。「五五」計畫開始時，蘇聯經濟還處在興盛時期，但那時蘇聯經濟增長率就開始下滑。「五五」計畫時期社會總產值的年平均增長率百分之十點八，「十一五」期間降到百分之三點三，到一九八九年為止的「十二五」計畫期間為百分之二點八。其實以上統計還是誇大的。

西方學者喬治J・萊曼尼斯指出：「經濟計畫的效力很大程度上依賴於可靠的資料資訊。但這恰恰是蘇聯的一項短缺。部長們和最高蘇維埃代表們心安理得的依靠並不準確的數字制定各種計畫。」

人們長期以來形成了一個很大的誤解：蘇聯建國後經濟發展極快、工業增長率更是世界第一，到七〇年代初，蘇聯的經濟實力已超過美國的一半，國民生產總值占世界國民生產總值百分之十五點三。

其實，蘇聯的整體經濟實力要比統計數字小得多。在過去，很長時期內，蘇聯官方甚至西方情報機關都犯了估計過高的錯誤。一九九〇年七月，在七國集團的委託下，國際貨幣基金組織、世界銀行、經濟合作與發展組織以及歐洲復興與開發銀行這四個機構開始進行研究，經過半年於一九九〇年十二月提出了報告。報告稱，蘇聯一九八九年的國民生產總值約為五千一百二十億美元（美國一九八五年為四萬零四百一十九億），約略相當於加拿大的水準，按這一數字，一九八九年蘇聯的國民生產總值世界上排名第八。同時，蘇聯與發達國家之間人均國民生產總值差距也急劇擴大。以一九八九年為例，蘇聯人均國民生產總值為一千七百八十美元，只略微超過哥斯大黎加，低於東歐國家（人均二千四百六十五美元）。

眾所周知，科技是第一生產力，而創新是一個民族的靈魂和前進的不竭動力，同時也是科技進步的源泉。但史達林模式卻嚴重地束縛了勞動者，特別是廣大科技人員的創造性，不利於新科技在生產中的應用，結果使得蘇聯與發達國家的科技差距大於經濟差距。特別是在知識密集型和高技術產品的開發應用方面。蘇聯學者估計，蘇聯在工業水準、產品品質等方面與發達國家的差距為三至五倍。按前蘇聯經濟學家尼古拉·施梅洛夫的觀點，只有百分之七至八的蘇聯產品符合國際標準。史達林模式（經濟方面）在束縛勞動者創造性的同時，也壓抑了勞動者的生產積極性和主動性。所有這些因素造成蘇聯經濟始終沒能實現從粗放向集約轉化，勞動生產力低下，根據蘇聯《論據與事實》一九九一第二十六期披露，蘇聯與美國的比較是，工業勞動生產率為美國的百分之二十五，農業勞動生產率僅為美國的百分之九。

研究經濟體制的優劣，應從一個較長的歷史時期著眼，而不只看短期效應。因為短期效應並不能說明問題，就像運動員服用了興奮劑，雖然在短期內提高了運動成績，但對身體卻造成了嚴重的甚至是永久性的傷害，這種傷害並不是停用了興奮劑就可以消除的。史達林模式僅僅在最初的一二十年內較快地推動了經濟發展，而在其後並不算長的時間內就逐漸暴露出其阻礙經濟發展的種種弊端，不僅如此，凡搬用史達林模式（經濟方面）的國家，經濟發展都受到了阻礙。

正是在這個意義上，鄧小平指出：「社會主義究竟是什麼樣子，蘇聯搞了許多年，也沒有完全搞清楚，可能列寧的思路比較好，搞了新經濟政策，但是後來蘇聯的模式僵化了。」「不改革就沒有出路，舊的那一套經過實踐證明是不成功的，過去我們搬用別國的模式結果阻礙了生產力的發展……」

至此，我們不難得出結論：史達林模式是一種普遍有效的「後發先進」的現代化模式的論點，是站不住腳的。史達林經濟體制作為國家體制的一個重要支撐。從總體上看，它發揮的作用顯然是負面的。

二、名不副實的聯邦制

（一）蘇聯國家結構的內在缺陷

關於聯邦制的優越性托克維爾早有論述，他認為聯邦制之所以像一個小國那樣自由和幸福，又像一個大國那樣光榮和強大，主要是因為各州無須為自衛和擴張而傷腦筋，所有的公共和個人精力都用於內部改進。另一方面「聯邦是一個大共和國，但從它管理事務之少來說，它又無異於一個小共和國。它做的事情都很重要，但為數不多，由於聯邦的主權是有限和不完整的，所以這個主權的行使對自由沒有危險，更不會引起對大共和國有致命的危險的那種爭權爭名的邪念。」

詹姆斯・M・伯恩斯等學者認為聯邦制具有以下幾個優點：

1. **有利於保障自由**。聯邦制本身就是縱向分權的體制，它對極權是一種強有力的制約和預防。因此有利於保障公民的自由。

2. **有利於求同存異**。因此聯邦制是適合不同民族混雜的人們之需要的最理想的制度。

3.有利於保護少數人的權利或者說有利於限制多數人的權利。

4.有利於「鼓動試驗」。換句話說有利於搞試點，州實際上充當了試驗場，如果成功，就推廣到全國，如果失敗，消極影響僅在州裡。

5.有利於使政府接近人民。由於實行聯邦制，各州及地方政府是人們參與公共事務的重要舞臺。而且，參與州和地方政治活動的人比參與全國事務的人多。

美國學者麥克斯．丁．斯吉德摩與馬歇爾．長特．特里普認為聯邦制最顯著的優點是，「它能調整政府的要求，使其適應各地方的不同情況。尤其是對那些不同種族、語言或宗教集團按地區聚居的國家來說，情況更是如此。」

建國初，列寧是真心實意想把蘇聯建立成為一個聯邦制共和國，聯邦制這種國家結構形式可能較適合蘇聯這個多民族的大國。形勢的發展使列寧的設想落空，聯邦製成為圖有虛名的形式，其優越性無從體現。相反內在缺陷逐漸暴露，難以克服。

客觀地說，蘇聯多民族國家的不穩定性除了蘇聯領導人的民族政策外，其本身亦有一些內在的，或稱先天的不穩定性，主要有以下兩點：

1.不像現在的俄羅斯，有一個以烏拉爾山脈以西的俄羅斯歐洲疆土的絕大部分、西伯利亞的絕大部分及遠東地區所形成的中心地帶，這個中心地帶基本上沒有受種族衝突的影響，蘇聯由一五個加盟共和國組成，這些共和國大部分原來都是民族國家，一直潛伏著民族衝突。正是由於缺乏中心所固有的凝聚力，一旦各國獨立，聯盟自然瓦解。

2. 除了俄羅斯外，蘇聯的加盟共和國原來大部分是民族國家。波羅的海諸國、莫爾達瓦和烏克蘭等國曾是獨立的國家。十五個加盟共和國都有一個主要的民族，每個民族都有自己的傳統和民族意識。儘管有了七十餘年的宣傳教育，但「蘇聯始終沒有培養出列寧所說的一種新人。」蘇聯意識沒有真正取代原來的民族意識。各民族對大俄羅斯主義深惡痛絕。一九五六年阿塞拜疆通過決議，將阿塞拜疆語定位該共和國唯一國語。二十世紀七〇年代，蘇聯大力推行俄語政策，在格魯吉亞受到強烈批評和抵制。一九七一年七至八月拉脫維亞十七名共產黨員發表了致西方國家共產黨領導人的信，激烈批評了蘇聯當局在拉脫維亞推行的大俄羅斯主義。歷來被看作是俄羅斯「親兄弟」的烏克蘭，民族情緒更為強烈。這種情緒從上個世紀六〇年代開始發展，曾出現「六十年代集團」、「烏克蘭工農同盟」、「烏克蘭民族委員會」等民族主義組織，後者雖受到了蘇聯當局的審判，但反對大俄羅斯主義的鬥爭一直都沒有停息。除此之外，吉爾吉斯、亞美尼亞、摩爾達維亞也都在進行一些反俄羅斯化的鬥爭。

在這種情況下，一旦出現政權和經濟危機，中央的凝聚力下降，舊有的民族意識就會重新泛起，要求獨立就變成很自然的事了。

3. 統一是靠武力建立的。除了前面說到的十月革命後格魯吉亞、阿塞拜疆、亞美尼亞等國的獨立被革命政權強行取消外，其他加盟共和國也是靠武力吞併的，比如在十月革命後，新政權曾承認波蘭、芬蘭和波羅的海三國等地的獨立。為了顯示蘇俄無產階級國際主義精神，一九二一年蘇波簽訂《里加條約》，規定西烏克蘭和西白俄羅斯劃入波蘭版圖。但一九三九年八月，蘇聯藉口建立所謂「東方戰線」，與德國簽訂《蘇德互不侵犯條約》，並與德國一起入侵波蘭，瓜分的波蘭國土面積為二十萬平方公里，人口一千三百萬；一九四〇年三月，蘇聯通過戰爭蠶食了芬蘭的曼納海姆地區，面積約四點一平方公里；一九四〇年六月底，蘇聯用武力脅迫羅馬尼亞把比薩拉比歸還蘇聯。八月，蘇聯在比薩拉比成立了莫爾達瓦共和國；一九四〇年八月，蘇聯吞併立陶宛、拉脫維亞、愛沙尼亞三國。這種依靠武力而實現的「聯合」過程，就埋下了民族仇恨的種子。正如俗話所說，強扭的瓜不甜，一有風吹草動，這些國家就會伺機脫離。

總之，列寧沒有能實現把蘇聯建成為各平權民族的自願聯合體的設想。史達林上臺後，蘇聯的聯邦制名存實亡。史達林時期包括後來的赫魯雪夫和勃烈日涅夫時期的民族政策出現一系列的錯誤，主要是以階級矛盾代替民族矛盾，以「大俄羅斯主義」代替了當初平等的民族關係，結果引發了各民族的不滿，埋下了民族仇恨。進言之，這種名不符實的聯邦制國家結構形式不僅沒有解決好民族問題，反而加劇了民族矛盾。各民族的不滿又促使中央政府進一步集權，結果加劇了蘇聯政治體制的僵化。

（二）史達林錯誤的民族政策

史達林執政後，蘇聯的民族政策迅速地轉到錯誤的軌道上，而且越滑越遠。史達林在民族問題上的錯誤至少有以下幾點：

1. 以階級矛盾代替民族矛盾，以對待敵人的方式對待一些少數民族，結果埋下了民族仇恨，激起了民族對立。馬克思和恩格斯認為隨著階級矛盾的消除，民族矛盾將不復存在。「民族內部的階級對立一消失，民族之間的敵對關係就會隨之消滅。」史達林深受這種觀點影響，一直用階級利益來衡量民族問題。上世紀二〇年代末三〇年代初，蘇聯政府採取強制手段迫使農民加入集體農莊，結果對農業生產造成嚴重的破壞，國內許多地區包括少數民族地區出現大饑荒。哈薩克斯坦有二百三十萬人死亡，另有九十多萬（主要是哈薩克斯坦）人為逃避饑荒和硬性改變生活方式，遷徙到中國、蒙古、阿富汗、伊朗等國；在烏克蘭，三〇年代初的大饑荒使得近三百萬人死亡。強制推動的農業集體化運動引起少數民族的反抗。在哈薩克斯坦發生了四百多次農民武裝反抗，參加人數多的有五千人之眾，當局不得不出動飛機和大炮鎮壓。

在大清洗中，凡對蘇聯民族政策或民族工作有不同意見，包括歷史上和史達林有分歧的少數民族幹部除和俄羅斯人一樣被打成「人民的敵人」外，大都還被扣上「資產階級民族主義」的帽子，遭到無情打擊。大批加盟共和國的高層領導和少數民族知識份子被迫害致死。例如烏克蘭和首都基輔領導人多數被處死，其中包括著名的布爾什維克領導人斯克雷普尼克、丘巴爾波斯蒂舍夫、柯秀爾等。在白俄羅斯，由於大批幹部遭迫害，導致許多州無法開展工作；在格魯吉亞，一九三七年五月出席第十屆黨代會的六百四十四名代表中，竟有四百二十五人被捕；在烏茲別克，黨中央第一書記伊克拉科夫被指控為「民族主義者並與人民的敵人布哈林勾結」，遭到處決；土庫曼、哈薩克、塔吉克以及俄羅斯邦內的少數民族地區領導人以及大批少數民族的藝術家、科學家、作家、教師都被扣上「民族主義分子」的帽子遭到鎮壓。不僅如此，連許多普通民眾也難逃厄運，一九三七－一九三八年間，僅土庫曼斯坦就有一萬五千六百六十名普通居民遭到審判。

二戰後期，車臣等少數民族中有少數人叛國，史達林馬上就認為這是階級鬥爭，這些民族是反動民族。結果以叛國罪和國家安全為由把車臣等十一個少數民族強行遷往異地他鄉，不分男女老幼，也不管是否黨員幹部，一律分散居住，強行管制。更嚴重的是，據近年來的資料披露，在強行遷徙的過程中相當大的一部分人在車上就死去了。這不可能不在民族間留下仇恨。

2.「聯邦制」被高度集權的單一制所取代，民族信任關係受到損害。首先是以大俄羅斯主義代替了當初的民族平等、尊重、互助的民族關係，引發了其他民族的不滿。由於聯盟中央事務實際上是以俄羅斯為中心的，其他各加盟共和國不少人認為自己受到俄羅斯或俄羅斯人的控制，這個問題由來已久，早在聯邦建立初就發生了。當時的俄共（布）中央全會沒有聽從列寧的建議（格魯吉亞等國家直接加入蘇聯），沒讓格魯吉亞、阿塞拜疆和亞美尼亞三國分別直接加入即將成立的蘇聯，而是規定這三國作為一個外高加索聯邦加入蘇聯。這個決議受到格魯吉亞共產黨中央的堅決抵制，結果受到史達林支持的負責處理的奧爾忠尼啟則對格魯吉亞採取了高壓政策，實際上等於解散了格魯吉亞的黨中央，更惡劣的是奧爾忠尼啟則甚至動手打了格魯吉亞領導人。

同時，史達林時期及以後，蘇共的宣傳工作往往以俄羅斯為中心，過分強調俄羅斯民族的歷史貢獻。比如二戰後，史達林在克里姆林宮招待紅軍將領時說俄羅斯民族是

「加入蘇聯的所有民族中最傑出的民族」，而且對其他也流血犧牲的沒有任何表示。更有甚者，把沙俄的侵略擴張稱為「進步」，而其他少數民族抵抗沙俄侵略的歷史人物則被描寫為「罪人」。只要有人對少數民族歷史、文化以及英雄人物進行頌揚，便會被扣上宣揚「民族主義」的帽子，受到殘酷的迫害和鎮壓。結果，正如哈薩克斯坦總統納紮爾巴耶夫所說：「由於史達林的『民族融合政策』（在實踐中俄羅斯化和壓制民族自我意識）使族際矛盾變成了正在熊熊燃燒的社會火山口，並隨時可能引起具有致命後果的爆炸，這一切才是離心傾向的主要原因。」

在經濟方面，聯盟中央實際上剝奪了作為聯盟主體的加盟共和國處理本共和國經濟問題的權利。聯盟中央通過由它直接管理的聯盟部和聯盟——共和國部控制了共和國的絕大多數企業和資產。史達林時期，聯盟部所屬企業的工業產值占全蘇工業總產值的百分之八十九。共和國部所屬企業只占百分之十一。共和國所能支配的資產十分有限，卻得承受由於興建各種企業而帶來的社會問題、環境污染問題等。共和國並未因為在本共和國大量興建企業而使當地居民受益。

更耐人尋味的是，俄羅斯的確為聯盟的建立和其他少數民族的發展作過不少貢獻。例如一九八八年，俄羅斯與蘇聯其他共和國的貿易赤字為三百一十億盧布。據蘇聯的統計學家計算，如果不是按照蘇聯的物價，而按國際市場的價格進行同樣的貿易，俄羅斯將獲得三百三十億盧布的貿易盈餘。可見，俄羅斯實際上是在補貼其他加盟共和國。一九九〇年，葉利欽宣稱，這些補貼一年高達七百億盧布。對此，雅科夫列夫評論道：「如果像人們常做得那樣，把蘇聯與傳統的帝國相比較的話，那麼不能不指出這個『帝國』的許多怪事，包括宗主國不僅沒有靠殖民地富起來，而且自己還拿出不少東西去幫助殖民地發展。」出力不討好，出力者自然會感到委屈和不滿，結果出力者和收益者相互怨恨，這真是引人深思的悲劇。

（三）赫魯雪夫和勃列日涅夫在民族問題上的錯誤

赫魯雪夫上臺後，對史達林民族政策作了一些調整。勃烈日涅夫執政後的民族政策和赫魯雪夫大同小異。

首先，平反涉及民族關係方面的冤假錯案。一是為大清洗時受到迫害的民族人士平反。許多少數民族知名政治家、學者及文化界人士陸續得到平反昭雪，比如赫魯雪夫時期為烏克蘭共產黨領導人斯克雷普尼克等人恢復了名譽，勃烈日涅夫時期為利西奧爾等人平了反。二是為農業集體化時期受迫害的少數民族人士平反。三是為二戰期間被強迫遷徙的民族平反，允許他們重返家園，並恢復了他們原有的行政區劃。這些民族主要是二戰期間從北高加索地區遷往中亞地區的卡拉恰耶夫、巴爾卡爾、車臣、印古什等民族，此外還有卡爾梅克族。後來又為克里米亞韃靼人和伏爾加德意志人平反。四為戰後反猶事件平反。

其次，在經濟管理方面給以加盟共和國一定的自主權，加盟共和國獲得了財政預算等經濟管理權。

儘管赫魯雪夫和勃列日涅夫時期的民族政策比史達林時期有所改進，但仍然遺留很多問題，同時又造成了一些新的問題。

一是在平反涉及民族關係的冤假錯案方面做得不澈底，留下了後遺症。一九三六—一九四四年間蘇聯強行將十幾個民族遷往中亞和西伯利亞地區。赫魯雪夫和勃列日涅夫時期僅為七個民族平了反，而且這種「平反」也並不澈底，很多民族無法返回故地。同時還繼續推行向民族地區移民的政策，特別是勃列日涅夫時期的自由移民政策，導致大量的無序人口移動，一方面給各共和國增加大量安置的負擔，影響當地居民就業，另一方面使一些民族國家比如波羅的海沿岸三國的人口結構和語言環境都發生了變化，特別是在一些國家存在著完全由俄羅斯等移民組成的城鎮，這些沒和當地民族融合的城鎮，不僅在民族之間形成了隔閡，而且為以後的民族對立埋下了種子。所有這些都使那些受過傷害的民族心存怨恨，少數民族心存不滿，一有摩擦就會引起激烈衝突。對此美國學者G・R・阿本指出：「導致蘇聯制度崩潰的一個主要原因就是各民族對於蘇維埃權力合法性的不認同。……相對於西方所起的作用而言，它對於蘇聯制度崩潰所起的作用更為重要。」

二是大俄羅斯主義仍然未能消除。這表現在雖然不再採用大規模武力鎮壓的方式處理民族問題，但對各民族政治和思想上的控制仍然很嚴密，對不滿分子採取關押、送精神病院或者驅除出境等嚴厲措施；繼續推行史達林時期的錯誤的語言政策；經濟自主權沒有真正的下放給各個加盟共和國，勃列日涅夫上臺後，將赫魯雪夫下放給各個加盟共和國的經濟管理權基本收回，加盟共和國連建立一所醫院和學校的權力都沒有；繼續有意突出俄羅斯人的地位和作用，繼續為沙俄的擴張歷史辯護。

三是提出不切實際的民族關係理論，對蘇聯民族關係產生負面影響。赫魯雪夫和勃列日涅夫時期提出了「民族問題解決論」和「人們新的歷史共同體——蘇聯人民」的理論，實踐證明這是不切實際的錯誤理論。理論上的錯誤直接影響到民族政策的制定，結果蘇聯政府否認本國存在著民族問題，忽視民族文化的差異，或者企圖通過人為手段消除這種差異，錯誤的把少數民族的合理要求視為洪水猛獸，結果拖延了民族問題的解決，形成積怨，並最終爆發。

第三章 史達林模式下的國家與社會

公民社會的發育和成熟是民主政治得以實現的基礎。在一個成熟的公民社會裡，公民可以有效的參與政治生活，對政府進行強有力的監督與制約，發揮著難以替代的糾錯功能。然而，蘇聯高度集權的國家體制，使蘇聯的公民社會難以發育。公民社會的缺失，不僅使蘇聯社會喪失了活力和內在的凝聚力，而且使其政治體制進一步僵化。

在本章，我們對十月革命以前和列寧時期及史達林模式下的新聞媒體的特徵進行了分析。列寧的輿論監督與新聞自由思想並沒有被後來的領導人所繼承。史達林執政後，包括後來的赫魯雪夫和勃烈日涅夫時期，對新聞媒體進行全面嚴格的控制，掩蓋事實與矛盾。這不僅使人民群眾失去了通過媒體對政府進行監督的可能，而且使黨內監督也變得不大可能，同時也使政治體制僵化的弊端難以消除。

本章還對史達林思想文化模式的特徵和後果，以及過左的宗教政策和後果進行了分析。史達林思想文化模式的最主要特徵是學術問題政治化，結果必然是用行政和司法手段處理學術問題，其後果是自然科學和社會科學的發展被延誤，人民的思想被禁錮。蘇共過左的宗教政策嚴重影響了黨和信教群眾的關係，把本來是可能有助於社會穩定的力量推到政權的對立面，結果不但沒有發揮宗教（主要是東正教）應有的社會作用，反而受到它的負面影響。思想文化的禁錮和宗教的負面影響，使得對僵化的政治體制進行改革變得更加困難。

一、國家與公民社會

關於公民社會的定義，中外學者提出很多不同的看法。大致可分為兩類：一類是政治學意義上的，一類是社會學意義上的。前者強調「公民性」，即公民社會主要由那些保護公民權利和參與政治的民間組織構成。後者強調「中間性」，即公民社會是介於政府和企業及家庭之間的中間領域。二者側重點雖不同，但都把公民社會界定為民間組織。俞可平先生把公民社會界定為國家或政府之外的所有民間組織或民間關係的總和，其組成要素是各種非國家或非政府所屬的公民組織，包括非政府組織（ＮＧＯ）、公民的志願性社團、協會、社區組織、利益集團和公民自發組織起來的運動等。

自從有了國家之後，政府的善政就始終是民眾或公民對於政府的期盼和要求。所謂善政主要是指官員清廉、法度嚴明、政府高效。

上個世紀九〇年代以來，西方學者越來越多的使用「治理」一詞來取代原先的政府的統治，用「善治」來取代「善政」。治理的實質就是建立在市場原則、公共利益和認同之上的合作。而「善治就是使公共利益最大化的社會管理過程。善治的本質特徵，就在於它是政府與公民對公共生活的合作管理，是政治國家與公民社會的一種新型關係，是兩者的最佳狀態。」善治也可以理解為國家權力向社會權力的回歸。公民社會的發育和成熟是善治的實現基礎。

由於客觀和主觀原因，無論是十月革命前還是革命後，蘇聯的公民社會都沒有機會發育。十月革命前的沙俄是個經濟文化落後的封建專制的國家。其民族的自我肯定是通過武力征服帶來的地理擴張而實現的。因此，軍國主義的國家吞沒了一切。在俄國，國家就是一切，「是良心、是個人、是社會、是沙皇、是奴僕。在作為沙皇個人化身的國家裡一切宗教的和世俗的問題都能自己得到解決。」結果，在俄國既沒有自由的個人，也沒有形成制度化的公民社會。而自由的個人和制度化的公民社會的缺失，使得國家這個大怪物把全部的權力都集中在自己手裡，這就把社會上所有的健康的力量隔絕起來，使之不能參與積極的政治和社會生活，這導致俄羅斯缺乏社會穩定的基礎。用葛蘭西的話說：「在西方，國家與公民社會之間有有序的關係，如果國家開始動搖，公民社會的牢固結構立刻會表露出來。」相反，「在東方，國家就是一切，公民社會處於原始的、不成型的狀態中。」無法起到它在西方社會所發揮的支撐作用，而缺乏這種支撐的國家是欠穩定的。因為公民社會不僅通過自己的各種團體和組織像網路一樣把國家緊密的連接在一起，而且它自己又是一個自給自足的整體。只要在公民社會的框架內有著有機的團結，國家社會甚至在重大危機的情況下都可以依靠公民社會這個基礎渡過難關，而不至於像沙灘上的樓閣禁不起風吹雨打。正是由於缺乏公民社會這個基礎，沙俄在第一次世界大戰中的軍事失敗導致了國家制度的崩潰。

十月革命後，新政權除了發展經濟文化外，還應逐漸縮小國家對經濟和社會文化生活的干預，培育公民精神，建立各種自願團體、協會與組織以實現人民的創造精神和主動性，一句話，承擔起建立公民社會的任務。遺憾的是，執政黨對此認識不足。當然客觀上亦有困難，第一，反對內外敵人和迅速發展經濟的巨大任務導致國家集權制和擴大國家、特別是鎮壓機關的權力。第二，經濟文化的落後，再加上封建專制的傳統，使大多數人民缺乏民主參與意識。導致國家必須對正在形成中的公民社會實行經常的監護，使國家對包括家庭內部關係在內的各種關係的影響得以擴大，這極大地阻礙了公民社會的發育。

俄羅斯學者米格拉尼揚認為在「新經濟政策」時期，列寧為了使蘇維埃國家在社會中占統治地位的情況下，在個人和各個社會團體的所有生活領域中有自動地發揮創造積極性的可能性，曾推行過建立和發展公民社會的政策。但是史達林推行工業化和農業集體化的模式和方法，使個人和團體發揮首創精神的可能性消失。

具體地說，史達林時期的政治體制在表面上吸收公民參與政治進程，但任何不同政見均受法律懲處，結果公民和政治進程本身都處於異化的狀態。在形式上有非國家的社會政治組織，事實上他們都轉化為某個國家機關的附屬品，其活動被嚴格規定，同時任何少數人組織的團體均被取締；在國家管理的各個階層中，權力都集中在一個中心，國家對整個社會生活都嚴加規定，不容許有任何未核准的活動，在所有事情上都要求意見完全一致。「這裡重要的是，極權主義制度要求不是對其消極服從和惟命是從，而是要求積極的表現出忠誠和支持……」米格拉尼揚對這個問題剖析得很透澈，他認為史達林時期的政治體制破壞了社會一切有機聯繫，扼殺了革命前公民社會的一切萌芽，使整個社會分裂成單個的微粒原子。這樣整個社會由一種有機體變成了某種由權力結構臆斷地設計出來的體制，它把受到財富和權力異化的原子——一個個人都納入了社會的某個結構之中，並對其活動的形式和範圍都做出了嚴格的規定。從形式上看史達林及史達林前的時期，人們似乎是參與了各種不同的集體生活，但這種集體生活是虛偽的。個人溶入這些集體生活並不是出於自願，而是被強迫的結果。與此相反，至少在封建主義和資本主義條件下，個人參與到某些被核准的集體活動組織中去後，倒有可能保護自己免受國家政權的恣意迫害，在那裡，不同的聯合會、協會曾經充當緩衝國家和個人之間關係的中間機構。但是在極權主義制度下，這些小集體卻成了有效控制並規範個人生活的工具，極權主義制度正在通過它們控制住社會的每一個細胞。這就是為什麼個人在權力面前有史以來從未像在極權主義制度下那樣顯得如此孱弱無力。每個個人在他的活動的任何場合和領域中，都有龐大的權力機構同他形影相隨。

應該說，米格拉尼揚對公民社會的作用和意義的理解是深刻的，對蘇聯公民社會的缺失所造成的危害的分析也是準確的。理論上，在民主社會中，每個人都可以通過個人奮鬥獲得自己的權利，滿足自己的利益要求，過上幸福的生活，但由於個人對整個社會和國家的力量來說是十分有限的，當他們的權益要求受到社會和國家的忽視或侵害的時候，他們便會在一定條件下一定時期圍繞共同利益，組建成社會團體和集團，通過提供資訊、闡明觀點，甚至提出法律訴訟，向立法、行政、司法部門反映自己的權益要求。實際上，志願性社團或利益集團為這些群體和個人提供了可以維護保障自己利益和權利的可操作性的工具。在西方社會生活中，少數人的權利和利益要求得到尊重保護的案例很多，例如：二十世紀六〇年代馬丁・路德・金領導的美國黑人民權運動，取得了決定性勝利。同時在黑人民權運動鼓舞下，西班牙裔人、婦女、殘疾人、同性戀者和其他社會下層人的數百個組織為爭取自身的權益展開了鬥爭並取得了一定程度的勝利。這些鬥爭和勝利使得社會中各種人的權利得到了不同程度的保護。

從社會衝突理論的視角，會發現公民社會在調節社會衝突方面所發揮的不可替代作用。當代德國著名社會學家達倫多夫認為在任何社會中，衝突的原因都不可能徹底消除，同時，衝突不可能長久壓制而不爆發，因此，所能做到的是對衝突的形式，特別是衝突的烈度進行控制。衝突的控制和調節需要三個條件：1.正在衝突的雙方都認為有著合法的，但都是相互對立的利益；雙方都承認衝突存在的既成事實，並相互認可對方解釋衝突的權利。2.衝突雙方必須有統一的組織。如果雙方沒有相對統一的組織，就無法對雙方成員及行為進行有效的控制，衝突調節也難奏效。3.衝突雙方必須同意遵守一些正式的衝突規則。在蘇聯，由於公民社會無法發育，至少衝突的一方沒有統一的組織，從而缺少對衝突進行控制和調節的條件，而政府在面對衝突的時候，僅僅採取簡單的壓制，比如在農業集體化運動中，對不滿農民的反抗的嚴厲鎮壓、對「民族主義」分子的打壓以及對「持不同政見者」的迫害。這些極端措施並沒有使不滿和反抗消失，而只是使之深入表層之下，在那裡醞釀、積累，一旦爆發則難以收拾。到了戈巴契夫時期，「持不同政見者」運動和民族分離運動遙相呼應，最終拉開了蘇聯解體的序幕。

在當代，作為公民社會的重要組成部分，勢力較為強大的利益集團，在政治生活中發揮著非常重要的作用。其積極作用主要有以下幾點：1.利益集團參與和影響政治過程，有利於擴大公民參政的範圍，兼顧各方利益，推動政府決策向民主化和科學化方向發展。2.利益集團之間的競爭有利於在多元利益集團間形成平衡，並在平衡的基礎上形成社會力量對政府權力的制衡。3.利益集團成為連接個人和政府不可替代的基本紐帶和聯繫仲介，其作為政府和公民群體之間的緩衝屏障，可以調節政策失誤對社會形成的衝擊力，減輕社會衝突對政治秩序所形成的破壞力量，從而起到緩解社會衝突的「安全閥」作用，保持政局的長期穩定。4.對政治體制起到矯正作用。公共利益集團發現政府職能部門未能認真、有效地履行自己的職責時，能成功運用自身的資本、資訊、專業知識等資源有力地進行申訴，乃至提出司法訴訟，對政府的行為進行矯正，維護公眾的權益。例如，美國有個名為「共同事業」的公共利益集團，其主要宗旨就是抵制社會中那些代表特殊利益的集團在政治過程中的影響，它經常對諸如政務公開、行政正義、公眾參與、消除浪費、競選財政改革、選舉權利、選舉程式變革、稅務改革、削減國防開支、保護人權、消費者的權益保護、能源政策、環境保護、教育改革、藥品檢驗、愛滋病研究和教育，等等一系列公共問題進行遊說，在反對政府腐敗，促進公眾權益得到真正的保護，推動政府和政治過程更加民主、公正方面發揮了很好的作用。

相反在蘇聯，公民社會的缺失使社會喪失了內在的凝聚力，成為一個個原子的公民在面對政府這個「巨獸」時，無能為力，一籌莫展。這是蘇聯一再發生冤假錯案，成千上萬的幹部和群眾蒙難而又無法制止的一個重要原因。

同時，張開巨口吞噬個人和社會的政府，表面上威力無比，其實外強中乾，色厲內荏，除了鎮壓手段之外，便無其他能力，一碰到風吹草動，不管是內憂還是外患，它都如臨大敵惶惶不可終日，恰如牆頭之草，根基太淺，怕被風吹雨打去。

如前所述，作為公民社會重要組成部分的利益集團有很多積極作用，但其作用的發揮要有一個必不可少的前提，即它們在一個社會的發展中應當相對均衡，換句話說，一個社會的各個階層、各個群體不管是強勢的，還是弱勢的，都應有代表他們向政府施壓的集團。而且這些代表不同利益的集團在「角力」的過程中會達到某種平衡。相反，如果一個社會只有某一個階層或強勢群體形成了利益集團，那就會使本來就不平衡的政治和經濟結構更加失衡，從而大大降低政治體制的安全係數。

美國有學者認為任何社會都存在著利益集團，蘇聯也不例外。比如工人階級就是一個利益集團，農民階級也是一個利益集團。但這些利益集團只是潛在的集團，至多也不過是初級的集團，並沒有組織起來。因此和政治上活躍的「壓力」集團還是有很大差別的。在筆者看來，蘇聯的利益集團只有特權官僚階層，它作為活躍的壓力集團成功的把赫魯雪夫趕下了台，又為勃列日涅夫保駕護航近二十年。有學者認為特權官僚階層內部有「分集團」，比如雅科夫列夫就認為黨的機關克格勃和經濟機關共同組成了執政體制。如果細分一下，還可以再分出軍隊、軍工集團等。

筆者認為這些劃分有道理，這些「分集團」確實有它們自己的利益，它們之間彼此一直在爭鬥。但關鍵在於，無論這些集團合也好，分也罷，共同利益總是大於局部利益，作為掌權的既得利益集團，他們無法發揮西方國家利益集團所發揮的正面作用。相反，由於遭到廣大人民群眾的忌恨，當蘇聯政壇發生動盪的時候，他們的所作所為只是起到了「越幫越忙」的作用。

二、國家與思想文化

（一）全面控制下的新聞媒體

1. 列寧時期的新聞媒體

在沙皇統治時期，總體上說人民沒有言論和出版的自由。一九〇五年革命爆發後，沙皇被迫承諾開放言論，俄國新聞業一度獲得了有限的政治方面的言論自由。

一九一七年二月革命的勝利，推翻了沙皇的專制統治。臨時政府在四月通過了出版法，規定各種政治派別都可以自由出版報刊和在市場上出售，革命前被壓制的各社會主義政黨紛紛恢復自己的報刊。十月革命爆發前，布爾什維克的報刊共有七十五種，其他社會主義政黨的報刊共有八十五種。

布爾什維克黨充分利用報刊這一輿論陣地，通過新聞傳播反映無產階級的呼聲，揭露和抨擊他們壓制出版自由的行徑，發動人民同資產階級進行鬥爭。正如恩格斯所說：「政治自由、集會自由的權利和出版自由，就是我們的武器。」布爾什維克報刊的宣傳鼓動對十月革命的爆發起了很大的推動作用。十月革命取得勝利後，俄國新聞傳播業也告別舊時代進入一個動盪的歷史時期。

十月革命後的第三天，列寧簽署的《關於出版問題的法令》許諾：「在新的秩序確立之後，政府對報刊的各種干預將被取消。到那時，報刊將按照這方面所規定的最廣泛、最進步的法律，在對法院負責的範圍內享有充分自由。」一九一七年十一月十七日，列寧起草了一份《關於出版自由的決議草案》，這份報紙指出：「工農政府認為出版自由就是使報刊擺脫資本的控制，把造紙廠和印刷廠變成國家的財產，讓每一個人達到一定人數的公民團體都享有使用相當數量的紙張和相當數量的印刷勞動的同等權利。」十月革命後蘇維埃政權基本上是按照列寧的這個思想行動的，只封閉了屬於大資產階級的商業性報紙和直接對抗革命的反動政黨的報紙，其他小型的商業性報紙和眾多黨派的報紙基本沒動。到一九一八年九月前，蘇維埃俄國有商業性報紙二百二十六家，政黨報紙二百三十五家。彼得格勒通訊社則與蘇維埃的新聞局於一九一八年六月合併為俄羅斯通訊社，縮寫簡稱「羅斯塔社」，作為國家的中央通訊社。《消息報》編輯部在十月革命後改組，由布爾什維克黨人主持工作，仍然是蘇維埃的報紙。

一九一八年三月列寧開始設想實行取消商品交換的勞動公社的試驗。當時他把社會的激勵力量寄託在黨和蘇維埃的報刊上，他想用報刊來宣傳模範公社的榜樣和在報紙上建立「黑榜」揭露壞人壞事，以促進生產建設的發展。他決定取消報刊的訂閱制，認為這是從資本主義向共產主義邁進了一步。

一九一八年白衛軍發生叛亂，許多資產階級報刊站在了叛亂分子一邊。在這種內憂外患的情況下，為了鞏固政權，大量的資產階級報刊被查封了，孟什維克和社會革命黨的報刊也被查封。到一九一九年底，除了布爾什維克的報刊外，其他報刊全部停刊或被查封。

一九二一年，列寧調整政策實行新經濟政策，以市場經濟的方式發展生產。在新聞出版方面，重新恢復經濟核算制，停止報刊的分配製而恢復訂閱制。一九二二年黨的十一大通過決議指出，文化事業執行經濟核算無疑是正確的，文化事業單位作為經營單位，他們「商業上的獨立性」、「經濟上的獨立性」，也是不能破壞的。在此之後，重新出現了很多私人出版社和民營報紙。

從一九二一年起，蘇俄開始逐漸建立黨領導的報刊體系。除了《真理報》、《消息報》、《經濟生活報》等中央級大報外，其他中央級的報紙陸續創刊，例如工會的《勞動報》，軍隊的《紅星報》、黨的《共產黨人》以及《共青團真理報》、《女工》等紛紛創刊。同時蘇俄的廣播電臺也開始創建。一九二二年九月十七日，俄國的第一家廣播電臺「莫斯科中央無線電話台」正式播音。廣播電視臺出現後的幾年內，俄國各大城市紛紛建立了廣播電臺。

縱觀這一時期的新聞發展歷程，我們發現列寧對新聞輿論監督的作用還是十分重視的。列寧以其豐富的領導經驗及媒體鬥爭的經驗，深諳輿論對於鞏固政權的重要性。在十月革命勝利後的第二天就宣布：「我們願意讓政府時時受到本國輿論的監督。」這一明確表態，反映了列寧對新的歷史時期新聞媒體監督功能的把握和對媒體監督特點的深刻認識。列寧的這一思想隨著時勢的變化也以不同的方式得以體現。（1）十月革命勝利之初，無產階級政黨報的監督的首要任務是對資產階級的揭露和對腐敗行為的抨擊。（2）對黨自身的監督。一九一九年三月，列寧主持的俄共（布）八大《黨綱》規定：「黨和蘇維埃報刊最主要的任務之一，是揭露各種負責人員和機關的罪行，指出蘇維埃和黨組織的錯誤和缺點。」列寧要求：「通過中央監察委員會、通過黨的報刊、通過《真理報》來查糾違法亂紀的行為。」在列寧看來，黨報也是黨內監督一部分，在《黨綱》中同時規定，對於報刊的批評，被批評者必須做出反應，「凡是人員或機關，其行為被報刊刊載者，應於最短期內在統一報紙上作認真合乎事實的反駁，或者檢討已經改正的缺點和錯誤。如果屆時不見這樣的反駁或檢討，革命法庭便對該人員和機關提起訴訟。」列寧還親自參加輿論監督工作，親自撰寫報紙評論，提議在報紙上開闢「黑榜」，刊登嚴重的官僚主義名單。（3）批評社會生活中的缺點，用正確的輿論引導群眾，也是輿論監督的重要任務。列寧認為：「我們的報刊應當成為鞭策落後者的工具」，「要揭露企業、機關或經濟部門等單位中的疏忽大意、落後無能的工作人員，讓大家批評。」同時，「要反對那些堅持資本主義傳統（習慣）、繼續用舊眼光看蘇維埃國家（替它作的工作要少些，壞些，從它那裡撈的錢多些）的極少數工人、工人集團、工人階層，以捍衛工人階級的利益。」他說：「報刊應當成為我們加強勞動者的自我紀律，改變資本主義社會陳舊的、完全無用的方法或偷懶方法的首要工具，通過報刊來揭露各個勞動公社經濟生活中的缺點，無情地抨擊這些缺點，公開揭露我國經濟生活中的一切毛病，從而呼籲勞動者的輿論來根治這些毛病。」這樣做的目的，是「用生活中的生動具體事例和典型來教育群眾，而這確是報刊在資本主義到共產主義的過度時期的主要任務。」

列寧認為輿論監督必須堅持黨性的原則。黨性原則是輿論監督理論的出發點。絕不允許報刊「利用黨的招牌來鼓吹反黨觀點」。而「確定黨的觀點和反黨觀點的界限的，是黨綱，是黨的政策依據和黨章。」他要求：一、要根據黨的政策，把握監督方向。列寧指出：「一切定期和不定期的報刊、一切出版機構都應該完全服從黨中央委員會；出版機構不得濫用職權，執行不完全是黨的政策。」二、要恪守新聞的真實性。列寧指出：「我們的報紙是我黨的一面鏡子。它應當經常保持乾淨，擺放端正，它所反映的東西，都不應失真。報紙由於具有嚴格的真實性和嚴肅的原則性，因而不僅在無產階級和一切勞動人民的心目中具有很高的威望，而且甚至在我們最兇惡的敵人心目中也具有很高的威望。任何人在任何時候都不能非難我們的報紙不真實。」因此，真實性是新聞的基本原則，也是媒體監督公信力的基礎。三、要關注群眾所關心的問題。列寧認為黨的報紙是群眾的報紙，它服務於群眾，有賴於群眾的積極支持。他十分關注報紙與群眾的關係，關注報導的出發點是否代表了工人意願。四、黨報也應該受到黨的監督。列寧指出：「出版社和發行社、書店和閱覽室、圖書館和各種書包營業所，都應當成為黨的機構，向黨報告工作情況」，「報紙應當成為各級黨組織的機關報。」

列寧同時認識到出版自由對於輿論監督的重要性。一方面他肯定資產階級出版自由所具有的進步性，讚揚「在英國，有人民對於行政機關的堅強監督」。他痛斥沙俄書報檢查制度，認為無產階級必須擺脫「農奴制的書報檢查制度的束縛」；另一方面認為出版自由總是與一定的階級利益聯繫在一起的。他說：「我們不相信『絕對的東西。』我們嘲笑『純粹的民主』。」「我們要弄清楚是什麼樣的出版自由？為什麼？為了哪一個階級？」正是在這種思想的指導下，後來便封閉了屬於大資產階級的商業性報紙和直接對抗革命的反動政黨的報紙。

但是列寧的輿論監督思想並未被後來的蘇聯領導人繼承下來，列寧對資產階級新聞自由的過分嚴厲的批判被史達林絕對化了。

2.史達林模式下的新聞媒體

列寧逝世後，史達林以中央集權的方式，迅速地建立起相當嚴密的大眾傳播的全國性網路。史達林時期新聞媒體的發展主要有以下幾點：（1）報刊在一九二五年前後確立中央集權的一元化體制後，發展是迅速的。到一九二八年，全國有報紙一千一百九十七種，總發行量九百四十萬份，已經形成了從中央到地方的一元化領導的各級各類報紙的基本格局。到一九四〇年，報紙增加到八千八百零六種，這是蘇聯歷史上報紙種數最高的年份，總發行量三千八百四十萬份；雜誌這年有一千八百二十二種，全年總發行量二億四千五百萬份。（2）蘇聯的廣播事業發展很快，到一九四〇年，全國廣播電臺已超過一百座，收音機一百一十萬台，同時還有一萬一千個有線廣播站和六百萬隻廣播喇叭。

蘇聯的媒體在社會主義建設中發揮了一定的正面作用，特別是在二戰爆發後，蘇聯的各新聞媒體轉入戰時狀態，一切從衛國戰爭目的出發，蘇聯新聞媒體全力以赴、動員和鼓舞各族人民英勇奮戰，保衛祖國，蘇聯的新聞工作者們為戰勝法西斯做出了巨大的貢獻和犧牲。

但無法否認的是史達林時期的新聞媒體至少存在以下幾個特點和弊端：（1）逐漸取消以市場經濟的管理模式而代之以計劃經濟的管理模式，通過有比例按計劃的發展，逐漸地將報刊、廣播電臺、通訊社等建設分布於全國。所有新聞媒體均由各級黨委直接領導，媒體的領導人直接由同級黨委按程式考察、選拔和任免，黨中央宣傳部對所有媒體的組織、人事、經費、言論，具有直接發布命令、指導監督及考察獎懲的權力。（2）實行新聞檢查。為了確保報紙宣傳與黨的立場一致，蘇聯制定了嚴格的新聞檢查制度。檢查機構是一個龐大而特殊的系統，有著不同的層次，既有專職人員，也有兼職人員。其中最重要的檢查機構是一九二二年建立的「國家新聞保密局」。該局採用預檢和事後檢查兩種方式，有權禁止反對政府、洩露國家機密、煽動民族主義及宗教狂熱的報刊的發行。二戰後，黨和政府報刊免檢，一般團體的報刊仍然要接受檢查。不僅如此，「郵件也要受到審查，從國外寄來的信件若包含反蘇維埃內容就到不了收信人那裡。」「書報檢查就是官方的批評。書報檢查的標準就是批評的標準」，「書報檢查制度是為政府所壟斷的批評」。在這種檢查制度下，媒體批評的權力在實際上被剝奪，喪失了對權力監督的功能，從而也使本來就僵化的政治體制更加變本加厲。（3）資訊來源單一和言論高度統一。蘇聯國內的資訊來源只有一個管道，即官方管道，群眾知道和不知道什麼都由官方決定。政府對外來的資訊採取封鎖政策，禁止外國報刊在蘇聯境內發行，國家花費大量資金建立干擾台，禁止公眾收聽外國電臺的廣播。結果「蘇聯人民聽不到西方廣播，多年來所能聽到的惟一的聲音就是莫斯科官方的聲音。」「在蘇聯的新聞和官方的統計中，沒有嚴重的事故，沒有嚴重的犯罪，並且很少有自然災害，只有巨大的勝利。如果說錯誤是最好的老師，而蘇聯共產黨是沒有這樣的老師的，因為官方認為列寧和史達林時期的蘇聯共產黨沒有犯過錯誤。」在這種情況下，蘇聯公眾閉目塞聽，事事蒙在鼓裡，無法正確判斷國內外形勢，也無法真正行使國家主人的權利。他們不知道蘇聯坦克對捷克斯洛伐克改革的鎮壓，不知道阿富汗戰爭中蘇軍付出的慘重的代價，不知道國內發生的民族反抗、廠礦罷工、農民鬧事，甚至任何國家都不可避免的犯罪事件、天災人禍都不許見報。赫魯雪夫的女婿阿朱別伊曾回憶說：「從當時的報紙看，蘇聯從沒有鐵路和航空慘劇，從沒有沉船事件，礦井從不爆炸，泥石流也不會崩塌，總是一片歌舞昇平的景象。」在蘇聯各報中，《真理報》的言論具有絕對的權威性，被稱為「報紙的報紙」。其他各報載言論上均仿效《真理報》，與它保持一致。這樣，蘇共就通過自己的機關報在整個社會範圍內實行了輿論一律。過於嚴格的新聞控制使公眾無法瞭解真實情況。對此人們嘲諷道：「《真理報》上沒真理，《消息報》上沒消息。」還有人說，這兩大報紙上，除了天氣預報是真的以外，其他全是假話。而作家艾倫堡說得更加尖銳：「《真理報》上面連壞天氣都不知道。」顯然，新聞媒體最基本的功能——傳播新聞、提供資訊、反映民意、溝通政府和民眾之間的聯繫的功能喪失了。（4）媒體成為史達林在黨內進行大清洗的工具。史達林上臺後，展開了「同托洛茨基的鬥爭」、「同新反對派的鬥爭」、「同布哈林的鬥爭」並在三〇年代開始了駭人聽聞的肅反等等，迫害了黨的大批優秀幹部，列寧在遺囑中評價過的六位黨和國家的主要領導人除史達林本人外全部遇害。在這些政治迫害中，蘇聯媒體成為史達林的輿論工具，「它不但刊登史達林的政治對手為爭取活命而被迫侮辱自己的『認罪書』，而且還刊登報社記者假冒普通讀者自己撰寫的來信，要求把異己分子統統處死。」

馬克思曾說過：「報刊按其使命來說，是社會的捍衛者，是針對當權者的孜孜不倦的揭露者，是無處不在的眼睛，是熱情維護自己自由的人民精神的無處不在的喉舌。」而史達林新聞體制正如人們所說得那樣是「媒體完全工具化、報導完全宣傳化、言論完全統一化、領導完全集權化。」它完全成為當權者的「喉舌」，這不僅違背了馬克思主義的新聞思想，而且走向了它的反面。其影響是致命的。

首先，不僅使人民群眾失去了通過媒體對政府進行監督的可能，而且使黨內監督也變得不大可能。馬克思、恩格斯、列寧都非常重視媒體監督對黨內民主的重要作用。恩格斯說：「批評是工人運動的生命要素，工人運動本身怎麼能避免批評，想要禁止爭論呢？難道我們要求別人給自己言論自由，僅僅是為了在我們自己隊伍中又消滅言論自由嗎？」馬克思恩格斯認為，「在黨內絕對自由的交換意見是必要的。」

其次，阻塞了敵對情緒的發洩管道。美國社會學家科塞認為敵對情緒的發洩具有安全閥的功能，安全閥使猛烈的敵對情緒不斷排泄出去，就不至於破壞整個結構，也就是說社會安全閥可以運用潛在的衝突維持社會結構。而社會結構越僵化，安全閥就越重要。因為僵化的社會不允許有衝突，如果再取消敵對情緒的發洩，那麼對社會結構的威脅就更大了。蘇聯媒體掩蓋事實和矛盾，起不到社會安全閥的作用，不僅使敵對情緒無法排泄，而且自欺欺人，敗壞社會道德，引起人民不滿，後果慘重。馬克思曾指出：「受檢查的出版物起到了敗壞道德的作用，同最大的罪惡偽善分不開，並派生出最醜惡的缺點——消極。政府只聽見自己的聲音，也知道這是自己的聲音，卻仍要欺騙自己，說這是人民的聲音，還要人民擁護者自我欺騙。」一九六八年起當過《真理報》二十多年副總編的阿法納西耶夫在他的回憶錄裡寫道：「雖然我們筆下寫的全是『鶯歌燕舞』，但我們心裡卻極為不安。我們常會感到我們寫的這些東西，客氣點說是脫離實際，但是我們卻束手無策，只能沉默，同時憂心忡忡。」時任蘇共中央宣傳部副部長雅科夫列夫也在私下議論：「總有一天工人階級要為此而同我們算總帳的。」可見，掌管媒體的高層官員也擔心一味掩蓋矛盾只意味著矛盾愈積愈深。一旦人民群眾知道真相，人民不僅會失去對媒體的信任，而且將憤怒的矛頭指向黨和政府。他們的擔心果真變成了現實。

赫魯雪夫執政時期對媒體的控制有所鬆動，人們稱之為「解凍」。報刊上出現了不少針砭時弊的文章和作品，但好景不長，因為赫魯雪夫擔心「……解凍可能引起洪水氾濫，這將使我們無法控制它並把我們淹死。怎麼能使我們淹死呢？洪水會溢出蘇聯河床的堤岸，並形成一股會衝破我們社會的所有堤壩的浪潮。從領導上的觀點來看，這將是一種不利的發展。」

戈巴契夫上臺後，在新聞界推行了「公開性」和「透明度」政策，被壓抑多年的媒體工作者率先「反叛」，爭取「出版自由」，雖然在一開始也曾取得了很好的效果，受到人民群眾的擁護，但當人民群眾瞭解被長期隱瞞的一切歷史真相之後，洪水真的溢出蘇聯的河床，蘇共執政的合法性受到了極大的挑戰。

（二）輿論一律與思想禁錮

1. 對哲學社會科學、文學及自然科學的控制和影響

（1）史達林思想文化模式的特徵

十月革命後，列寧看到了文化落後對革命政權的影響。他認為，文化落後使全體勞動者參加國家管理這個社會主義的本質要求停留於口頭；文化落後使法律不能得到充分貫徹；文化落後嚴重貶低了蘇維埃政權，使官僚主義復活。列寧在一九一九年三月明確指出「僅靠摧毀資本

主義，還不能填飽肚子：必須取得資本主義遺留下來的全部文化，用它來建設社會主義，必須取得全部科學、技術、知識和藝術。沒有這些，我們就不能建設社會主義生活。」顯然，列寧認為要建成社會主義就必須在繼承和吸收資產階級所創造的全部文明成果的基礎上，提高人民群眾的科學文化水準。

上個世紀二〇年代末期以前，黨的「最寶貴和最大的理論家」布哈林主管黨的思想文化工作。他以列寧思想為指標，總結了二〇年代蘇俄文化運動中同極「左」文化思潮鬥爭後的歷史經驗，建立了較為民主、合理和健康的思想文化模式。俄共（布）中央一九二五年六月十八日通過的《關於黨在文學方面的政策》的決議，集中體現了十月革命後列寧和布哈林對黨的思想文化工作的看法。《決議》指出：「無產階級政黨在奪得政權以前煽起階級鬥爭，實行把整個社會推翻的路線，而在自己專政時期則把『和平組織工作』提到了第一位。」這實質上就是布哈林所說的「實行在一定程度上緩和階級鬥爭的政策」。關於過渡時期黨同資產階級、知識份子的關係及其政策，《決議》指出，無產階級、資產階級是從建立某種程度的合作，慢慢地排擠他們；對知識份子則使他們為「革命服務，在思想上把他們……從資產階級那裡爭取過來」；反對在文藝工作中進行「專橫的和外行的行政干涉」，各文藝團體、流派應展開「自由競賽」。在黨的正確的思想文化方針指導下，文學、哲學、經濟學、歷史學等領域思想活躍，論戰迭起，成果豐碩。

列寧逝世後，史達林於上個世紀二〇年代末至三〇年代初，號召向資本主義發動全面進攻，並親自發動了一場思想文化方面的大批判運動。從根本上改變了列寧、布哈林正確的發展思想文化的方針政策，形成了史達林的思想文化模式。

史達林思想文化模式最主要的特徵是學術問題政治化。其結果必然是用行政和司法手段處理學術問題。

在經濟學領域，一九二九年十二月二十七日史達林在全國馬克思主義者土地問題專家代表會議上講話，把布哈林的經濟理論作為批判的靶子，把擁護布哈林經濟理論的經濟學家巴紮洛夫、格羅曼等人主張的經濟平衡論思想，斥責為「資產階級的理論」。一九三〇年二月回答斯維爾德洛夫大學學生們提出的如何看待一九二八——一九二九年進行的政治經濟學爭論時，史達林指責雙方都「陷入了學究式的抽象文化」，並嚴厲批判說：「這當然是合乎我們敵人的心意並對他們有利的。」結果雙方都被扣上了政治帽子，伊・魯賓教授甚至被作為階級敵人遭到了監禁和流放，後來死於流放當中。此外，著名土地專家泰奧多羅維奇、勞動管理科學家耶爾曼斯基、著名經濟學家奧金佐夫、坎托羅維奇等人也死於不白之冤。

在哲學領域，正當「政治經濟學大批判」方興未艾之時，紅色教授學院剛畢業留校的馬・

米丁和學員費・尤金，按照史達林講話的口徑，向《在馬克思主義旗幟下》雜誌主編、著名哲學家德波林及其學派發起批判，指責德波林學派不聯繫現實，就是右傾的態度問題，攻擊德波林貶低列寧，在政治上「有機會主義表現」，認定他們「走上了反馬克思主義的道路」，後來德波林學派的主要成員史登・卡列夫被逮捕並處死。連列寧時代的著名老黨員、多次給史達林講解黑格爾辯證法的斯特恩也未能倖免。

打垮德波林學派後，一九三〇年十二月九日，史達林在接見蘇聯哲學和自然科學紅色教授學院黨支部委員會成員時，發表了一個祕密講話。號召「向資本主義發動全面進攻」，在進攻中要全面、澈底和不惜一切手段。他說：「應當把哲學和自然科學方面曾攢起來的糞便全部翻騰和挖掘出來……。」「應當揭露普列漢諾夫，揭露他的哲學觀點。……還有尤什凱維奇、瓦連廷諾夫、巴紮羅夫等等。現在應該把他們的全部著作都翻騰出來。……就是恩格斯也不是全都正確……如果這項工作在某個地方涉及到恩格斯，那也不是壞事。」在講話中，他甚至對如何組織「進攻」力量，以及採取組織措施等問題作了具體指示。緊接著在政治經濟學之後，蘇共又在哲學、史學、文化藝術甚至自然科學領域全面展開大批判。貼階級標籤、劃定社會主義與資本主義之界限，把大批的人文社會科學著作和一些自然科學著作劃為「資產階級唯心論」和「機械論」著作，列入「資本主義意識形態範疇」。

在歷史學領域，祕密講話發表不到一年，一九三一年十一月，史達林又發表了《給無產階級革命》雜誌編輯部的信，掀起了史學領域的大批判，結果整個史學界和意識形態領域都被捲入，損失慘重。所有已出版和準備出版的史學著作都遭到審查；《無產階級革命》編輯部被改組，大批史學工作者遭批判。後來在大清洗中，俄國史和革命運動史專家、曾任俄共中央執行委員會的老黨員波克羅斯基和他的學生以及贊同他的觀點的人被捕。著名歷史學家斯切克洛夫、著名黨史專家，最早的列寧傳記作家和《列寧全集》最早的編輯索林、黨史專家，紅色教授學院院長，國際共運著名活動家克若林、蘇聯科學史學院歷史研究所所長盧奎院士等一大批著名學者或被處死，或死於非命。

在文學和語言學領域，早在二〇年代末，史達林就展開了對「拉普」（即「俄羅斯無產階級作家協會」的簡稱）的批判，結果取消「拉普」，解散所有文學團體和派別，同時也對各文藝派別及其代表人物展開了批判，建立了官方的蘇聯作家協會和各個文藝團體。大清洗中被捕的作家達六百多人，占作家協會全體會員的三分之一。許多有才華的作家被處死。在語言學領域的批判，從上個世紀三〇年代就開始了，一直持續到五〇年代，包括維諾格拉多夫院士在內的著名語言學家都曾被捕入獄。列寧曾為其入黨擔保的基輔語言學院院長西雅克等卓有貢獻的語言學學者被害。

自然科學領域，量子物理學說、愛因斯坦的相對論、關於遺傳的物理化學原理的學說、諧振論等現代自然科學理論被宣布為「唯心主義」，控制論、邏輯學被宣布為「資產階級的科學」。

生物學被分為「無產階級生物學和資產階級生物學」，大多數生物學家，包括著名遺傳學家、烏克蘭科學院院士阿戈爾教授、蘇聯醫學遺傳學的權威列維特被戴上「唯心主義」和「帝國主義奴僕的帽子」，並遭到鎮壓。

農業科學也遭到厄運。蘇聯列寧農業科學研究院院長穆拉洛夫院士和曾獲列寧勳章的大科學家邁斯特爾院士等著名科學家都遇害了。

在物理學領域，幾乎所有的學科領頭人都遭到批判，出色的理論物理學家、著有傳世之作的布朗施坦被槍決時才三十二歲。

應用科學領域，應用科學家，包括有名的科學家、發明家、設計師、廠長、總工程師等也遭到大規模的鎮壓。例如，蘇聯航空科學的全部精華都被關進了監獄。為了使飛機製造業不至於停頓，蘇聯不得不在監獄裡建立一個代號為中央設計局（第二九號）的研究所，著名的飛機設計師圖波列夫等人就在裡面工作。蘇聯第一代火箭專家中的許多人也在三〇年末被處死，其中包括第一批火箭發動機的發明人克萊麥諾夫和他的助手「卡秋莎」火箭炮的發明人朗格馬克。蘇聯火箭總設計師柯洛廖夫在三〇年代也曾被捕入獄，在監獄的研究所裡工作很久。

（2）史達林思想文化模式的後果

不難看出，史達林思想文化模式使自然科學的發展被延誤，這不僅由於大批的優秀科學家被處死，而且還由於很多學科被認為是「資產階級的偽科學」而成為學術禁區。但史達林思想文化模式最致命的後果還是它禁錮了人們的思想，阻礙了後來的改革。

哲學社會科學是認識自然，特別是社會發展規律的不可替代的工具。離開了懷疑和批判，科學精神就會蕩然無存。由於思想禁錮，蘇聯的哲學社會科學必然會扭曲和變形，由科學蛻變為學舌的鸚鵡，甚至僅僅是論證領袖言論正確的工具。結果領袖的言論成了判別謬誤和真理的標準，領袖思想成了唯一正確的思想，這必然造成對領袖的神化和迷信。這不僅使人民的獨立的思考能力和判斷力退化甚至泯滅，而且會使領袖飄飄然起來，自我陶醉，真的認為自己是真理的化身，自欺欺人且難以糾正，結果在錯誤的道路上越走越遠。例如，一九三二年由於欠收，蘇聯很多地區出現了饑荒，烏克蘭共產黨中央的一個書記帖列霍夫向史達林報告了哈爾克夫農村饑荒嚴重的狀況，並請求中央提供糧食救濟。史達林聽到後粗暴地打斷他的話，生氣地說：「我們聽說，您，帖列霍夫同志是一位很好的演講者，原來您還是很好的故事員——您編造了關於饑荒的故事……您最好放棄州委書記和烏克蘭共產黨中央委員會書記的職務，參加作家協會去，到那裡編故事，供傻子們閱讀吧。」當時蘇聯的饑荒非常嚴重，有數千萬的農民挨餓，有約一千萬農村人口死亡，結果蘇聯糧食收購量不減反增。饑荒嚴重的一九三三年還出口一千萬公擔糧食到西歐。

再如，在二戰期間，來自各行業的軍人廣泛交往，比較全面的瞭解了國內的情況。跨出國門後，通過與英美盟軍部隊和當地居民的交往，看到了國外的真實情況，思想受到了強烈的震動。戰後，這些「火線軍人」萌發了改革的念頭，這種思想影響了社會各個階層，從工業管理部門到思想文化界，不論是經濟管理體制還是政治體制，都有人提出了各種各樣的改革建議。聯共政治局委員、蘇聯部長會議第一副主席沃茲涅辛斯基撰寫了《戰後蘇聯經濟》一書，主張重視價值規律的調節作用，提出要擴大地方和企業的自主權，完善經濟核算，加強物質刺激。從一九四七年到一九五〇年，烏克蘭等地還進行了在集體農莊內以生產小組為單位承包經營的實驗，這個實驗得到了當時擔任烏克蘭部長會議主席、聯共中央政治局委員赫魯雪夫和主管農業的聯共中央政治局委員安德列耶夫的支持和贊同。但這些改革的建議和措施很快很快引起了史達林的警覺，從一九四六年——一九四八年他又開展了一場意識形態的批判運動，批判範圍涉及文學藝術、哲學、政治經濟學、語言學和生物遺傳學等領域。同時，又開始了一次戰後政治審查運動，主要對象是戰後從德國遣返的軍人和平民，經嚴格審查後，交付內務部刑事管制的共計為三十三萬八千人，打擊面顯然是過大了。從一九四八年——一九五三年又開始了新的一輪大清洗，製造了「列寧格勒案」、「反猶主義運動」和「克里姆林宮醫生謀殺案」等案件，懷有變革情緒和思想的領導、知識份子和上過前線的軍人受到了嚴厲的打擊和鎮壓。

僵化的史達林思想文化模式在赫魯雪夫執政時期雖然有所鬆動和改變，但勃列日涅夫上臺後又幾乎恢復到原來的狀況。

2. 過左的宗教政策及後果

（1）沙皇專制政權時期的俄羅斯東正教會

俄國的基督教是由東羅馬傳入的。九世紀末，東部基督教世界的希臘人和斯拉夫相互影響的程度加深。十世紀末，基輔羅斯公國弗拉基米爾大公受洗入教。十一世紀，東西方教會正式分裂為希臘正教（東正教）和羅馬公教（天主教）。一四五三年，土耳其軍隊攻入君士坦丁堡，拜占庭帝國覆滅，俄羅斯域內的東正教地位提高，他自認為繼承了東羅馬基督教的嫡傳，理所當然是「基督教帝國的領袖」或「第三羅馬」。

在彼得大帝掌權以前，俄國實際上有兩重權力，一是教會的牧首，一是沙皇。彼得大帝認為牧首制的存在，危及他的專制統治和現代化改革。一七二〇年，他取消了牧首制，用一個名為「俄羅斯東正教神聖議會」的教士團來代替。神聖議會由各級神職人員組成，他們都由皇帝任命，神聖議會最高執行者是皇帝的高級代理人，稱為大檢察長，他享有總理的待遇，是內閣成員，並且只對皇帝個人負責。作為「沙皇的眼睛」的大檢察長死心塌地地為專制制度效勞，比如曾擔任亞歷山大三世和尼古拉二世教師的大檢察長波別多諾斯澤夫，為了保護反動的統治秩序，對各種教派、革命者以及他視為教會和獨裁政府之敵人的猶太人都特別嚴酷。他制定了懲治法令，並組織了「傳道部」，即執行神聖議會祕密工作的機構，普通神職人員也被用來進行大規模的迫害活動。教士們被要求配合沙皇的祕密行動，把所在教區進行的革命宣傳活動報告給警方。由於他們的報告，有一萬多名學校教師遭到監禁或流放。更可惡的是，他的一些追隨者竟不擇手段地利用教會最神聖的制度——懺悔。許多清白無辜的犧牲者為這種十惡不赦的特務活動付出了血的代價。

波別多諾夫相信愚民是對革命宣傳者最好的防禦措施，因而查封了公立學校，努力組織教士監視下的教區學校體系，並竭力透過嚴格的檢查制度來控制受過更多教育的各階層人士的思想。

在利用特務活動迫害無辜者的生命和實行愚民政策禁固人們思想的同時，東正教會還為自己聚斂財富。早在十七世紀時，牧首、主教及各修道院擁有百萬農奴，幾乎占全國人口的百分之八，而在臨近革命的一九一四年，教會的收入有五百萬盧布，在銀行的存款有八十億盧布。

就這樣，俄羅斯東正教會統治階級由封建政權的合作者逐漸淪為沙皇的工具甚至鷹犬。但是，正如深入研究過俄國宗教問題的著名學者赫克所指出的那樣：「教會既為政府的姨太太，於是所有舊統治的惡名都同樣加於它身上。」這樣一來，宗教就喪失了它的本性和功能，正像托克維爾指出的那樣：「宗教一旦依附於現實的利益，幾乎又會同世上的一切權力一樣，變得脆弱無力。唯有宗教能夠有希望永垂不朽，但它一與那些短命的權力結盟，便要把自己拴在這個權力的命運上，而且往往是隨著昔日支持這些權力的激情的消失而滅亡。」

因此，要反抗俄國的封建專制，必須打倒沙皇專制統治的幫兇——東正教會。當法國的伏爾泰用口號「打倒無恥的人」來攻擊教會，不僅立刻引起了西歐的迴響，而且使遼遠的俄國也受到了影響。換句話說，法國啟蒙運動的種子落在俄國的沃土上，生根發芽不怕嚴寒頂風冒雪地生長壯大。一群人數雖少但堅決的知識份子，首先對宗教權威信條進行了批判，繼而又變為政治上的反抗。他們當中的代表人物是別林斯基、赫爾岑、巴枯寧和彼得拉舍夫斯基。

啟蒙思想家們雖然沒能打垮教會的勢力，但卻從思想上動搖了教會的統治，從而為澈底推翻封建王朝和教會的鬥爭拉開了序幕。

（2）蘇共對教會勢力的剷除及後果

早在十九世紀的末葉，俄國歷史上的罷工鬥爭剛剛開始時，沙皇政府就十分驚恐。為了抵制啟蒙思想家和無產階級革命家的宣傳，防止工人階級與知識份子接近，受到革命宣傳的影響，沙皇政府利用教會及其龐大的教士與修士隊伍，試圖把工人們的心理從革命者的影響之下拉出來。在祕密員警頭子祖巴托夫的指導之下，他們組織了工人互助會、工人文化教育協會之類的東西。為了要在工人的感情生活起影響作用，他們甚至成立了音樂組織。會演講有口才的教士們都被派到工廠區域去，向那些天真熱心的工人們宣傳，使他們相信沙皇是他們的朋友和保護人。

一九一七年二月革命勝利，沙皇被推翻後，為防止布爾什維克掌權，教會便與克倫斯基領導的臨時政府合作。一九一七年八月末，科爾尼洛夫叛亂，向莫斯科進軍時，教會也暗中表示歡迎。在革命後的內戰中，不少教士和主教們去說明組織白軍，甚至組織教士軍對抗紅軍，在城市裡舉行示威運動，盡一切努力反對新政權。

十月革命後的革命政權對教會毫不妥協。它首先宣布政教分離，把教會千年來與國家的有機聯繫切斷，規定一切教授世俗學科的學校，不許教宗教課程，同時宣布沒收教會一切財產（產生收入的教會財產），這不但剝奪了教會的財富及政府的補助，而且取消了教會的法人資格，使之再也不能以團體資格去聚斂財產。

應當指出的是，托爾斯泰在俄國宗教史上有特殊的地位，他的宗教觀影響了一部分知識份子，革命後，有些托爾斯泰派利用時機，努力傳播通俗宗教文學，甚至興起了一群托爾斯泰派的農村公社，推行他的無政府共產主義。托爾斯泰派的活動起初沒受政府的干涉，但列寧去世後，政府的政策就改變了。

不僅托爾斯泰，著名革命者盧納察爾斯基和著名作家高爾基也有宗教情懷。盧納察爾斯基在革命前寫了一部兩卷集著作《宗教與社會主義》，他聲稱「馬克思主義作為一種哲學看來是一種新的、有深刻批判精神、具有淨化人心能力的，然而又是綜合性的宗教體系。」他認為社會主義作為一股新的、強大的宗教力量，必然會吸收取代其他的一切宗教，並會更高地提升宗教的能力。這種思潮遭到了列寧的強烈反對，列寧認為盧那察爾斯基關於宗教的任何談論都將削弱階級鬥爭，分散現實革命鬥爭的注意力。

革命政權認為僅僅靠法律手段不足以澈底掃除教會的影響，於是發動了廣泛的宣傳運動。由蘇共支援的反宗教組織，不信神同盟在運動中扮演了主角，它一面揭露教會的罪惡，一面大力進行文化啟蒙，宣傳科學及唯物論的人生哲學。不過幾年它的組織遍及全國。一九二七年後，它集中對蘇聯社會有組織的社團，比如工會、紅軍、教師聯合會、學校、青年團體、鄉村讀書會及俱樂部作系統的教育和訓練。政府在此期間也組織了反宗教博物院、展覽會、電影、戲劇，及無線播音，一九二九年政府又通過法律，禁止宗教宣傳。同時開始大批的封閉教堂，一九二九——一九三三年間共關閉了六百九十六所教堂。很多地方還發生了沒收神職人員的財產，教士和積極參加宗教活動的教徒無端受到審訊和鎮壓的事件。僅一九三六年有關這方面的投訴信就多達四萬二千三百九十二件。在「大清洗」時教會受的打擊更大。在被鎮壓的數以千萬計的人當中東正教神職人員佔有相當比重，許多教士和教徒因為是宗教世界觀的代表者而無辜受到迫害。衛國戰爭後，一九四六年蘇聯政府強迫烏克蘭東儀天主教徒改信東正教。一九四七年關閉了立陶宛的所有修道院，有三分之一的天主教神父被驅逐出境。一九五三年赫魯雪夫上臺後繼續推行史達林極左的宗教政策，認為還有相當數量的蘇聯人沒有從宗教束縛中解放出來，因此宗教是科學世界觀的主要敵人，必須給予嚴厲打擊，結果使教堂和神職人員銳減，宗教勢力遭到沉重打擊。

宗教是歷史的產物，它的消亡將是一個長期的歷史過程。美國學者G・R・阿本認為：「宗教長時期的存在，使得蘇聯對於人口中的一部分進行共產主義思想的灌輸是失敗的。」可是蘇共在理論上沒有認識到宗教存在的長期性和複雜性，一味用行政手段打擊宗教，恰恰犯了馬克思、恩格斯所說的那種錯誤：「取締手段是鞏固不良信念的最好手段！有一點是毫無疑義的：在我們時代能給神的唯一效勞，就是把無神論宣布為強制性的信仰象徵，……」

應當指出的是，宗教作為歷史的產物，它有促進社會整和和穩定的功能，由於宗教（尤其是東正教）的禁欲色彩，它可以減輕社會治理的壓力，促進政治穩定。同時，宗教依靠的是人們的信仰，因而比法律等外在強制力更能實現「自願的服從」，還由於宗教信徒之間存在一致的情感，因而由宗教組織對社會衝突進行調節將更比政府和其他力量更安全有效和便利。不僅如此，共同的宗教信仰還可以把民族、地區、階層、職業及不同政治態度、不同文化水準、不同性別和年齡的人相當緊密地凝聚起來，從而提高整個社會的凝聚力。

可是，蘇共過左的宗教政策卻嚴重影響了黨與信教群眾的關係，雖然使信教人數大幅減少，但卻加劇了宗教狂熱和極端主義。正所謂為淵驅魚，為叢驅雀，把本來有可能是有助於社會穩定的力量推到政權的對立面。「結果，就像在歷史上經常發生的那樣，宗教對於獨裁政權整齊劃一的統治是一個難以克服的障礙。」不少教派和組織被迫轉入地下，一有機會就會起來反對政府。後來，薩哈羅夫為首的持不同政見者發起的保衛人權運動就有不少教會人士參加。戈巴契夫上臺後，推行了民主化和公開性政策，不再打壓和控制宗教勢力，結果宗教團體和組織如雨後春筍般湧現出來。一九九一年宗教團體總數達二萬一千二百八十四個，比戈巴契夫上臺前增加了近一倍。宗教勢力積極參加政治活動，影響迅速擴大，把宗教熱推向了反政府的方向，成功的削弱了蘇共力量。據資料顯示，對宗教組織的信任率一九八九年三月為百分之十三，八月為百分之二十二，一九九〇年一月上升為百分之三十五；一九九〇年六月對東正教會信任率為百分之六十三，而同期對共產黨的信任率卻由百分之三十八下降到百分之十八。更能說明問題的是，在史達林去世後擔任蘇聯黨和國家最高領導人的馬林科夫在晚年也皈依了東正教。

從另一個角度看，蘇聯當局用政權力量，特別是用行政手段打壓宗教，難以消除宗教特別是東正教對蘇聯政治體制的消極影響。蘇共使東正教會的勢力遭到毀滅性打擊，但並未消除東正教教義對人們思維定式的影響。法國學者雷蒙阿隆指出「上帝之死亡在人的靈魂中留下了一片空白，但是內心需要依舊存在，需要一種新的基督教來滿足它，法國大革命並不採納任何教會，為什麼？因為革命本身就是教會。就像公民宗教一樣，它將個人對政黨、社會主義國家和人類本來的責任神聖化」。

中外都有學者認為東正教對蘇共的理論影響甚大。中國學者辛旗就認為天主教視人性為惡，讓教徒正視現世生活，也更願赦免那些明確承認了罪惡行為，而東正教則視人性為善不願赦免人以往的罪孽，並關注於「改造人的靈魂」，讓教徒更多的體驗未來美好的理想。另外東正教十分強調對現世政權的服從，認為世俗權力往往是「上帝」意志的體現，是歷史發展的必然。東正教還宣揚普遍的愛，認為道德是上帝規定的，比法更重要。這些都對蘇共的理論產生了影響。曾經是一位馬克思主義者的俄國東正教理論家在三十年代出版的《俄羅斯思想》一書中稱，俄國共產黨的理論根基相當一部分來源於俄羅斯宗教思想。細細想來，這些觀點確實發人深省。

不僅如此，辛旗甚至認為東正教影響了東西方的冷戰，也就是說東正教的靈魂支撐了蘇聯反對西方的意識形態的基礎。十九、二十世紀，馬克思主義盛行於東西方世界，東歐形成了社會主義運動浪潮，而此時，東正教中一個很關鍵的概念——共存，即共同存在的狀態，很快與其結合，使之具有了反對西方影響的現實意義和歷史意義。因此，從某種意義上說，東西方宗教之爭，此時具有了新的形式，即東方社會主義和西方個人主義的對抗。

共存的概念一直被視為東正教特有的標誌，它既「區別於羅馬天主教的權力主義，又區別於基督新教的個人主義。在外部意義上，『共存』指普世宗教會議組成的教會，在內部意義上，『共存』表達了『全世界信教者聯合起來，在神美好愛心和天國遠大理論中奉獻一切，獲得自由。』這種理念是東正教理論的靈魂之所在，似乎也是冷戰時期，東方陣營意識形態之所在，不過，那時，它的外在形式是犧牲各民族利益的政治團體超越國家的聯合，『華約』以軍事協調的方式充當著普世宗教會議的角色。從內部實質上來講，為抵禦西方商業資本主義精神，幾乎一切受過西方近代奴役的民族，都甘心情願地接受『世界大同』的社會主義理想，匯入冷戰之中東方意識形態的陣營（即使後來因新民族主義勃興而分化）。」

辛旗的觀點頗具啟發意義，俄羅斯的專制傳統對蘇聯高度集權的政治體制的形成和持續有深刻的影響，而東正教不僅促進了專制傳統的形成，而且本身也成為了專制傳統的一部分。因此，它不可能不對蘇聯政治體制的形成和發展產生負面影響。

總而言之，蘇聯過左的宗教政策不但沒有發揮宗教特別是東正教應有的社會作用，反而受到它的負面影響。在危機時刻又遭到它的反對，使自己又多了一個敵人。

下篇

美蘇對抗與蘇聯政治體制的崩潰

第四章 從對抗到冷戰：美蘇對抗的過程

列寧認為，帝國主義是資本主義發展的最高和最後階段；帝國主義是戰爭的根源，消滅戰爭必須消滅帝國主義；帝國主義與新生的蘇聯無產階級政權不可能和平共處。資產階級是一種聯合的國際力量，無產階級也應當聯合起來，進行世界革命，推翻一切資本主義。俄國的社會主義革命僅僅意味著社會主義革命的開始，有了這個開始，俄國革命者就可以把革命推向世界，最終建立世界社會主義聯邦。而美國主流社會認為蘇聯的社會制度和意識形態與美國的社會制度和意識形態是根本對立的。這樣，蘇聯推動世界革命與美國領導世界的願望形成尖銳的矛盾。同時，蘇共的無神論和美國的基督教文化之間也構成了不可避免的衝突，另外，美國特殊的社會階級構成也使之更容易推行反共政策。以上這些因素就構成了美蘇對抗的背景和根源。

一、美蘇對抗的緣起

（一）美蘇對抗的背景

1.從蘇聯方面看

十九世紀，馬克思和恩格斯根據資本主義已形成世界體系的事實，認為無產階級革命是國際性的事業，它可以在一國開始，但「無論是法國人、德國人或英國人，都不能贏得消滅資產階級的光榮」。馬克思和恩格斯所說的社會主義革命或者說世界無產階級革命，實際上主要指的是西歐革命。西歐幾個主要資本主義國家普遍地域狹小，發展水準相近，政府慣於相互勾結，一國的革命肯定會遭到聯合鎮壓，巴黎公社就是例證。

列寧在總體上是贊同馬克思和恩格斯的無產階級革命將會在幾個主要資本主義國家同時勝利這一理論的，所不同的只是馬克思和恩格斯這一理論強調各國無產階級的協調行動，並沒有暴力輸出革命的思想，而列寧則有武力輸出革命的思想，並把俄國這個軍事封建帝國主義國家也納入他的視野。他在一九一五年就曾明確指出，首先在少數甚至一個資本主義國家內獲得勝利的無產階級，「就會奮起同其餘的資本主義世界抗衡，把其他國家的被壓迫階級吸引到自已方面來，這些國家發動反對資本主義的起義，必要時甚至用武力反對各剝削階級及其國家。」

十月革命顯然不是發生在馬克思和恩格斯原來所設想的西歐資本主義國家，但列寧仍認為一個國家取得社會主義的最終勝利是不可能的，他認為俄國革命僅僅意味著社會主義革命的開始，有了這個開始，「俄國無產階級就會使自已主要的、最忠實的、最可靠的戰友——歐洲和美洲的社會主義無產階級易於進入決戰」。也就是說俄國革命者的任務是跨出國界去發動和輸出革命，從而，把革命推向世界，在國際範圍內推翻資本主義的統治，最終建立世界社會主義聯邦。

十月革命剛剛勝利，全俄蘇維埃第二次代表大會就頒布了列寧親自擬定的《和平法令》，這個法令雖提出了結束戰爭，簽訂不割地、不賠款的合約，希望為新政權的生存創造和平條件，但其重心卻是號召把反對戰爭與推翻帝國主義，把爭取和平和進行世界革命緊密結合起來，換言之，就是通過這種宣傳來擴大十月革命的影響，激發世界範圍的革命。

由於紅軍頂不住德軍的進攻，列寧和布爾什維克被迫於一九一八年三月八日簽訂屈辱的布列斯特和約，但「布爾什維克的策略是拖延談判，利用談判期間宣傳鼓動的機會，目的是進一步激起國際革命運動，特別是激起德國革命。」

列寧堅持認為在帝國主義戰爭期間，革命無產階級的代表任務，就是準備世界無產階級革命，因為這是擺脫世界大廝殺慘禍的唯一出路。一九一八年十月一日列寧指出，「為了援助國際工人革命，春季之前我們應當建立一支三百萬人的軍隊。」為了把俄國的革命經驗推廣到西歐各國，列寧和其領導的布爾什維克建立了世界共產黨的統一組織和領導機構——共產國際，各國共產黨是它的支部，它的決議各國共產黨必須服從。共產國際的根本任務是在世界範圍內，用社會主義來取代資本主義。列寧對共產國際充滿信心：「第三國際即共產國際的成立是國際蘇維埃共和國即將誕生的前兆，是共產主義即將在國際範圍內取得勝利的前兆。」

形勢並沒有像列寧預料的那樣發展，十月革命雖然在中東歐一些國家得到了一定的回應，但持續的時間不長，斯洛伐克的蘇維埃政權持續了三個月，巴伐利亞存在了兩個星期，芬蘭、愛沙尼亞和波蘭以十月革命為榜樣的革命很快失敗，最長的匈牙利社會主義聯邦共和國堅持了一百三十三天。

面對這樣局面，列寧的思想產生了某些變化，他不再堅持原來的沒有世界革命的勝利，俄國革命的勝利就不能鞏固的理論，轉而相信，蘇俄一國可以保證自己的勝利成果。既然如此，戰爭手段和和平手段都可以使用，只要它有利於蘇維埃的生存。列寧的這個轉變並不說明他對帝國主義的認識發生了根本的改變，而是顯示了他的靈活性。

一九二〇年七月，列寧轉向武力出擊，蘇波戰爭爆發，在布爾什維克看來，蘇波戰爭不是兩個民族之間的戰爭，而是國際舞臺上無產階級國家和資產階級國家的首次交鋒，是蘇俄武力輸出革命的嘗試。

八月，紅軍兵敗華沙城下，蘇俄武力輸出革命的嘗試以失敗而告終，列寧不得不考慮用和平共處的方式來緩和與資本主義國家特別是周邊國家的關係。列寧明確指出：「現在我們是通過我們的經濟政策對國際革命施加我們的主要影響。」列寧所說的經濟政策就是新經濟政策，這個政策的一個重要內容就是租讓制。一九二〇年底蘇俄以優厚的條件來吸引外國資本家來俄投資開工廠，這個舉措的政治意義很明顯：「租讓的存在就是反對戰爭的經濟根據和政治根據。如果那些可能同我們作戰的國家接受租讓，這就使他們受到約束，不能同我們作戰。」隨著時間的推移，列寧甚至從世界經濟一體化的角度來看待社會主義和資本主義的關係，「社會主義共和國不同世界發生聯繫是不能生存下去的，在目前情況下應當把自己的生存同資本主義的關係聯繫起來。」

和平共處思想成了蘇俄對外政策的主導，周邊國家和主要資本主義國家同蘇俄的關係迅速得到緩和並趨向正常化。從一九二二——一九二五年蘇聯得到了除美國以外的所有主要資本主義國家和鄰國的承認。

應當指出的是列寧並未徹底放棄馬克思和恩格斯的社會主義革命將在主要資本主義國家同時勝利的思想，直到一九二二年七月列寧還說：「我們始終宣揚並一再重申馬克思主義的這個最起碼的真理，要取得社會主義的勝利，就必須有幾個先進國家的工人的共同努力。」但列寧也對馬克思和恩格斯的同時勝利理論說作了兩個方面的調整；一是把世界革命的過程延長了或者說把世界革命的時間延遲了，二是推行「西方不亮，東方亮」的政策把世界革命的重點轉向東方，在列寧看來，俄國、印度和中國等等構成世界人口大多數的國家正在非常迅速地捲入了爭取自身解放的鬥爭，他們的勝利將是世界社會主義勝利的保障。

正因為如此，一九二一年列寧直接支持中國外蒙的革命和獨立，派軍隊進入蒙古並去那裡建立了蘇聯控制的政權。

蘇俄的東方戰略並不排除西方革命的可能性。一九二三年十一月俄共直接指揮德國的「十月革命」，將實行新經濟政策兩年來積累的寶貴的黃金儲備都用來支援了德國的「十月革命」。

一九二四年蘇聯通過了第一部憲法，該憲法規定：聯盟向所有的社會主義蘇維埃共和國開放，言下之意是發動世界革命，不斷擴大蘇聯。

2.從美國方面看

美國的獨立戰爭實際上是一場民主革命，美國是經過革命而誕生的國家。但美國的主流由於宗教、價值觀、歷史等因素而讚賞溫和的革命，厭惡激進的革命。中外都有學者把美國革命比作陽光，把法國革命比作閃電。美國的主流包括華盛頓都曾同情和肯定法國革命。但當一七九三年雅各賓派掌權後，「閃電」所劃出的亮光卻使美國的建國者們眩目，他們把雅各賓派看成異類，認為他們會使「真正自由的事業受到深深的傷害」。

對共產主義的態度也經歷了類似的過程。早在南北戰爭前，馬克思主義就傳播到了美國。在南北戰爭中馬克思主義者積極回應林肯徵募志願軍的號召，許多共產主義者和組織都參加了北軍或幫助北軍。馬克思的戰友們約瑟夫・魏德邁曾投筆從戎，招募了一個整團參加北軍（紐約共產主義俱樂部的一些會員都成了北軍的軍官），包括魏德邁在內的共產主義者作戰英勇，屢立戰功，為北軍樹立了榜樣。在這個時期，共產主義者和北方資產階級的關係是某種同盟關係。可一八七一年三月十八日巴黎公社成立後，美國輿論反應異常強烈，一致對公社持敵對態度。因為這次革命又喚起了美國人對雅各賓派專政等暴力革命的「最糟糕的景象的記憶」。

儘管當時共產黨在美國還沒有出現，但美國的統治階級卻開始防備共產主義。當一八七七年美國發生在全國性的鐵路職工罷工時，雖然罷工是自發的，而且目的僅僅是為了抗議資方削減工資，但是一些美國報紙卻一口咬定罷工是共產黨為暴力推翻政府而策劃的陰謀。

一九一七年俄國二月革命爆發後，美國總統威爾遜不僅成為第一個承認俄國資產階級臨時政府的國家領導人而且還積極向臨時政府提供貸款，派遣資深的政治家萊休·魯特到俄國進行視察。因為威爾遜認為二月革命會使俄國成為民主陣營當中的一員。

十月革命爆發後美國政府大為恐慌。國務卿蘭辛說「我相信俄國革命的恐怖在野蠻和毀滅生命與財產方面遠遠超過法國大革命的恐怖。後者至少擁有政府的外形並製造合法的偽裝，而前者哪一樣也不具備。沒有權威，沒有法律。它是一個沸騰著專制和暴力的大鍋爐。我想像不出對一個國家來說還有比降臨到俄國的更可怕的災難。」繼蘭辛之後任國務卿的貝恩布里奇·考爾比說，蘇維埃政權不是基於公眾的支持，而是通過「暴力與狡詐」而上臺的。總統威爾遜明確指出：「莫斯科政體在一切方面都是對美國的否定。」他驚呼，「布爾什維克主義的精神正在潛伏在各處」，一年後，他又警告：「一些革命的毒素實際上已滲透進這個自由國家人民的血管裡。」

美國反對十月革命還有其國內政治的根源。當時，美國城市都充滿他們自己的「反叛的暴民」。從歐洲來的大量移民使勞動隊伍膨脹，勞工們已開始向財產所有權挑戰並助長了階級衝突。一九一六年美國共發生罷工三千二百八十九次，有二十二萬七千五百名工人參加。一九一七年，全國罷工四千四百五十次，有二百三十四萬九千六百名工人參加，在禁止戰時罷工的一九一八年，全國仍發生三千三百五十三次罷工，參加者達一百九十三萬一千人。因而，在統治集團看來，美國已經受著全國性的自信心危機，美國人「驚恐地注視著布爾什維克『疾病』蔓延到德國和匈牙利，還有，蘇維埃領導組織了第三國際，這可能只是一個長期顛覆運動的開始，甚至美國也不能逃脫。」

（二）對抗的根源

1. 從蘇聯方面看

馬克思和恩格斯在《共產黨宣言》中號召全世界無產者聯合起來，推翻資產階級的統治。他們認為無產階級在鬥爭中失去的只是鎖鏈，而獲得的將是整個世界，質言之，馬克思主義的理論是用社會主義勝利埋葬資本主義的理論。列寧不僅繼承而且發展了這一理論。在列寧理論中，帝國主義論佔有非常重要的地位，這一理論對美蘇的長期對抗產生了深遠的影響。列寧的帝國主義論要點有三：一是認為帝國主義是資本主義發展的最高和最後階段，它不僅是壟斷的資本主義，而且更重要的是腐朽的和垂死的資本主義。二是認為由於壟斷的存在和發展，帝國主義的經濟發展不平衡，因而導致「帝國主義戰爭是絕對不可避免的」。因此，帝國主義是戰爭的根源，消滅戰爭必須消滅帝國主義。而戰爭是和革命聯繫在一起的，因為帝國主義戰爭又激化了資本主義的各種矛盾，為無產階級革命提供了大好時機，從這個意義上說，帝國主義是無產階級革命的前夜。三是認為，帝國主義與新生的蘇聯無產階級政權不可能和平共處。「資本是不知有祖國的，而且它通過世界歷史上許多重大事件證明它把維護各國資本家反對勞動者的臉面放在祖國和人民的利益之上，放在一切之上。」既然資產階級是一種聯合的國際力量，那無產階級也應當聯合起來，進行世界革命，推翻一切資本主義。

儘管在實踐中，列寧的變帝國主義的戰爭為國內戰爭的戰略和發動世界革命的舉措沒有獲得成功，列寧在後來也提出了和平共處的思想，但由於列寧並沒有放棄他的帝國主義論和世界革命的思想，而僅僅是面對現實不得不在策略上和進攻的時間上作了一些調整。因此，列寧的對帝國主義的無產階級革命的理論作為蘇共制定對外戰略、方針、政策的理論依據，對史達林以及其後的的蘇共領導人產生了深遠的影響。二戰後，美國成為西方資本主義世界的首領，蘇共要推行世界革命，埋葬帝國主義，自然要打倒美帝國主義，所以美蘇之間的對抗順理成章地成為蘇共對外政策的主導。

2.從美國方面看

（1）美國主流社會認為蘇聯的社會制度和意識形態和美國的社會制度和意識形態是根本對立的。

美國革命的第一價值目標是自由，民主體制之所以被立國者們所採用是因為他們認為民主體制相對於其他體制是最能保障自由的。美國立國時最重要的兩份文件——《獨立宣言》和《美利堅合眾國憲法》的核心內容就是自由的價值和如何保障自由。憲法的序言中所闡明的制定憲法的最重要的目的之一就是「保證我們自身和子孫後代永享神賜的自由權利」。為了保障這一權利「人們建立起政府，而政府的權力必須來自被統治者的同意；任何形式的政府，一旦破壞這些目標，人民就有權利去改變它或廢除它，建立一個新的政府。」美國政治學家羅伯特・達爾說：「美利堅是一個高度重視意識形態的民族，只是作為個人，他們通常不注意他們的意識形態，因為他贊成同樣的意識形態，其一致程度令人吃驚」。達爾在這裡所說的意識形態就是自由主義，亨廷頓說得更直白：「歷經千辛萬苦來美國的移民，一看到自由女神像就熱淚盈眶，他們滿懷激情認同這個新國家，因為她給他們提供了自由、工作和希望。」其實，在美國，儘管種族之間、階級之間存在著深刻的矛盾，特別是白人和黑人的矛盾一直困擾著美國。但無論是占人口大多數、一直處於強勢地位的白人，還是人數較少、一直處於受歧視地位的黑人和其他少數民族，乃至一直處於被壓迫地位的工人階級，都懷有自由、民主、法制和個人主義為基本內容的美國精神，這個精神的核心是自由。在美國主流社會看來，與美國精神恰恰相反，「蘇聯企圖擴張共產主義，消滅自由」。「消滅來自自由的挑戰是奴役成性的國家不可改變的目標。」因為「在民主國家政府根據人民的意志來實行統治，而在共產主義國家，獨裁者通過強力實行統治並依賴強力來控制權力。民主國家的政府在行政時總是努力採用使人民受益的方式，而在共產主義國家，政府的利益總是提在第一位。共產主義強烈地反對民主制和民主的生活方式」。所以很自然「法治政府所具有的自由思想與克里姆林宮實行嚴厲寡頭統治的奴役思想之間存在根本的衝突。」「俄國保證要實行的綱領旨在使美國社會遭到損害，這種損害，在絕大多數美國人看來，甚至比單純軍事上慘敗於傳統的對手可能帶來的種種苦難還要可怕」。因而「布爾什維克革命對美國價值觀形成了直接的挑戰」，布爾什維克是一顆能炸毀資本主義制度的「炸彈」。對於這一點，美國資深外交家和學者喬治・肯南看得很透澈：衝突根源中首要的而且也是最根本的一個，當然就是布爾什維克共產黨領導集團在意識形態上所承擔的義務。

（2）蘇聯推動世界革命與美國領導世界的願望構成尖銳的矛盾。

美國雖然長期奉行孤立主義，但美國人的潛意識裡卻有領導世界的欲望。美國著名歷史學家沃爾特・拉塞爾・米德認為，漢密爾頓主義對美國的外交政策影響甚大，漢密爾頓主義和威爾遜主義認為美國必須積極參與國際事務，成為一個像歐洲那樣在世界起支配作用的國家。威爾遜主義則把向世界推廣美國價值觀和民主制度視為自己的使命。

早在十九世紀中葉，美國就出現「天定命運」的思潮，「天定命運」是美國大陸擴張進入高潮時期產生的擴張主義意識形態，其主旨即美國負有天定的市民拓展到上帝為美國的自由發展而指定的整個大陸。後來，「天定命運」被擴張主義者作為鼓吹擴張包括後來的海外擴張的口號，成為漢密爾頓主義的主要內容。

「天定命運」說具有深厚的思想基礎。首先，清教的「宿命論」是「天定命運」說的重要思想淵源。其次，也是最重要的，「天定命運」的一個重要內涵就是作為基督徒，美國人有遵照上帝旨意來拯救世界的使命。為什麼很多美國人不遠萬里歷盡艱辛，甚至付出生命的代價去異國他鄉傳教？完成基督徒的使命是最重要的動力。

另外，伴隨著美國的特殊歷史，再加上疆域的擴大和國力的強盛，美國主流社會產生了

「美國偉大」的思想。早在美國立國前，湯瑪斯・潘恩就在著名的《常識》中宣稱：「我們擁有使世界重新開始的力量。」以後，先是以漢密爾頓為代表的聯邦黨人提出了「美國偉大」的概念，然後又為以傑弗遜為代表的反聯邦黨人所接受。在「美國偉大」的思想中包含了「美國式」民主制度最能保障人的自由權利，是世界上最好的政治制度，應該向全世界推廣的內涵。在美國進行大陸擴張的過程中，美國的政要們一直把推廣民主制度作為兼併的重要理由。第一次世界大戰時，美國之所以參加協約國一方，一個重要的原因就是協約國的英法及二月革命後的俄國是民主國家，而同盟國的德國、奧匈帝國等國是專制國家。威爾遜要「站在歐洲民主一邊而戰鬥，反對野蠻的威廉統治的德國」，「而且對威爾遜來說，只是擊敗德國是不夠的，他還要打敗人類的那些禍根，即德國所追求的帝國主義、軍國主義和專制制度」。在第二次世界大戰中，美國加入反法西斯陣營，顯然也有同樣的原因在內。

（3）蘇共的無神論和美國的基督教文化之間的尖銳衝突。

馬克思主義是最澈底的無神論，對宗教持否定態度，甚至把它斥之為麻醉人民的精神鴉片。俄國雖有東正教傳統，但蘇共掌權後，推行的是馬克思主義宗教觀，對宗教實行全面打壓。

與之相反，宗教對美國的影響十分大，關於這一點本文在第一部分已作論述。馬克思主義宗教觀自然地遭到美國基督徒的敵視。在美國，有影響的人物，特別是政要幾乎都是基督徒，他們的反蘇傾向與宗教信仰有很大關係，比如曾任國務卿的反共幹將杜勒斯就認定美蘇對抗主要是一場西方基督教文明與共產主義之間的思想鬥爭，前者由美國領導，後者由蘇聯領導。曾在美國中央情報局任高官的哈里·羅西茲克認為：「冷戰變成了一場反對異教徒的聖戰，一場信奉上帝的自由世界人民反對無神論的共產主義的自衛戰。」

（4）美國特殊的社會階級構成使之更容易推行反共政策。

美國社會階級構成的突出特徵是工人數量小，階級意識淡薄。其主要原因在於：一，美國土地多價格低，這使很多新移民和自由職業者及工人有機會靠經營土地，成為農場主。曾任美國共產黨主席威廉·福斯特說：「在美國建國後的第一個世紀裡，有大片的政府所有的土地，不費很大力氣就能領到小塊土地，特別是在一八六二年《農戶份地法》通過之後，在好幾十年裡，這種自由的土地成了階級鬥爭的一種調節器和階級覺悟發展的阻礙。」二，美國經濟組織發展快，許多工人有機會進入中產階級的行列，甚至成為有產者，這種情況使工人很容易產生只要個人努力奮鬥就可以擺脫自己階級地位的意識，而不在意階級鬥爭。三，美國工人的工資高。由於美國勞動力的缺乏，工人的工資水準遠遠高於歐洲大陸的工人，生活狀況相對較好，

「妨害了他們具有充分階級覺悟和革命思想。」四，工人階級構成的多樣性阻礙階級意識的產生和發展。美國歷史學家大衛・香農認為：美國工人傾向於把自己看作是某種族集團的成員，而非看作是某階級的成員。移民的不斷流入使組織美國工人的工作更難了。事實上，對美國人來說，種族差異遠遠大於階級差異，比如黑人民權運動就是以種族意識而非階級意識為基礎的。

工人數量小，階級意識淡漠這個社會特徵使馬克思主義在美國的傳播受到很大阻礙，共產黨的發展難成氣候。美國社會黨的鼎盛時期是一九一二年，這一年的大選中，社會黨提名的總統候選人尤金・德布斯就得了全部選票的百分之六，但是在第一次世界大戰後，就衰落了。而與之形成鮮明對照的是英國工黨正是在這段時間崛起的，取代自由黨而成為議會第二大黨，迄今長盛不衰。一九一九年成立的美國共產黨人數最多的時候是一九三八年，其登記黨員數也只有七萬五千人，參加全國性選舉的成績最好時是一九三二年大選，美共書記威廉・福斯特作為共產黨的候選人得了十萬二千九百九十九張選票，而民主黨人當選總統羅斯福則得了創紀錄的七百萬張選票。

本節對列寧時期、史達林時期、赫魯雪夫時期、勃烈日涅夫及戈巴契夫時期的美蘇對抗過程進行了簡要回顧，這樣可以使人更清楚地看到美蘇對抗對蘇聯政治體制僵化的影響。

3. 對抗的序幕

儘管美蘇兩國都有著對抗的深刻背景，但列寧時期的美蘇對抗的表現形式卻是平緩的。在十月革命後的幾個月，鑒於當時第一次世界大戰正在進行，協約國並沒想推翻俄國的布爾什維克政府，美國總統威爾遜一九一七年十一月十二日號召與俄國的和平主義者團結，他們的願望是通過外交，以和平方式結束戰爭。一九一八年一月十一日美國總統威爾遜提出了十四點綱領，其中第六點指出：「必須從俄國的全部領土上撤出外國軍隊。在解決有關俄國的一切問題時，世界上的其他國家須保證最良好和最自由的合作，使俄國能夠得到一個無阻礙的和順利的機會來獨自決定它自己的政治發展和國家政策，保證它在自由選擇的制度下進入自由國家時受到誠摯的歡迎，而且還可以獲得它所需要的和渴望取得的各種援助。」

一九一八年三月蘇俄和德國簽訂布列斯特和約。簽約後的第二天，協約國包括美國的軍隊進入了摩爾曼斯克港。西方學者認為這個行動是防止該港落入德國手中，而不是像蘇俄所宣傳的那樣去扼殺新政權。美國在一九一八年六月還派遣了七千名軍隊去了俄國北部和西伯利亞。美國著名學者和外交家肯南認為，在派遣軍隊問題上，威爾遜總統有過動搖。他是在同盟者的催促下同意的，在西伯利亞和遠東參戰主要目的是制衡日本。

美國對蘇俄的反對和干涉為什麼會雷聲大雨點小？很可能是在兩國在地理上相隔甚遠，當時孤立主義占上風，美國統治集團對共產主義採取的措施是防範重於干涉，而且主要考慮的是國內。另外，美國並不像英法那樣，因為十月革命後的蘇俄新政權不承認沙俄政府所借外債而蒙受巨大的經濟損失（三十二億美元）。如果考慮到這兩個因素，美國對蘇俄新政權的反應還是比較強烈的。它是第一個宣布要對蘇俄進行經濟制裁的資本主義國家，而且晚於英法直到一九三三年才承認蘇聯。

有意思的是，美國雖然宣布要對蘇俄實行經濟制裁，而且長期不承認蘇俄，但它並沒有斷絕與蘇俄的經濟聯繫。一九二一年蘇俄出現糧食饑荒，美國聽從高爾基的號召，向災區提供了糧食、衣物和藥品等物資。由於當時兩國沒有外交關係，援助事項由商務部長古維爾領導的名為美國救援機構的組織具體負責。「到一九二二年中，美國救援機構共為俄國購買了四十萬噸的糧食，滿足了近三百二十五萬兒童和五百三十萬成年人的食物需要，還向居民提供了醫療服務。」一九二三年二月十二日蘇聯有關部門提交的關於這一機構工作的報告稱：「美國救援機構的工作分為兩部分：慈善工作和受派遣的工作。慈善活動包括對兒童、病人、大學生的食物供給和醫療幫助。這一工作的數額如下：今年一月，……總計一百一十三萬美元，二月……總計一百五十八萬美元。三月……總計二百一十八萬美元。美元救援機構在十六個區工作，至今供養著一百五十萬兒童……。」儘管當時美國的經濟形勢並不十分好，據美國學者估計，美國所提供的賑濟已占當年聯邦預算的百分之一。蘇聯成立後，美國與蘇聯的經貿來往加強。到一九二七年，蘇聯農民使用的拖拉機百分之八十五是福特公司生產的。這時，美國資本已占蘇聯外國資本的四分之一，美蘇貿易在蘇聯整個外貿中也佔有相似的比例。之所以會出現這種情況，主要有兩個原因；一是兩國之間的經濟利益，正如列寧所說「有一種力量勝過任何一個跟我們敵對的政府或階級的願望、意志和決定，這種力量就是世界共同的經濟關係。正是這種關係迫使他們走上這條同我們交往的道路。」二是美國對外政策中的「道義」因素使然。當時威爾遜的理想主義主導美國的對外政策，威爾遜主義雖然強調擴大美國式民主及自由的價值觀，但也重視和平手段和道義原則。當時美國對蘇俄饑荒的賑濟就被認為是美國「道德外交」的實例。當然，換個角度，也可以認為這是對蘇聯的和平演變，學者劉建飛就認為美國援俄的真實意圖是削弱布爾什維克的威望。在蘇俄負責救濟活動的一位美國官員曾得意地說，由於美國的救濟活動，共產主義「已經死去並被放棄」。顯然，那位美國官員得意的太早了，但是七十年後，這種影響還是發揮了某些作用。

列寧在十月革命前後對美國都有較高的評價。認為美國的托拉斯離社會主義最近，但列寧並沒有低估美國資本主義的本性，他指出：「現在英、法、美集團把消滅世界布爾什維克主義，摧毀它的主要根據地俄羅斯蘇維埃共和國當成他們的主要任務。為此，他們準備築起一道萬里長城，像防止瘟疫一樣來防止布爾什維克主義。」為了打破這個萬里長城。一九一八年八月和一九一九年一月，列寧先後兩次致信美國工人，號召美國工人起來反對本國統治階級，加入到世界革命的行列中來。

二、史達林時期的美蘇對抗

這個時期可以分為兩個階段（一）從史達林執政到一九四五年（二）從一九四五年－一九五三年。

（一）從史達林執政到一九四五年

從史達林執政到一九四五年，這個階段美蘇之間的對抗只是意識形態上對立，兩國之間合作增多特別是在第二次世界大戰中，作為盟國，協同作戰互相配合，美國通過租借法案給蘇聯提供了一百多億美元的作戰物資支援，為蘇聯的衛國戰爭的勝利做出了應有的貢獻，但是由於社會制度和意識形態的對立，在這個階段雙方潛在的對抗一直沒有停止，並為冷戰的爆發打下了基礎。

1. 從蘇聯方面看

史達林雖然提出了「一國社會主義」的理論，但並沒有放棄世界革命的大目標，他和列寧的「世界革命」的思想的不同之處在於，他把世界革命解放全世界無產者的任務和蘇聯進行社會主義建設的任務融為一體，換句話說，史達林把蘇聯的利益等同於世界無產階級的利益，國際主義的義務變成了保衛蘇聯。在實踐上就把擴大蘇聯的影響、擴大蘇聯的邊界等同於在全世界進一步擴展世界革命。學者左鳳榮認為史達林的世界革命「其實質上是大俄羅斯沙文主義，是民族利己主義，是對沙俄擴張傳統的繼承」。筆者倒認為從理論上來說，史達林對世界革命的理解有自圓其說之處。請看他的論證：「絕對地、無條件地、公開地和忠實地捍衛蘇聯，保衛蘇聯，誰就是革命者，因為蘇聯是世界上第一個建設社會主義的無產階級的革命國家。誰決心絕對地、毫不動搖地、無條件地捍衛蘇聯，誰就是國際主義者，因為蘇聯是世界革命運動的基地，不捍衛蘇聯，就不能捍衛並推進世界革命運動。」

在實踐上，史達林也積極推動世界革命。一九二六年五月三日，為了抗議提高工時和降低工資，英國煤礦工人舉行了規模浩大、震動全國的大罷工。蘇聯迅速決定全力支持英國的大罷工，五月五日，蘇聯決定禁止向罷工期間的英國出口煤炭和石油，已經在途的，駛往其他國家。隨後又向罷工工人提供經濟支持，蘇聯的行動惹惱了英國政府。最後斷絕了與蘇聯的外交關係。一九二七年－一九二九年蘇聯支援中國革命，當然由於史達林的瞎指揮，蘇聯雖然提供了不少的援助，但中國革命還是遭受了重大的挫折。

推動世界革命的挫折並不能動搖史達林的決心，因為他的世界革命理論就是建立在「資本主義總危機理論」的基礎之上的，史達林低估了資本主義的生命力，過分拔高了蘇聯對資本主義的影響，把蘇聯的存在看成是資本主義的危機的原因，史達林把資本主義總危機與戰爭聯繫起來，進而把戰爭與革命聯繫起來。他明確指出：「資產階級在對外政策方面將從新的帝國主義戰爭中尋找出路。最後，就是說，無產階級在反對資產階級剝削，制止戰爭危險時，將從革命中尋找出路。」

為了準備戰爭，史達林把國家引向備戰之路，全力發展重工業，主要是軍事工業。本來，蘇聯從沙俄那裡繼承來的，就是一個超級軍事化的國家，一九一三年，俄國的重工業在工業中占百分之三十五點一，可是到了一九四〇年，重工業占整個工業的比重就已增加到百分之六十一點二。

與此同時，蘇聯的軍費也在逐步攀升，一九三七年占國民收入的比例為百分之八點三，一九四〇年上升為百分之十七點二，如果再加上與軍事有關的投資，軍費實際上占國民收入的百分之二十四點六。

更重要的是，在這一時期，蘇聯形成了以軍備趕超為核心的經濟發展戰略和在這一戰略指導下形成的蘇聯特有的經濟發展模式。

當然，為了推進世界革命，必須使蘇聯強大，而為了使蘇聯強大，史達林並不絕對地排斥和平共處，更不反對利用西方包括美國冶金技術，只不過和平共處是策略手段而不能成為戰略思想。比如，一九二九年底，蘇聯與四十家美國公司合作。一九三〇年，美國對蘇聯出口商品總值達二億三千萬盧布，成為當年世界上最大的對蘇出口國，同時大批美國的工程師被派往蘇聯幫助組裝和操作蘇聯新購入的技術裝備，一百多名蘇聯技術人員赴美學習。一九三三年美蘇兩國建交。

2. 從美國方面看

或許為了儘快恢復經濟走出經濟危機的陰影，美國重視對蘇聯的出口，美蘇建交後，美國貨物在蘇聯進口貿易中的比重由一九三三年的百分之四點八增加到一九三七年的百分之十八點二，一舉超過了德、意、法、日等國對蘇貿易的總額。同時，在羅斯福總統的心目中德國法西斯是更具有威脅性的國家，為了對付日益嚴重的日本和德國的威脅，羅斯福下令撤銷了被稱為

「反共大本營」國務院東歐司。德國進攻蘇聯後，羅斯福把反共目標暫時擱置起來，大力支持蘇聯抵抗德國法西斯的進攻，以致完全「忽視了史達林的俄國黑暗的一面以及將來出現問題的惡兆」。

（二）從一九四五年到一九五三年

這個時期實際上是冷戰開始和形成的時期。

1.從蘇聯方面看

史達林在戰後還一直堅持他的資本主義總危機的理論，仍把資本主義與戰爭機械地劃上等號，在一九四六年二月發表一次演講中說：「資本主義的世界經濟體系包含著總危機和軍事衝突的因素，因此現代世界資本主義並不是平穩地均衡地向前發展，而是經歷著危機和戰禍的。問題在於，各資本主義國家發展的不平衡……因而，資本主義世界就分裂為兩個敵對的營壘而進行戰爭」。從實踐上看，蘇聯確實一直在努力擴大它的勢力範圍，推進世界革命。早在一九四四年，隨著蘇共的推進，蘇聯對東歐、巴爾幹地區的影響日益增加，引起了英國的不安，邱吉爾於一九四四年十月訪問了蘇聯，雙方達成了一個在東歐和巴爾幹地區劃分勢力範圍的著名協議。根據協定，羅馬尼亞（蘇共占百分之九十），保加利亞（蘇占百分之七十五），主要由蘇聯控制，希臘由英國和美國控制（英美占百分之九十），而南斯拉夫和匈牙利由蘇聯和英國兩國平分秋色（各占百分之五十）。可二戰結束後，蘇聯撕毀了這一協議，實際上完全控制了東歐各國，不僅如此，蘇聯也沒有遵守雅爾達協議，他迫使倫敦波蘭流亡政府的代表逃往西方，獨自控制了波蘭。其實，《雅爾達協定》已使蘇聯撈取了很多好處：千島群島和庫頁島南段歸還蘇聯，外蒙獨立，蘇聯租借旅順和大連港及其中東鐵路等地區。另外，蘇聯於一九四四年十月十日從中國吞併了唐努烏梁海地區。儘管如此，史達林並不滿足，蘇聯於一九四五年六月和一九四六年八月八日兩次向土耳其提出要控制土耳其海峽的需求，同時也拒絕按期從伊朗撤軍，並以種種藉口拖延撤軍，結果導致了土耳其和伊朗危機。

在土耳其和伊朗遭遇挫折後，蘇聯加強了對東歐在政治、經濟、人事等方面進行控制的步伐。為了限制東歐國家與西方國家的經濟往來，蘇聯不許東歐國家參加馬歇爾計畫。為了加強對東歐的控制，一九四七年七－八月，蘇聯實施「莫洛托夫計畫」——蘇聯，東歐國家簽署了一系列雙邊貿易協定。一九四七年九月二十二日成立了蘇聯和東歐八國組成的類似於共產國際的情報局。這樣就基本完成了社會主義陣營的組建工作。

在東歐穩住陣腳之後，史達林圖謀繼續擴大自己的勢力範圍，結果出現了柏林危機和朝鮮戰爭。

德國和首都柏林（在蘇台區）在二戰後由美英法等進行分區戰領，後來形成了西占區和蘇占區。

一九四八年六月，西占區背著蘇聯搞幣制改革。蘇聯認為這是分裂德國的行為，做出了強烈反應，于同年六月二十四日起封鎖西占區與西柏林的一切水陸交通，歷時近一年多，在這一年中美蘇雙方劍撥弩張掀起了第一次冷戰高潮。

朝鮮戰爭是否由史達林推動尚存爭議。但筆者認為學者沈志華的說法較有說服力。沈志華在《中蘇同盟與中國出兵朝鮮的決策》一文中指出：「朝鮮戰爭爆發時，莫斯科的態度非常積極。當時朝鮮人民軍中有三千多名蘇聯軍事顧問，即差不多每四五個朝鮮官兵就有一名蘇聯顧問。這些軍事顧問負責訓練軍隊並協同指揮作戰，就連朝鮮人民軍的作戰計畫也是在蘇聯顧問的參與和決定下制定的。蘇聯政府還在戰爭初期為朝鮮人民軍提供了大量軍事援助。據俄國檔案透露，一九五〇年七月一日和六日史達林兩次要蘇聯駐朝鮮大使什特科夫轉告金日成，蘇聯將『完全』滿足朝鮮關於運送彈藥和其他軍事裝備的要求」。並將全面提供武器、坦克和其他軍事裝備。據統計，一九五〇年蘇聯援助朝鮮的軍事物資達八億七千萬個盧布。蘇聯派空軍參戰，在整個戰爭期間，先後有一二個蘇聯空軍師投入了空戰，輪番參戰的空軍人數總計為七萬二千人，共擊落一千零九十七架敵機。

2. 從美國方面看

在第二次世界大戰的後期，美國總統羅斯福描繪了一幅以美國為中心的世界藍圖，這就是以美國的政治和經濟模式為榜樣，通過建立聯合國、國際貨幣基金組織，確立新的國際行為準則來實現美國對世界的領導。在羅斯福的藍圖中，人們可以看到兩個清晰的特徵：大國合作與集體安全。二戰結束後，美國並沒有想馬上改變羅斯福的政策，但蘇聯在東歐的擴張的行為使美國深受刺激。當時美國正面臨著一場對蘇政策辨論，做過駐蘇大使的波倫等資深外交家不主張對蘇強硬，但當時的駐蘇臨時代辦肯南的一封八千字的電報，使杜魯門等人產生了共鳴，從而吹響了遏制政策的序曲。肯南在那封著名的電報中，概括了史達林把資本主義等同於戰爭的觀點，他建議美國領導層要努力引導美國人民瞭解有關蘇聯的真相，以便把兩國關係建立在現實的基礎上，減少瘋狂的反蘇主義；同時，也是更重要的是增強美國社會的健康和活力。只要美國有能力和信心，就能解決美蘇關係發展面對的難題，而「不必通過一場全面的軍事衝突」。

肯南的電報是一九四六年二月二十二日發的，三月份就發生了伊朗危機。蘇聯推遲從伊朗撤軍，美國對此反應強烈。同年三月五日，邱吉爾在美國的富爾敦發表了著名的「鐵幕講話」，邱吉爾指出：「從波羅的海石切青到亞得里亞海的里雅斯特，一幅橫貫歐洲大陸的鐵幕已經降落下來。在這條線的後面，座落著中歐和東歐各國的都城。華沙、柏林、布拉格、維也納、布達佩斯、貝爾格勒，布加勒斯特和索菲亞——所有這些名城及其居民無一不處在蘇聯的勢力範圍之內，不僅以這種或那種形勢屈服於蘇聯的勢力影響，而且還受到莫斯科日益增強的高壓控制。……在這些國家裡，各種包羅萬象的警察政府對老百姓強加控制，達到壓制和違背一切民主原則的程度，或是一些獨裁者，或是組織嚴密的寡頭集團，他們通過一個享有特權的黨和一支政治員警隊伍，毫無節制地行使著國家的大權。」這一點和肯南不謀而合。因此，邱吉爾呼籲美國肩負起領導自由世界的責任和英國建立起特殊關係和軍事同盟，以防止蘇聯的擴張，雖然杜魯門否認他和邱吉爾講話的瓜葛，但實際上邱吉爾的講話說出了杜魯門的心聲。

一九四七年三月十二日，為防止希臘和土耳其落入蘇聯之手，杜魯門向美國國會聯席會議提出特別諮文，要求對希臘和土耳其提供援助，這個特別諮文就成了杜魯門主義的標誌。

杜魯門主義有兩個要點，其一認為當前世界上存在著兩種生活方式的鬥爭。第一種生活方式是以多數人的意志為基礎，它突出地表現為自由制度、代議制政府、自由選舉、對個人自由的保障、言論和宗教信仰自由和免於政治壓迫的自由。第二種生活方式則是以少數人的意志強加於多數人為基礎的，所依靠是恐懼和壓迫，報紙和廣播受到控制，事先安排好了的選舉和個人自由的壓迫。而「美國必須實行這樣的政策，那就是支持自由的人民，抵抗少數武裝者的征服和外來的壓力。」其二，美國必須立即採取行動。因為不論什麼地方，不論直接或間接侵略威脅了和平，都與美國的安全有關。杜魯門相信，極權政體的種子是靠災難和匱乏催生的。美國及時提供經濟援助就可以消除極權主義滋生的土壤。

杜魯門主義顯然是肯南電報和邱吉爾演說的揉和，杜魯門主義的出籠，標誌著美國的遏制理論改變成了遏制的政策，實際上也標誌著美蘇冷戰的全面展開。

杜魯門主義使美國擺脫了孤立主義，開了拋開聯合國單獨行動的先河。更重要的是它構築了美蘇兩極體制，同時「它還代表一種心態。人們在思考與行動時，慣於採用簡單的二分法，這已經成為第二天性，即便實際的衝突——比如中東那類衝突——套用這種模式非常勉強」。

杜魯門主義實施後，美國幾乎在所有問題上與蘇聯針鋒相對。比如柏林危機時，美國頂住了蘇聯的壓力和威脅，向英國和西占區派駐戰略空軍。在長達十一個月的柏林封鎖中美國（英國飛機很少）向西柏林二百五十萬名居民實行空運，總計有二十七萬七千七百二十八架次的飛機，實施了十九點五萬餘次空運，運輸貨物多達二百一十一萬噸，創造了世界空運史上的紀錄。一九四九年，為了與蘇聯對抗美國又組建了軍事政治集團——北約。

三、赫魯雪夫時期的美蘇對抗

1. 從蘇聯方面看

第二次世界大戰，與其說使美國發了戰爭財，還不如說醫治了美國的「經濟蕭條」。戰爭期間美國經濟以每年百分之十五的速度增長，由於軍工生產與民用品生產齊頭並進，人民的生活未受影響。與之相反，蘇聯在二戰中的勝利是靠大幅度地減少民用品生產，集中力量進行軍工生產獲得的。在二戰臨近尾聲時，蘇聯經濟已經不堪重負，一九四五年國民收入比預期減少八十二億盧布。同時戰爭給蘇聯造成了巨大的經濟損失，據權威資料，蘇聯有一千七百一十座（占總數的六〇％）城市和城鎮、七萬多個鄉村和近三萬二千家工業企業、六萬五千多公里鐵路被毀。一九四一～一九四七年蘇聯直接與間接的經濟損失達四萬七千三百四十億盧布，合八千九百三十億美元。一九四六年又遇旱災，糧食供應困難，俄羅斯、烏克蘭、莫爾達瓦有近二千萬人的地區發生大規模饑荒，連時任烏克蘭中央第一書記的赫魯雪夫也不得不承認，從一九四六年至一九四七年全年在被稱為全國糧倉的烏克蘭也出現了餓死人的情況。「在個別地區，甚至包括基輔，發現有人食人的現象。」

二戰結束後，冷戰很快又開始了，蘇聯的軍轉民實際上沒有真正搞起來。戰後第一個五年計劃（一九四六～一九五〇年）結束時，重工業不僅達到了戰前水準，還有了很大的提高。據統計，在戰後第一個五年計劃時期的經濟軍事化占了近四分之一的國民收入。巨大的軍事開支使人民的生活受到很大影響。一九五〇年蘇聯年人均食肉量比一九一三年少三公斤糧食少二十八公斤。

史達林去世後，馬林科夫和赫魯雪夫明顯地感到了緊張局勢的危險性，不久便改變了史達林強硬的戰略，採取了一些緩和國際緊張局勢的行動。一九五三年五月三十日，蘇聯向土耳其政府提交了一份備忘錄，聲明放棄對土耳其的安納托利亞高原東部的卡爾斯、阿德利安和阿爾特溫三省的要求。七月二十日恢復與以色列的外交關係；積極促使實現朝鮮半島的停戰，支持印度支那與法國和解；簽訂了奧地利國家條約，從奧地利撤軍；倡議召開二戰結束後的日內瓦的首次四大國首腦會議。

一九五六年召開的蘇共二十大，確定了新的外交路線與政策。赫魯雪夫提出，改善社會主義與資本主義兩種制度關係的新原則，諸如加強彼此的信任、合作，避免戰爭等。這些思想在一九六一年召開蘇共二十二大上又得到了進一步的完善。其一，關於戰爭與和平問題。赫魯雪夫突破了史達林始終堅持的戰爭不可避免論，認為社會主義陣營的發展壯大，和平運動的廣泛展開使得「戰爭並不是可避免的」。其二，和平共處、和平競賽、和平過渡。赫魯雪夫在二十大上說：「在目前形勢下，世界只有兩條道路；或者和平共處，或者發出最具毀滅性的戰爭，除此沒有第三條道路」。所以不同制度國家不僅可以和平共處，應該往前走，改善關係，加強相互間的信任與合作。赫魯雪夫甚至提出為了和平的利益應該相互妥協，相互讓步，考慮對方的利益：「你活，也讓別人活」，赫魯雪夫認為和平共處還在於它們之間和平的經濟競賽和經濟、政治、文化領域的接觸與合作，包括發展貿易，共同幫助弱小的國家實現工業化，在改造自然界方面共同採取行動等等。他相信和平競賽是社會主義和資本主義鬥爭的主要形式，應當在和平的較量中證明哪一種社會制度更能為發展社會的全部生產力開闢廣闊的天地；赫魯雪夫認為隨著時代的發展，已經出現了向社會主義過渡的多樣性。某些資本主義國家的工人階級有可能取得議會的穩定多數，通過和平途徑取得政權。

要推行「三和政策」，與美國的關係就是對外政策的重中之重。赫魯雪夫認為美蘇兩國對世界產生著決定性的影響，如果蘇聯與美國之間的關係能以和平共處的五項原則為基礎對整個人類社會都有積極的意義。

為了改善同美國的關係，赫魯雪夫大力推動首腦外交。一九五五年舉行了日內瓦的首腦會議，一九五九訪美，一九六一年在維也納省甘迺迪會晤；推進裁軍談判和禁止核子試驗。一九六三年夏天達成了部分核禁試條約；努力促進兩國經貿關係的發展，但成效不大。

從理論上說，赫魯雪夫的「三和理論」及舉措有相當的創新性和合理性甚至今天都未失去其生命力。但赫魯雪夫的外交理論和實踐正如他的國內改革一樣，充滿了矛盾，比如他提出戰爭不是不可避免的，但又強調反對帝國主義的民族解放戰爭是不可避免的，強調加強社會主義的軍事力量來防止戰爭；赫魯雪夫宣稱和平共處，但又強調與資本主義的階級對抗。和平共處在赫魯雪夫那裡只是手段，赫魯雪夫想通過和平共處來加速資本主義的總危機，最終埋葬帝國主義。

正因為如此，赫魯雪夫在處理與美國關係時缺乏足夠的耐心和智慧，其外交風格被人稱為「危機外交」——在和談達不到目的的情況下，他仍想用施壓、威脅的辦法解決問題，結果一再引發危機。

在赫魯雪夫當政時期，美蘇之間的對抗主要有以下幾次：

（1）**匈牙利事件**。一九五六年匈牙利政府動盪，十月二十四日，納吉受命與危難之時，出任總理，但局勢仍然不穩，十月三十日，納吉政府再度改組，隨後宣布結束一黨專政。十一月一日，納吉政府致函聯合國秘書長，表示「匈牙利政府立即廢除華沙條約。同時宣布匈牙利獨立，轉向聯合國和要求四大國給予援助和保衛這個國家的中立。」十一月一日，蘇軍開進匈牙利，推翻納吉政府。十一月四日，美國總統艾森豪要求蘇聯從匈牙利撤軍，對此，蘇聯給予堅決拒絕。美國則把匈牙利問題提交第十一屆聯大和聯大特別會議。

（2）**敘利亞危機**。地處地中海東部的敘利亞是繼埃及之後的第二個接受蘇聯軍事援助的阿拉伯國家。美國把敘利亞視為眼中釘。一九五七年八月，美敘雙方關係驟然緊張。美國總統宣布美國戰略空軍處於戒備狀態，同時致函土耳其政府領導人，如敘利亞入侵土耳其美國將立即向土運送武器。蘇聯針鋒相對，採取了支持敘利亞的反應措施，甚至擺出了不惜以派兵參戰來支持敘利亞的強硬姿態。由於美蘇雙方都不希望兵戎相見，結果敘利亞危機由雙方妥協而解決。

（3）**第二次柏林危機**。按照雅爾達會議的協定，西柏林是西方的勢力範圍，但它卻位於東德的心臟地帶，由於西德的經濟發達，人民生活水準高，西柏林就成為了鑲嵌在東德的一塊磁石，每年吸引大約三十五萬名東德人（其中大都是熟練工人和科技人員）途經西柏林逃往西德。因此在蘇聯人眼裡，西柏林已經變成一個不得不拔除的毒瘤。一九五八年十一月二十七日，蘇聯照會美英法三國政府，提出把西柏林建成一個獨立的軍事化的政治單位——自由市。任何國家同西柏林發生人員和物資的來往必須事先征得民主德國的同意。這其實就是打掉西柏林這塊西方的陣地。面對蘇聯的攻勢，美國毫不示弱，十二月三十一日，美國政府在給蘇聯政府的照會中強硬地表示：「西方三國將嚴肅地承擔繼續保衛西柏林二百多萬人民自由的權利和責任。」面對僵局，一九五九年初赫魯雪夫主動退卻。

一九六一年六月，赫魯雪夫在維也納和美國新任總統甘迺迪的會晤中，又一次提出西柏林問題，並把期限定在年底，沒想到，甘迺迪針鋒相對，寸步不讓。赫魯雪夫於是宣布增加軍事預算三分之一，同時暫停執行一九六〇年一月宣布的裁軍一百二萬的計畫，而甘迺迪則宣布追加三十二億五千萬美元的軍費，增加二十二萬五千名兵員，援權征招更多的後備軍等應對措施。面對危局，赫魯雪夫退而求其次，八月十三日起在西柏林四周築起了高三點五米，長一百五十四公里的「柏林牆」。這一招既能阻止東德居民外逃，又能避免與美國開戰，應算是明智的選擇。築牆之後，美蘇雙方的軍隊雖有緊張對峙，但由於雙方的克制，終沒釀成戰禍，柏林危機也告一段落。

（4）**古巴導彈危機**。古巴是位於加勒比海上的一個島國，所以古巴導彈危機亦稱為加勒比海危機。古巴在一八九八年美西戰爭後論為美國的殖民地。古巴在一九〇二年成立共和國後依然被美國所控制。一九五九年一月，卡斯楚推翻美國支持的巴蒂斯塔政權。一九六〇年七月，古巴領導人切・格瓦拉宣布古巴是社會主義陣營中的一員，這等於在美國的後院裡安插了一個反美的前哨。蘇聯欣喜若狂，美國對這個眼中釘則恨之入骨，欲拔之而後快。一九六一年四月美國策劃一次古巴流亡者對古巴的入侵，結果以失敗告終。一九六二年五月赫魯雪夫決定在古巴部署導彈，一則可以防止美國對古巴的再次入侵，二則，當然更重要的是可以大大提高蘇聯對美國的核打擊能力，換句話說可以把刀架在美國人的脖子上。一九六二年夏季開始，蘇聯祕密將四二架「伊爾－二八」型噴氣轟炸機，幾十枚「ＳＳ－四」型中程彈道導彈和「ＳＳ－五型」中短程彈道導彈（ＳＳ－四和ＳＳ－五，可載一枚核彈頭）。一些「薩姆－二型」地對空導彈等武器運往古巴。美國偵知這一情況後，驚恐萬分，反應異常激烈。十月底，美國決定對古巴進行封鎖，扣留不接受檢查的船隻，同時準備對古巴的空中打擊，一場核大戰一觸即發。在這萬分危機的時刻經過一系列神經大戰赫魯雪夫勇敢地後退一步，甘迺迪也冷靜地配合。從而化解了這一場美蘇冷戰史上最危險的一次對峙，也避免了一場人類史上的空前的大災難。正是在這個意義上筆者使用了「勇敢」二字，在危機關頭承認失誤，不考慮個人和國家的面子，而考慮國家和人類的利益，這不是勇敢是什麼？

2.從美國方面看

艾森豪上臺後，在反共反蘇方面和杜魯門如出一轍。他主張用擴充軍備來抵禦蘇聯的威脅。不久推出了「新面貌」安全戰略、「解放」政策和變新興國家為冷戰的「主戰場」戰略。

「新面貌」安全戰略的核心是建立對共產主義的戰略包圍和推出大規模報復戰略。美國當權者認為要粉碎蘇聯的包圍和政治戰，不能僅靠美國一國的力量，而應把所有盟國聯合起來，組建集體防務體系。一九五四年九月撮合了《馬尼拉條約》，即東南亞集體防務條約。到一九五七年美國已經同四十二個國家和地區簽訂了集體防禦條約，建立了遍及全球的區域性集體安全體系。大規模報復戰略的基本出發點是在不大幅度增加軍費開支的前提下最大限度地發展核力量，對蘇聯進行有效的威懾。艾森豪政府認為杜魯門所推行的遏制戰略存在兩大弊端，一是把挑起危機的主動權交給了對手，而美國只能按對手的原則和方式被動應戰；二是在海外廣設軍事基地並投入大量兵力，耗費了過多的人力和物力，影響了國人的情緒，仍不能充分遏制對手來確保美國的安全。而發展核武器可以克服上述兩個弊端。既可以節省資金，又可以由美國來選擇報復的時間、地點。

「解放」政策的核心是指使用「一切和平手段」來爭取東歐國家從蘇聯共產主義統治之下解放出來。為了實現這個目標，艾森豪政府採取了相應的政策和措施。第一，樹立美國自由的榜樣。美國要努力使自由成為「一種活生生的力量」，「極其豐富，極具活力」，讓其價值「無容置辯」，「影響極其深遠」，以縮短共產帝國主義的預期壽命。第二，支持自由的鬥爭。第三，美國強調處理東歐問題是美蘇關係中不可回避的原則問題。美國譴責並反對蘇聯的「帝國主義」，謀求在蘇聯奴役下人民和民族的解放。但這種解放不煽動暴力判亂，不會導致對蘇聯的敵對包圍，而是通過「進化」，即在意識形態領域和道義的進攻，推進「和平演變」。

變新興國家為冷戰「主戰場」的戰略主要是隨著新獨立的國家不斷湧現，美國應想方設法贏得第三世界，特別是亞洲與非洲。要實現這個目標，控制第三世界的原料、市場和勞動力至關重要。同時應向它們提供適當援助。

艾森豪的對蘇政策看起來很強硬，但在具體處理美蘇關係時，卻很慎重和克制。比如在匈牙利事件中，雖然叫得很凶，但除了接收幾千名匈牙利難民外，也沒有什麼作為。所以從實踐上看，艾森豪的政策和行動並未超過杜魯門「遏制」戰略。

甘迺迪上臺後，用「靈活反應戰略和和平戰略」取代了艾森豪的「大規模報復戰略」。靈活反應戰略的實質是打有限戰爭，即用「特種部隊」「特種戰爭」對付民族解放運動；用常規戰爭對付「有限戰爭」；用核武器作為遏制戰爭的威懾力量。

甘迺迪認為和蘇聯和平共處是明智之舉，美蘇之間通過努力可以找到共同利益和目標。比如雙方都想擺脫軍備競賽壓力，壟斷核武器，並避免核戰爭。而艾森豪的「解放」政策缺乏具體的措施，只不過是空談和幻想。因此，有效的和平演變政策應採取具體措施來促進與鼓勵東歐各國的「逐步演變」，其主要措施是以各種形式的經濟援助來減輕東歐國家對蘇聯的依賴。同時通過援助、貿易、旅行、新聞、學生和教師交流，以及在「道義上」的支持來爭取這些國家，使美國的自由民主傳染到共產黨控制的地區。

在爭取第三世界方面甘迺迪認為也應如此。美國向第三世界提供經濟和技術援助，可以使發展中國家「具備力量來應付它自身的問題，滿足他們自身的願望，克服他們自身的危險」。甘迺迪政府的具體措施主要有：一、招募青年志願組織和平隊，赴第三世界國家擔任教師、農業顧問和技術人員，傳授知識技能，同時傳播美國的價值觀和生活方式；二、通過援助使拉丁美洲國家和人民享受經濟和社會進步；三、加強與實施「糧食用於和平計畫」，（一九五四年艾森豪提出的法案，指用出售美國的剩餘糧食和家產品的方式提供援助）實行糧食救災和促進經濟發展。

赫魯雪夫時期的美蘇對抗同其他時期一樣，對蘇聯的經濟發展產生了負面影響。赫魯雪夫執政初期，真誠地希望軍隊不要成為人民的一個沉重負擔。一九五五年八月，蘇聯政府通過了裁減武裝力量人數的決定，到一九五八年，裁軍近三百萬人。一九六〇年一月，赫魯雪夫建議再裁軍一二十萬，使蘇聯每年節約一百六十～一百七十億盧布。但軍方領導人的反對，特別是赫魯雪夫的危機外交，使他的縮減軍備的計畫受到制約。一九六一年夏天裁軍工作停止，公開的軍事預算增加了三分之一，同時宣布恢復核子試驗。古巴導彈危機後，軍事投資進一步膨脹。儘管如此，在赫魯雪夫執政時期，蘇聯的軍備開支對國民經濟的影響比其前任和後繼者都小。

這個時期的美蘇對抗對美國的影響主要也是經濟方面的。由於艾森豪和赫魯雪夫一樣特別強調核武器的威懾作用，結果美國的核力量急劇膨脹。但國防開支增長緩慢，在聯邦開支中所占的比重逐漸下降。甘迺迪上臺後，鑒於一九六一年蘇聯在世界上首次發射載人太空船成功，他決定急起直追。在推行和平政策的同時，把軍備競賽推到新高度。三年內，甘迺迪增加的軍事預算一百七十億美元。美國軍費的增加，雖然對國民經濟沒造成傷筋動骨的影響，但總歸是不利的。

四、勃列日涅夫時期的美蘇對抗

（一）勃列日涅夫時期的美蘇對抗

1. 從蘇聯方面看

勃列日涅夫上臺後，把與美國的爭奪、對抗放在對外政策的首位，把赫魯雪夫的防禦性戰略改成了進攻型戰略。具體說就是鞏固擴大了社會主義大家庭並對第三世界國家的革命力量進行的支援，同時擴軍備戰。

與赫魯雪夫時期相比，蘇聯明顯加強了對東歐的控制，因為在勃列日涅夫看來，如果失去對東歐的控制，不僅會使蘇聯失去在歐洲的安全屏障，削弱其力量，甚至喪失其推行進攻性對外戰略的重要力量源泉。為了加強對東歐的控制，蘇聯採取了一系列舉措：第一，頻繁召開華約會議，以鞏固華約組織，並通過它來強化蘇聯對東歐政治和軍事方面的控制。第二，舉行軍事演習，協調華約軍事行動，同時通過顯示華約的軍事力量來震懾有離心傾向的成員國。第三，通過經互會來推進「大家庭」內部的勞動分工，實行統一計畫，加速一體化進程，把東歐國家的經濟發展納入蘇聯經濟發展的五年計劃之中。第四，通過修訂和簽訂友好合作互助條約，加強蘇聯同東歐國家的關係。儘管蘇聯採取了以上的舉措，但東歐一些國家仍在試圖打破原有發展模式，積極探索適合本國實際的發展道路。一九六八年一月，杜布切克當選為捷共中央第一書記，他上臺後順應廣大人民和黨員的改革要求，通過了「行動綱領」，綱領要求充分發揚社會主義的民主，保障人民的基本權利，堅持法治，勇敢地糾正冤假錯案，為受害者恢復名譽，並制定新的憲法，實現在黨的領導下的自由思想，保證新聞自由；主張黨應該是依靠人民群眾的自覺支持而不是採取強制壓制手段來實現自己的領導；主張黨政分家，不允許黨的組織代替政府機構、經濟機構以及社會組織。綱領要求進行真正的經濟改造，擴大企業自主權，成立工廠委員會，恢復市場的積極作用，取消外貿壟斷，允許農業生產自由和個體經營。綱領強調同社會主義國家的友好合作，反對「帝國主義勢力」，在相互尊重主權平等的基礎上加強與蘇聯和其他社會主義國家的聯盟和合作，要發展同一的國家的互利友好關係，積極地和發達資本主義國家和平共處。

捷共的行動綱領及採取的政策措施是探索適合本國發展道路的有益嘗試。但在勃列日涅夫眼裡，捷克的改革「威脅了社會主義大家庭的利益」，在對捷共進行威逼和恫下無效後蘇聯悍然率華約五國軍隊侵入捷克斯洛伐克用武力鎮壓了捷克斯洛伐克的改革運動。

蘇聯出於為自己的侵略行徑辯解的需要，在出兵入侵捷克斯洛伐克的前後，炮製了所謂的勃列日涅夫主義。其主要內容是「有限主權論」、「社會主義大家庭論」、「利益有關論」和「大國特殊責任論」等論調。其要害是以世界革命中心自居，要求別國服從蘇聯的指揮，服從蘇聯的利益，如有不從，蘇聯有權干涉其內政，「包括它的主權的命運在內」。顯然勃列日涅夫主義構成了蘇聯霸權主義的理論基礎。

蘇聯對捷克斯洛伐克的武裝入侵和勃列日涅夫主義的推行，雖然暫時鞏固了它在東歐的地位，但在政治上損害了蘇聯作為社會主義國家的形象，傷害了東歐國家人民的感情，在經濟上則增加了蘇聯自身的物質負擔，更嚴重地是為後來的東歐的劇變埋下了伏筆。

蘇聯在控制和鞏固所謂的社會主義大家庭的同時，也力爭擴大在第三世界的勢力範圍。在勃列日涅夫看來，不少亞洲的第三世界國家正在走上非資本主義的發展道路，向社會主義前進，它們完全有可能成為蘇聯社會主義大家庭的成員或同盟者。努力把這些國家納入蘇聯的軌道，不僅可以推廣自己的模式，支配這些國家，而且還可以把這些國家作為打擊資本主義的重要力量，以達到與美國爭奪世界霸權的目的。

在勃列日涅夫執政時期，除了大力支持越共抗美外，蘇聯特別重視對第三世界走非資本主義道路國家的經濟和軍事援助，當然軍援占的比重更大。資料顯示勃列日涅夫時期的蘇聯成了世界上最大的武器出口國，其向第三世界出口的武器超過了美國。

蘇聯在勃列日涅夫執政時期不僅通過經濟、軍事援助擴大對第三世界的影響，還支持和甚至發動一系列戰爭來影響和控制第三世界。一九七一年支持印度打印巴戰爭，一九七三年支持埃及打阿以戰爭，一九七六年—一九七八年指揮古巴軍隊介入安哥拉內戰。後者產生了很大的影響。

安哥拉擺脫葡萄牙獲得獨立後，蘇聯支持的「安人運」和美國支持的「安解陣」及「安盟」紛爭不斷。一九七五年初，美國支持的「安解陣」向蘇聯支持的「安人運」發起軍事進攻，蘇聯和古巴加緊支持「安人運」，蘇聯至少向「安人運」提供了三億美元的援助和二百名顧問，並把一萬七千名古巴軍人送到了安哥拉。一九七五年十一月，蘇聯派遣了一批軍人，包括飛機和坦克駕駛員、技術人員、顧問進入安哥拉，加入古巴軍隊的行列。在蘇聯和古巴的大力支持下，「安人運」獲得了內戰的勝利。

一九七八年一月蘇聯派兵介入索馬里和埃塞俄比亞在歐登加地區的衝突，蘇聯陸軍副司令親自到埃塞俄比亞指軍反對索馬里的戰爭，一千多名蘇軍士兵與古巴軍隊一道幫助埃塞俄比亞軍隊作戰，蘇聯還向埃塞俄比亞輸送了價值十億—十五億美元的軍事裝備。埃塞俄比亞在蘇聯和古巴的幫助下，逐漸掌握了戰爭的主動權。而美國支持的索馬里則不得不撤出歐登加地區。

在支持越共贏得越戰的勝利後，蘇聯繼續擴大其在越南的影響。一九七八年底，蘇聯與越南簽訂了具有軍事同盟性質的條約，支持越南侵略柬埔寨。次年，蘇聯取得了對越南的金蘭灣、峴港等海空基地的使用權，把越南納入了自己的戰略軌道。

一九七九年十二月二十五日，蘇聯不顧美國的警告派軍隊入侵阿富汗，陷入了戰爭泥潭難以自拔，蘇聯在阿富汗近十年的戰爭中，耗費了二百億美元。

入侵阿富汗不僅耗費了巨額的資金，而且把美蘇冷戰推向了新的高峰。在阿富汗戰爭的拖累之下，蘇聯體制不堪重負，顯現出走向崩塌的跡向。

在鞏固社會主義「大家庭」和向第三世界擴張的同時，蘇聯加快了在軍事領域趕超美國的步伐。

勃列日涅夫上臺後，改變了赫魯雪夫的武器發展戰略，接受了國防部長馬利諾夫斯基的關於發展所有類型的武器、不只是發展核武器的主張。一九六五年，蘇聯提出既準備打核戰爭，也準備打常規戰爭的戰略思想。與此相配合，蘇聯強調協調地、平衡地發展所有的軍種和兵種，在重視核武器的同時也把發展常規力量置於重要地位。於是，蘇聯開始全面大規模發展軍力。

從一九六五到一九七七年，蘇聯的軍事開支以每年不低於百分之四點五的速度遞增。為了奪取軍事優勢，被赫魯雪夫裁減的軍隊又恢復起來了。蘇聯的軍事人員，不包括邊防軍和內務部軍隊，在這一時期從三百六十八萬人增至四百一十九萬人，而同時期美國的軍隊人數則從三百零五萬人減至二百零六萬人，蘇聯軍隊比美國多一倍。蘇聯的軍費也從一九六五年的三百億盧布上升到一九七六年的八百億盧布，占本年度國家財政預算支出的百分之三十。這一時期蘇聯的戰略核力量和常規力量都有很大增長。北約和華約在歐洲的常規軍事力量對比中，華約在坦克、裝甲車、炮和迫擊炮等方面都超過北約的一倍左右。

二十世紀六〇年代後期，蘇聯建立了地中海和印度洋分艦隊，七〇年代起蘇聯海軍已經發展成了一支強大的遠洋海軍。七〇年代末期，蘇聯在全球建立三十多個海軍基地。據統計，蘇聯在一九六七至一九七七年的十年間用於建造軍艦的費用比美國多百分之五十左右。一九六四年蘇聯的海軍的總噸位為一百六十萬噸，到一九七八年增加了一倍，達三百三十萬噸以上，僅次於美國（美國為三百四十六萬噸）。

在勃列日涅夫時期，核武器仍然是蘇聯發展的重點。在發展核武器方面，勃列日涅夫改變了赫魯雪夫只重視戰略核武器而忽視戰術核武器的傾向，不僅發展戰略核武器也發展戰術核武器。在發展軍備方面，勃列日涅夫取得了空前的成功。

一九六四年，蘇聯擁有二百枚陸基洲際導彈、一百三十枚潛艇發射洲際導彈，美國則分別擁有八百三十四枚和四百一十六枚。但到一九七〇年，蘇聯陸基洲際導彈增至一千三百枚，美國則僅增至一千零五十四枚。在核武器方面，蘇聯取得了與美國旗鼓相當的地位。

到了二十世紀八〇年代中期，以蘇軍為主力的華約在歐洲的總兵力高達四百萬，比北約多一百四十萬；裝備坦克二萬六千九百輛，為北約的兩倍；作戰飛機七千餘架，為北約的二點三倍；遠端戰區核武器近一千五百件，為北約的二點一倍。在全面衡量戰略武器的十三項主要指標中，蘇聯有十項居於領先地位。

應該指出的是，勃列日涅夫時期蘇聯對外政策中的進攻性戰略是在美蘇關係「緩和」的背景下展開的。

二十世紀七〇年代初，尼克森上臺後，國際形勢發生巨大變化，對抗時代讓位於談判時代，希望美蘇關係能夠從對抗向合作轉變，企圖通過軍備控制緩和蘇聯發展軍事力量，並以經濟利益促使蘇聯與世界聯在一起，使蘇聯從中得到益處，從而達到軟化蘇聯的目的。美國的「緩和」政策，從總體上說，也符合蘇聯的利益。因此，緩和「政策」在一定程度上得到蘇聯的回應。美蘇在經濟貿易、科學技術等領域加強了聯繫和合作，同時在軍事方面開始了美蘇限制戰略核武器的談判，並簽署了一系列協定。

一九七一年十一月下旬，美蘇雙方簽署了一億三千五百萬美元的商業合同，美國向蘇聯提供採礦等設備，並向蘇聯傳授工藝流程。蘇聯則向美國提供一批有色金屬。

一九七二年美國表示在農產品方面給蘇聯最惠國待遇。七月八日雙方簽定了在三年內，蘇聯向美國購買七點五億美元糧食的協定，為此美國向蘇聯提供五億美元的貸款。

同年七月二十八日，美蘇在莫斯科簽定科技合作議定書，規定兩國在能源、電子電腦、農業等六個領域進行合作。

一九七三年六月三日，兩國簽署了為期二十年的價值八十億美元的化肥貿易協定。五天後，兩國又簽定蘇聯向美國出售價值一百億美元的天然氣協定。

與此同時，勃列日涅夫與美國及西方各國舉行了大量的談判，簽署了一系列的條約和協定。

一九六九年，蘇美開始了限制戰略武器談判。

一九七一年九月，蘇美簽訂了「莫斯科條約」，解決了複雜的西柏林問題。

一九七二年五月，尼克森訪問莫斯科，雙方發表了聯合公報和《蘇美相互關係原則》，簽署了《蘇美關於限制反彈道導彈系統協定》。

一九七三年六月勃列日涅夫訪美，雙方簽訂了《關於進一步限制進攻性戰略武器談判的基本原則》，《蘇美關於防止核武戰爭的協議》，《蘇美關於接觸、交流和合作的總協定》等十二項協定。

一九五七年七月，在芬蘭的赫爾辛基舉行了由三十五國元首和政府首腦參加的歐安會第三階段會議，八月一日簽署《歐洲安全與合作會議最後檔》。中歐、東歐的領土與政治現狀，特別是民主德國得到西方國家的承認，從而使蘇聯實現了其長期追求的一個目標。

不幸的是，由於勃列日涅夫過高地估計自己的力量，過於相信蘇聯的體制，過低地估計美國和西方國家的實力，盲目相信美國推行「緩和」政策是其體制危機和力量衰落的表現，所以蘇聯雖然和美國搞「緩和」但實質上是把「緩和」作為對抗的工具，作為掩蓋自己推行進攻戰略的煙霧彈。結果，正是在「緩和」時期，蘇聯向第三世界的擴張和軍事實力的膨脹都到了瘋狂的程度。

2.從美國方面看

（1）詹森時期

甘迺迪執政時期，儘管美國與蘇聯有激烈的對抗，甘迺迪認為和蘇聯和平共處是最佳選擇。到他執政的最後一年（第三年）軍備控制有了進展，緩和初露端倪，可是在越南問題上卻愈陷愈深。一九五四年，艾森豪提出「多米諾骨牌」理論，認為如果越共佔領整個越南，將導致東南亞和整個亞洲殖民體系崩潰，危及美國在亞洲的根本利益，為此向南越吳庭豔政府提供了十八億美元的援助。為了把南越建設成一個抵制「共產主義威協」的保壘，從一九五五年起，美國開始向南越政權提供經濟和軍事援助。大約從一九五九年開始，美國政府幫助進行反游擊戰，其軍事捲入程度逐漸加深。當年五月，美國政府授權擴大駐越美國軍事顧問的職能，開始參與南越政府軍具體作戰計畫的制定並隨軍諮詢。次年四月，美國政府又決定派三個特種戰爭小組去南越，負責南越軍隊的反游擊戰訓練。

一九六一年一月三十日，甘迺迪決定增加二千八百四十萬美元幫助南越擴充軍隊，並用一千二百七十萬美元裝備和訓練三萬二千名南越保安人員。並決定增派一百名軍事顧問和四百名特種部隊官兵，一九六一年底在越美軍由甘迺迪就職時的八百七十五人增加到三千一百多人。一九六二年二月，美國成立「美國駐越南軍事援助司令部」，直接統一指揮南越軍隊和美國的「特種部隊」，實施所謂「反游擊戰」和「反叛亂」的特種戰爭。美國在南越地區普遍建立「戰略村」，斷絕越南南方民族解放陣線的支持和補給，並實施化學戰。隨後，甘迺迪又決定向越南增派軍隊，一九六三年十月，在南越的美軍達到一萬六千多人。

美國的特種戰爭雖使越南南方的共產黨力量處於困難境地，但都沒有挽回頹勢，到一九六四年六月，百分之八十的戰略村被北方的軍事進攻所搗毀，南部的三分之二領土被越共控制。

詹森在做甘迺迪副總統時，就大力支持擴大美國在越南的軍事行動，他上臺後，不顧多方反對，一意擴大戰爭。一九六五年三月，詹森派出三千五百名海軍陸戰隊員在南越登陸，後又陸續增派部隊，一九六五年底美國軍隊在越南的人數增加到十八萬人，一九六六年底為四十萬人，一九六七年底為四十七萬人，一九六八年達到五十五萬人的頂峰。軍事上的開支在一九六七年至一九六八年越戰高潮期間每天超過一億美元。

（2）尼克森時期

隨著越戰的升級，美軍傷亡人數和軍費開支直線上升，國內的反對聲浪逐漸高漲起來，政府內部的分歧也加深了。國防部長麥克納馬拉反對繼續對北越進行空襲，並於一九六七年底辭職，其他一些內閣成員也相繼掛冠而去。眼看勝利無望，詹森不得不向北越發出和解的呼籲，並放棄謀求連任。

共和黨人尼克森戰勝民主黨候選人韓弗理於一九六九年一月就任美國第三十七任總統。尼克森上臺後，迅速調整了外交戰略。他認為「國際關係中的戰後時期已經結束」，美國面對的是一個新的世界格局：西歐和日本已經恢復了他們的經濟力量、政治活力和民族自信心，美國的經濟實力相對下降，軍事力量也喪失了壟斷地位，政治影響力大大縮小，共產黨世界已經不是鐵板一塊，分裂有可能發展成為對抗。因此，為了恢復美國的實力和信心，保持美國在國際政治中的主導地位和維護美國的國家利益，美國必須同敵手改善關係，以建立一種較少敵意的關係。同時應該從美國的實力下降這個事實出發，重新評價美國同盟友的關係，特別是美國所承擔的安全責任。

為了貫徹自己的戰略構想，尼克森推出了「緩和政策」。所謂「緩和」是相對於國際緊張而言的，「緩和」謀求的是減輕對抗和尋求某些領域。某種程度的有限合作。「緩和」既是美國的對蘇政策，又是這種政策所帶來的美蘇關係的發展進程的和緩狀態。

中國學者劉金質認為尼克森的「緩和」政策主要出於以下幾個目的：第一，建立一種新的國際結構，形成新的國際行為規則。在這個結構中，侵略將受到懲處，克制將受到獎勵。美蘇力爭將政策建立在「溫和而有節制」的原則基礎上，通過協議來建立兩國更加穩定和可以預見的戰略格局。美國認為擺脫同蘇聯的嚴重對立，可集中發展國力，贏得在處理國際問題時的主動權，以維持美國在世界上所處的優勢地位和自由世界的秩序。第二，防止核戰爭的爆發。美國認為，兩個超級大國都面臨著歷史上從未有過的重大問題，核武器的每一個擁有者都能毀滅人類。因此，美蘇之間雖然存在根本的利益衝突，但防止核戰爭、避免核災難是首要任務。

第三，遏制蘇聯的擴張，防止蘇聯把它的軍事力量轉化為政治的擴張，以免影響和損害美國的國家利益。緩和美蘇雙方都有利害關係的那些地區的緊張局勢，同時儘量限制與減少蘇聯在第三世界的擴張，削弱其影響。第四，借助蘇聯走出越南戰爭的深淵。第五，促使蘇聯社會的變化。美國相信「長久和平對蘇聯制度的堅固性的腐蝕作用比我們想像的大得多」。美國想利用「緩和」促使蘇聯密切同外部世界的各種聯繫，加強同西方的經濟與政治關係，進而影響與改變蘇聯國內的價值觀念和社會結構。美國企圖在「緩和」的策略下，和蘇聯的內部問題同希望得到西方的資金、技術緊密結合起來，因而大搞人權外交，支持蘇聯的持不同政見者，批評蘇聯的有關猶太移民等國內政策。第六，在華沙條約組織集團內部進行分化、鼓勵與推行非集團化，鼓勵東歐國家擺脫蘇聯的控制，增大蘇聯在東歐進行統治的政治難度。第七，尼克森指望通過緩和美蘇之間的緊張關係，加強合作，共同解決世界面臨的問題。節制衝突與危機，維持能源的正常供應，確保適當的經濟增長，為日益增加的人口提供食物，保護環境，合理開發海洋資源，提高人們的生活品質。

尼克森在推行緩和政策的過程中，有時也使用強硬手段。為了體面地從越南撤出，壓河內坐在談判桌前，美國把戰火燒到了柬埔寨和老撾，並派B－五二重型轟炸了河內地區。

在一九七〇年發生的西恩富戈斯「危機」中，尼克森政府的態度也很強硬。一九六二年古巴導彈危機後，美蘇圍繞古巴的鬥爭從未間斷，而是時起時伏，蘇聯支持古巴對抗美國，美國通過遏制古巴來遏制蘇聯在西半球的滲透與擴張。一九七〇年美國發現蘇聯有在古巴一個名叫西恩富戈斯的港口建造永久性海軍基地的嫌疑。基辛格約見蘇駐美大使多勃雷寧，明確無誤告訴他西恩富戈斯的潛艇基地不能保留。美國在必要時會採取其他措施包括公開的措施。面對美國的強硬立場，蘇聯做出了讓步。不少學者認為尼克森的「緩和」政策是失敗的，因為未能實現軟化蘇聯的初衷。筆者認為「緩和」並不排除對抗，而不過是使對抗在一種和緩的形式下進行而已。尼克森的「緩和」政策的實施確實沒有達到軟化蘇聯的目的，但還是對蘇聯的體制造成了壓力，並為以後雷根時代的「新冷戰」打下國內和國際基礎。

尼克森在推行緩和政策中取得了兩大成果，一是使美國從越戰的泥潭中拔出身來，甩掉了一個大包袱，為日後的國內經濟振興留下了餘地，或者說為雷根重振美國經濟作為冷戰基礎創造了可能性。二是打開多年冰封的中美關係，聯中抗蘇，「打中國牌」，這不僅使蘇聯的壓力增大，而且掌握了戰略主動權。

（3）卡特時期

福特在一九七四年八月接替尼克森擔任美國總統後，在處理美蘇關係時，可以說是蕭規曹隨。一九七七年一月，卡特當選美國第三十九任總統，卡特是繼威爾遜以來理想主義色彩較濃的美國總統，執政前三年在美蘇關係上，雖然繼續奉行尼克森推行的「緩和」政策，但卻亦有他自己的特色——人權外交。卡特的人權外交主要是以人權為武器，取得意識形態方面的優勢，擴大蘇聯及衛星國的內部矛盾，促使其「和平演變」。這一招尼克森政府也曾用過，只不過卡特更重視而已。

一九七七年一月二十七日，美國國務院發表聲明，公開讚揚蘇聯持不同政見者、諾貝爾獎獲得者薩哈羅夫，指責蘇聯政府剝奪他發表意見的權利，是違背「有關人權問題所公認的國際準則」。

同年二月五日，卡特總統親自覆信薩哈羅夫，對其表示堅決支持。

同年三月二日，美國參議院不顧蘇聯的抗議，以九十二票對零票通過了一項反對蘇聯侵犯人權的決議。同年十一月，國務卿萬斯就蘇聯表示要對持不同意見者夏蘭斯基實行嚴厲懲處一事會晤蘇聯駐美大使多勃雷寧，表示關注。

一九七八年七月二十五日，美國以蘇聯政府審訊夏蘭斯基等人為由，推遲美國高級官員去蘇聯訪問。同時還呼籲聯合國人權委員會對蘇聯進行調查。

卡特為了在第三世界推行人權外交，在國務院下面專門成立了一個人權問題特別工作局，每年就各國人權問題提出報告，用來作為美國制定援助計畫的參考。卡特政府公開譴責南非的種族主義和烏干達獨裁者阿明政權的暴虐統治。取消或削減了對一些軍人獨裁政權的軍援。

一九七八年卡特政府派遣布熱津斯基來華祕密磋商，為中美關係實現正常化鋪平了道路。一九七九年一月一日美中兩國正式建立外交關係。卡特的這些舉措改善了美國在國際社會中的形象，增強了其抗衡蘇聯的政治和道義力量，燃起了蘇聯東歐國內反對派的希望，堅定了他們鬥爭的信心。

一九七九年十二月二十七日，蘇聯入侵阿富汗，卡特政府做出強烈反應：首先，積極爭取國際合作，抵制蘇聯的侵略行徑，十二月二十八日卡特開始同一些外國領導人進行磋商，這些領導人除了歐洲盟國外，還包括鐵托、齊奧塞斯庫及巴基斯坦的齊亞總統。接著美國開始在聯合國譴責蘇聯的軍事干涉。一九八〇年一月五——七日聯合國安理會召開緊急會議，要求外國軍隊立即無條件撤離阿富汗，安理會有十三票（共十五票）贊同美國對蘇聯的譴責提案。十四日聯大以一百零四票對十八票通過譴責蘇聯侵略的決議。其次，召回大使，通知參議院推遲審核第二階段限制進攻性戰略武器條約。最後，實行全面的制裁。主要措施包括：停止已達成的文化與經濟交流；削減蘇聯在美國水域捕魚特權；嚴格限制向蘇聯出口可能用於軍事範圍的高技術項目；實施部分糧食禁運；向巴基斯坦提供軍事和經濟援助；要求美國運動員抵制將於一九八〇年在莫斯科舉辦的奧運會。

一九八〇年一月二十三日，卡特在國情咨文中發出警告：「任何外來力量企圖控制波斯灣的嘗試，將被視為對美國重大利益的侵犯，這種侵犯將遭到包括軍事力量在內的一切必要手段的回擊」。顯然美國決定運用國家意志、外交與政治智慧，領導世界其他國家，做出經濟犧牲和使用軍事力量來回擊蘇聯的挑戰。這就是所謂的「卡特主義」。

「卡特主義」的推出，標誌著美蘇緩和走向終結。

（4）雷根時期

二十世紀七〇年代的美國，不僅經濟處於持續衰退之中。軍事上也處於守勢，而且國人對政府失去信心，對前途悲觀失望。窮則思變，美國的保守主義重新抬頭，一九八一年把以保守著稱的雷根推上了美國第四十任總統的寶座。

雷根強烈反共。五〇年代初，麥卡錫主義甚囂塵上時，他曾作為「友好證人」到眾議院非美活動委員會作證，「揭露共產黨的陰謀」，因而受到保守派的讚揚。

雷根上臺後，對卡特的對蘇政策進行了嚴厲的批評，「美國作為一個超級大國的作用和自由世界的領袖撤退，這是愚蠢的，站不住腳，也是危險的」。他認為卡特不但猶豫不決，毫無效力，而且沒有考慮如何應付由蘇聯行動引起的緊急情況，往往是先感到吃驚，然後做出錯誤決定，採取錯誤的行動，由於卡特向蘇聯發出膽怯和矛盾的信號，致使美國的國家安全和信譽遭到損害。

雷根認為在緩和年代，蘇聯對美國構成了根本的危脅，主要是：第一、蘇聯以前所未有的速度進行軍事建設，蘇聯的軍費開支在過去二十年中一直以年均百分之四至百分之五的速度增長。相反，美國在緩和年代軍費開支卻在減少。結果，在美蘇對抗中，蘇聯佔據了優勢。更嚴重的是，蘇聯對使用武力作為一種政策工具的嗜好日益增長，並且有決心有信心把這種力量作為推行自己外交政策的工具與手段，利用這些力量來改變世界上的政治地圖。第二、蘇聯用武力介入世界不穩定地區的做法是世界不得穩定與安寧的主要根源，是對世界和平和美國全球利益的嚴懲挑戰與威脅。第三、蘇聯試圖把自己的模式強加給別的國家，特別是東歐盟國和一些第三世界國家。第四，蘇聯無視國際法準則拒不履行聯合國世界人權宣言和歐安會赫爾辛基最後檔關於人權的條款，破壞踐踏蘇聯公民的人權。反對個人自由、不允許自由交換資訊、不准自由移民。第五，蘇聯利用它的物質手段和輿論工具進行意識形態戰，指責、批評美國的價值觀與政策。雷根強調對於蘇聯給美國及世界帶來的嚴重威脅必須予以堅決回擊。蘇聯雖然咄咄逼人，四面出擊，但卻在政治、社會、經濟等方面陷入全面停滯，美國完全有機會重整旗鼓，戰勝蘇聯。

有意思的是，在大多數美國知識份子眼裡是個先天性白癡的雷根，卻令人驚訝地對蘇聯政府的弊端做出了正確的估價。在雷根眼裡，蘇聯體制是一種荒謬的畸變行為，他認為蘇聯正在發生一場重大的革命危機——一場對於經濟秩序的需求正在與政治秩序的需求發生直接衝突的危機。他認為蘇聯雖然在全球事務和軍事方面野心勃勃，但面臨著國內經濟與資源方面難題，蘇聯被這個致命的矛盾撕破了。如果施加足夠大的壓力，蘇聯將不可避免地走向崩塌，因此美國必須利用蘇聯的弱點，以確定美國的優勢。最重要的是把對蘇聯的判斷轉變為政策落實為行動。

要達到拖垮甚至摧毀蘇聯的目的，必須以實力為後盾，所以雷根從上臺開始就把主要精力放在振興經濟上，以達重振國威的目的。主要採取全面減稅、控制和減緩公共消費的增加，削減聯邦政府開支，縮減聯邦預算以及控制貨幣供應量的增長速度等措施。一九八一年八月，雷根簽署了一項法案，決定在三年內將所得稅全面減少百分之二十五，這實際成了美國經濟復興和繁榮的催化劑。從一九八二年下半年開始，美國政府推行高赤字、高利率、高美元匯率的「三高」政策，以刺激經濟恢復發展，結果儘管有政府赤字增大，逆差增加和債務增多（成為債務國）這三大副作用，但美國一九八三年的國民生產總值實際增長百分之三點六，一九八四年增長幅度達百分之六點五，達到了近三十年來最高的增速。此外，兩年中還提供了七百三十萬個就業機會。

雷根在振興國力的同時，開始「重振軍威」。雷根政府不惜血本，把軍費開支提高到空前的水準。根據美國官方公布的材料，一九八一——一九八五財政年度，美國的軍費開支分別是：一千五百七十五億一千兩百萬美元、二千一百三十七億五千萬美元、二千三百九十四億七千萬美元、二千五百八十一億五千一百萬美元、三千零五十億美元，五年合計一兆一千七百三十八億八千三百萬美元。並計畫一九八六－一九九〇財政年度軍費總開支增加為二兆美元。這是史無前例的最高水準。第二，加速核武器的現代化。雷根政府提出了耗資一千八百零三億美元的戰略核力量的現代化計畫。一九八一年八月雷根下令生產和貯存中子彈，次年恢復中斷了十三年的化學武器生產。第三，制定新靈活反應戰略，側重打常規戰爭和「低烈度戰爭」。「低烈度戰爭」是指除核戰爭和大規模常規戰爭之外的戰爭，包括世界各地所有的內亂、內戰、游擊戰、特種戰爭、恐怖活動和反恐活動等等。新靈活反應戰略的特點在於：把重振國威和軍威結合起來積極擴軍，採取進攻態勢敢於同蘇聯進行直接對抗；把報復的目標集中於敵方的軍事目標、軍政首腦系統、指揮和通訊系統；重點是對付蘇聯在第三世界的侵略與擴張，以軍事力量為主時，同時借用一切可以利用的方式和方法，例如以「民主」、「人權」、「自由」為武器打擊蘇聯集團，把戰略防禦作為核威懾的重要組成部分，強調削減進攻性戰略武器的談判，減少核戰爭的危險性。第四，提出和實施戰略防禦計畫，同蘇聯開展軍事、經濟和技術戰，最終在全世界擊退並拖垮蘇聯。

雷根政府的重振國威和軍威的國策，取得了明顯的效果，提高了政府在民眾中的威信，也增強了政府和民眾的信心。

在此基礎上，雷根政府開始實施它的對蘇戰略，和蘇聯展開了全面的對抗。

首先，支援波蘭的團結工會，製造華約組織的分裂。一九八〇年八月十四日，波蘭城市格但斯克列寧造船廠工人舉行罷工，提出了建立「自由工會」的要求，九月二十二日，波蘭團結工會成立，宣稱其目的在於建立一個世界觀、社會、政治和文化多元化的自治共和國。顯然團結工會的成立不僅是對現行政權的抗議，也標誌著有組織的改變現行政權的活動已經開始，勃列日涅夫從開始就將團結工會視為一個將蘇聯集團置於「不穩定」的「危險之中」的「傳染病毒」，欲除之而後快。一九八一年三月十七日至四月七日，華約舉行代號為「聯盟——八一」

的陸、海軍聯合軍事演習，意在恫嚇波蘭政府和團結工會。勃列日涅夫在揮舞大棒的同時，也拿起了胡蘿蔔，答應延緩波蘭償還債務並增加原料和消費品的供應。從一九八〇年八月到一九八一年八月，蘇聯向波蘭提供了四十五億美元的援助，並且還增加了諸如石油、天然氣和棉花等生活日用品的供應。

波蘭出現的動盪，對雷根政府來說是如獲至寶。雷根希望在波蘭發生的事情，可能會像傳染病毒一樣蔓延到整個東歐。雷根政府一邊警告蘇聯不要輕舉妄動，動用空軍向蘇聯示威，一邊費盡心機地支持團結工會。首先，敦促國際銀行機構要求波蘭政府立即償還約二十七億美元的貸款；說服西歐盟國採取一致立場，把波蘭經濟和政治變革作為提供貸款的先決條件。其次，美國同意向波蘭提供七億四千萬美元的援助，並嘗試進而拉攏波蘭擺脫蘇聯。

在美國政府公開支持團結工會和壓波蘭政府改革的同時，中央情報局也在幕後與團結工會建立祕密關係。首先，通過美國勞工組織勞聯——產聯（ＡＦＬ－ＣＬＯ）與波蘭團結工會取得聯繫，以獲得有關波蘭內部局勢的第一手資料。勞聯——產聯一直向團結工會提供建議、培訓和財政支持，並曾通過西歐的工會組織，向團結工會提供技術與專業知識的援助；其次，同團結工會的領導人建立直接的聯繫；再次，允許團結工會在紐約曼哈頓開設新聞辦事處。

十二月三十一日波蘭宣布實施軍管，團結工會遭到鎮壓。雷根政府馬上採取了一系列挽救團結工會和制裁波蘭政府的措施。第一，同團結工會的殘存力量建立聯繫，提供各種幫助。美國全面啟用勞聯——產聯、法國的「外國情報與反間諜署」，甚至不惜違背「美國之音」章程，通過廣播向團結工會的地下組織發送情報。美國每年向團結工會提供八百萬美元的資金援助，通過歐洲公司帳戶轉入波蘭，進入團結工會手中。中央情報局還在以色列情報機構的幫助下，通過瑞典中轉，把團結工會急需的通訊設備祕密送到團結工會的安全隱蔽地。在中央情報局的幫助下，團結工會不僅緩過勁來，而且開始出版和發行地下印刷品，組建了自己的電臺，進一步積蓄自己的力量。第二，對波蘭進行經濟制裁，其主要措施是：美國進出口銀行停止向波蘭提供信貸；凍結波蘭在美國的財產；停止波蘭在美國水域內捕魚權以及進一步限制高新技術向波蘭出口；暫停給予波蘭貿易最惠國待遇，使波蘭向美國出口的關稅增長了百分之三百至百分之四百，從而把它們擠出美國市場；制定控制波蘭經濟的計畫，以便把本來就不健康的波蘭經濟澈底搞垮。第三，把矛頭對準蘇聯，通過打擊波蘭經濟把蘇聯乃至東歐推入金融危機的深淵。據波蘭政府的一項估計，經濟制裁給波蘭造成損失達一百二十億美元。

第三，大力支持阿富汗游擊隊，反抗蘇聯的入侵。雷根上臺後，中央情報局長凱西提出一個新思想：蘇聯及其代理人正在到處吞食美國的盟友，他們幾乎在各大洲擴張他們的勢力，因此，美國需要在資金與政治方面支持反對蘇聯和共產主義的鬥爭，如果美國能使蘇聯耗費足夠的資源，那麼這個體制就可能產生裂縫。從這個意義上說，美國需要半打的阿富汗。這個思想變成了「雷根主義」的核心，即要把第三世界共產主義擴張的勢力阻擊回去。

對阿富汗反蘇游擊隊的大力支持，是實施雷根主義的一個典型。美國費盡心機，拉攏巴基斯坦使其成為阿富汗游擊隊的後勤供應基地，通過巴基斯坦將戰爭物資源源不斷地供給抵抗組織。美國每年大約提供一億美元的援助。為了避免輿論譴責，許多武器是用沙烏地阿拉伯的錢在國際市場購買的；還有一些武器是中國、埃及、以色列和英國捐助的。

為了提高游擊隊的戰鬥力、有效打擊那些能讓蘇聯獲得經濟和軍事好處的目標，美國中央情報局在巴基斯坦當局的幫助下對阿富汗游擊隊進行了大規模的培訓。從一九八五年開始，每年有二萬名游擊隊戰士從培訓學校畢業，他們學習的課程包括反坦克炮、高射炮、佈雷、掃雷、破壞、巷戰以及高科技武器的使用。在美國的幫助下，游擊隊使用了新式無線電通訊系統，通過新式通訊設備，接收中央情報局和巴基斯坦官員在邊境發來的情報和指示。而這些情況和指示是由美國衛星收集後經情報分析人員處理發送的。有了美國提供的準確情報，阿富汗游擊隊的戰果迅速擴大。到了一九八六年美國還向阿富汗游擊隊提供了當時世界上最好的防空導彈——「毒刺」導彈，這種導彈連美國的盟國都沒有。結果使游擊隊的戰鬥力大幅度提高，不斷地給蘇軍以沉重打擊。不僅如此，雷根政府還鼓勵阿富汗游擊隊把戰爭引入蘇聯的中亞地區，發動一場政治心理戰，煽動民族主義，製造內部分裂。當然在這方面，美國怕把事情鬧大有點縮手縮腳。與此同時，在阿富汗問題上，美國還加強與中國的情報和戰略合作。

除了阿富汗外，美國還在亞太、中東、非洲和中美洲及加勒比地區推行雷根主義。在亞太、美國利用美日和美韓同盟以及同其他（比如東盟）國家的特殊關係，加強軍事協調與合作，並充分利用同中國合作的優勢，有效地抗衡蘇聯；在中東、美國同以色列結成戰略同盟，擴大同溫和的阿拉伯國家，比如埃及、約旦、沙烏地阿拉伯、阿曼、土耳其以及巴基斯坦之間的合作，力促阿以和談進程，以達到遏制蘇聯及其他激進國家影響的擴大，維護波斯灣地區石油輸出暢通的目的；在非洲，美國除加強同南非的關係外，還籠絡埃及、蘇丹、索馬里、肯雅、突尼斯、摩洛哥等國。雷根政府給絕大多數的非洲國家提供了援助，僅一九八二年接受美國經濟援助的非洲國家多達四十六個。此外，在安哥拉，美國支持安盟對抗「安人運」政府，用經援爭取莫三比克以削弱蘇聯的影響；在拉丁美洲，雷根政府想方設法扼殺親蘇的尼加拉瓜桑地諾政權，支持薩爾瓦多政府進攻受到蘇聯和古巴支持的游擊隊；在加勒比地區，雷根政府於一九八三年十月二十五日，出動七千名士兵並會同牙買加等六個勒比國家的軍隊共同入侵格林伍德，推翻了受到蘇聯支持的政權。

第四，和蘇聯打經濟戰。嚴重地傷害對蘇聯的經濟，這個問題我們將在第六章詳細分析。

第五，用「星球大戰」計畫拖垮蘇聯。一九八三年雷根在電視演說中提出了著名的戰略防禦計畫（俗稱「星球大戰」）。其核心是對美國實施進攻的戰略彈道導彈在達到美國國土之前進行攔截和摧毀，以求消除戰略彈道導彈的威脅。按雷根政府的國防部長溫柏格的說法，戰略防禦計畫的提出標誌著美國的核戰略正從「相互確保摧毀」轉變為「相互確保生存」，該計畫可望建立一個共同生存的穩定世界，符合道德觀念。

雷根政府的大多數高級官員認為，雷根之所以要堅定不移地實施戰略防禦計畫，除要改變美國的核戰爭學說外，更重要的目的是要改變軍事技術競爭的條件，對蘇聯經濟造成更大的壓力。

為了應付美國星球大戰計畫的挑戰，蘇聯不得不把更多的資源轉到高技術軍事部門。美國學者U・R・阿本對此指出，戰略防禦計畫給蘇聯經濟方面帶來的額外負擔是如此沉重，以致戈巴契夫上臺後不得不採取戰略上的收縮。

第六，繼續以人權為武器從道義上打擊蘇聯。一九八三年雷根在講話中稱蘇聯是「罪惡的帝國」和「現代世界罪惡之源」。為了「維護人權與推進民主化進程」，美國國會撥款六千五百萬美元，建立新的「民主專案」，以支持海外自由工會和政黨的鬥爭，加強「美國之音」、「自由歐洲電臺」，組建新的對古巴的馬丁電臺。

五、勃烈日涅夫之後的美蘇對抗

雷根第一任期的最後一年，美蘇關係從僵持對抗的緊張中走向鬆動。同年二月，安德羅波夫去世，雷根趕緊向新上任的蘇聯領導人契爾年科投之以桃。「在這個核時代，生活迫切需要我們相互對話，討論我們之間的分歧和尋求導致解決我們分歧的問題」。而契爾年科對雷根報之以李，對前來參加安德羅波夫葬禮的美國副總統布希說「雙方不是天生的敵人」。隨後，美國真的送給了蘇聯一些禮物，比如，美國批准向蘇聯出售四千萬美元的鑽井潛水泵，取消蘇聯在美國海域捕魚的禁令，允許蘇聯每年在美海域捕魚五萬噸。六月二十七日，雷根提出在文化、農業、經濟、環境、衛生、住宅、空間救護等二十多個領域的合作，延長雙邊技術協定的有效期限。

蘇聯也想改善美蘇關係，九月二十六日，葛羅米柯和雷根在白宮進行了三個小時的會晤，提出了今後幾年的議程安排。十一月雷根當選連任，蘇聯致電祝賀。

一九八五年一月，美國國務卿舒爾茨和蘇聯外長葛羅米柯在日內瓦進行了十五個小時的會談，開啟了美蘇之間的新對話。雙方都做出了重大讓步：蘇聯在沒有提出停止在歐洲部署戰區導彈等先決條件的情況下，重新回到談判桌前。美國則同意將戰略核武器、歐洲中程核武器包括反衛星武器以及美國戰略防禦計畫在內的空間武器等三場談判聯繫在一起。雙方約定一九八五年三月十二日開始上述問題的談判。

一九八五年三月十一日，戈巴契夫接替去世的契爾年科擔任蘇共總書記，布希副總統在出席契爾年科的葬禮時向戈巴契夫遞交了雷根邀請他訪美的信件，戈巴契夫欣然接受了邀請。戈巴契夫上臺時，僵化的體制、長期的軍備競賽已使國內問題堆積如山，因此，他在內心深處已經摒棄通過軍備競賽獲得「對帝國主義的勝利」，並且懂得，如果不停止軍備競賽，那麼任何國內任務都解決不了。

十一月一九——二十日，戈巴契夫在日內瓦舉行了自阿富汗事件以來美蘇首腦的首次會晤，雙方在軍備控制、地區衝突、雙方關係和人權問題等領域進行了廣泛的討論。儘管沒有達成任何實質性的協定，但為美蘇進一步對話打開了大門。

儘管雷根調整了對蘇政策，用對話代替對抗，但並未忘記對蘇聯的遏制。

一九八六年美國對第三世界的軍援撥款增加到歷史新高——九十七億美元。這些錢主要用來支持親西方的力量打擊親蘇勢力。一九八六年的三、四月份，美國發動了「低烈度戰爭」，連續兩次襲擊利比亞的軍事目標及領導人卡紮菲的住地，其目的是打擊蘇聯在非洲的勢力；在政治上推行「地區民主化」政策，鞏固和擴大美國的勢力範圍，例如，當海地的杜瓦利埃和菲律賓的馬科斯的獨裁統治在本國的民主風暴中搖搖欲墜時，儘管他們是美國的長期盟友，但雷根還是迫使他們和平交權，這既把「民主勢力」納入了美國陣營，又防止了蘇聯勢力的侵入。

雖然雷根不忘對蘇聯進行遏制，但戈巴契夫還是繼續推行和美國改善關係的政策，並把它作為其對外政策的首要任務。一九八六年九月底，戈巴契夫提議在冰島首都雷克雅維克舉行美蘇首腦會晤。十月十一至十二日，兩國首腦舉行了會晤。這次會晤雖然在太空武器和停止核子試驗上沒有取得進展，但是在削減戰略核武器和歐洲中程武器上達成了意向性協議，雙方統一把各自的進攻性戰略武器削減百分之五十。更重要的是，此次會晤在一定程度上克服了雙方歷史上形成的互不信任的心理障礙，第一次看到了希望的曙光。

一九八七年，進入了戈巴契夫改革的第二個年頭，「加速戰略」破產，經濟形勢不妙，為了減輕經濟壓力，戈巴契夫急於尋求外交突破，創造和平環境。一九八七年十一月，戈巴契夫出版了《改革與新思維一書》，對蘇聯外交「新思維」作了進一步的全面闡述。

概而言之，「新思維」一方面提出「全人類的價值高於一切」，「全人類的生存高於一切」，「全人類的利益高於一切」，應當「把社會的道德論裡標準作為國際政治的基礎，使國際關係人性化、人道主義化」。另一方面，「新思維」指出「核戰爭不可能成為達到政治、經濟、意識形態及任何目的的手段」。因此，通向安全的唯一道路是政治解決道路，對話是實現政治解決的基本手段；安全的唯一基礎是承認各國人民和各個國家的利益，承認各國人民有權選擇自己的社會發展道路和國際生活中一律平等的原則；軍備競賽本身就是和平的敵人，因此各國應著手進行裁軍。同時，承認蘇聯在處理兄弟黨、國家關係中犯過錯誤；強調社會主義體系中沒有中心、沒有固定模式；主張各國黨獨立自主，有權根據本國情況自立解決問題。

一九八七年十二月七至十日，戈巴契夫與雷根在美國簽署了《美蘇消除兩國中程導彈和中短程導彈條約》（簡稱《中導條約》），條約規定兩國消除部署在歐洲的一千多枚中程和中短程導彈。一九八八年五月二十九日至六月二日，美國總統雷根訪問蘇聯，雙方簽署了有關軍備控制、雙邊關係等九個協定，互換了蘇美中導條約批准書。

美蘇關係逐步走向緩和的同時，戈巴契夫在蘇聯軍事戰略上進行了重大調整，主要是在戰略理論上把以往的進攻性改為防禦性。在軍備問題上，提出「合理足夠」的原則。在裁軍問題上，從重點準備和爭取打贏核戰爭轉向重點防止核戰爭和核威脅。

由於戈巴契夫把蘇聯的軍事戰略從擴張改為收縮，從國外撤軍就變得順理成章了。一九八八年四月十四日，在美蘇主導和聯合國的調解下，巴基斯坦政府和喀布爾政權在日內瓦就政治解決阿富汗問題最終達成協議。一九八九年二月十五日，最後一批侵阿蘇軍返回蘇聯。阿富汗問題的解決進一步改善了美蘇關係。

應當指出的是，蘇聯雖然改變了對外擴張的軍事戰略，但並未放鬆對常規戰爭的準備，在積極研製和部署新一代戰略核武器的同時，蘇聯極為重視發展高精度的常規武器。

在與美國緩和關係的同時，蘇聯也大力調整與西歐各國的關係。蘇聯和歐洲領導人頻繁互訪，雙方關係迅速升溫，西歐一些國家不僅在經貿關係上和蘇聯熱絡了起來，而且在軍事領域也開始了和蘇聯的接觸與合作。

戈巴契夫的外交是全方位的，在改善和歐美關係的同時，蘇聯也改善了與亞太國家的關係。其中最為矚目的是蘇中關係的正常化。戈巴契夫上臺後積極改善蘇中關係，逐步消除了改善蘇中關係的「三大障礙」：即蘇聯應當從中蘇、中蒙邊境撤軍；從阿富汗撤軍；停止支持越南侵略柬埔寨，解除對中國安全造成的威脅。一九八九年五月一五至十八日，戈巴契夫對中國進行了正式訪問，雙方發表了《中蘇聯合公報》，蘇中關係正常化最終實現。

隨著美蘇問題逐漸緩和，美國的對蘇政策也在發生著變化。一九八九年五月十二日，美國總統布希在德克薩斯農業和機械大學發表講話，正式提出了對蘇聯的「超越遏制」新戰略。這個新戰略的實質是不僅僅要遏制蘇聯的擴張，而是要鼓勵蘇聯朝著「開放社會」演進，同過去的政策澈底決裂，融合到國際社會中來。

從某種意義上說，戈巴契夫迎合了布希的「超越遏制」戰略。在德國問題上從堅決反對德國統一到贊同統一，甚至同意統一後的德國加入北約；在華約問題上，蘇聯單方面建議解散華約，這實際上等於在歐洲放棄了和美國之間的對抗。

一九九〇年八月二日，伊拉克軍隊侵佔了科威特，引發了海灣危機。雖然蘇聯並不贊同美國動用武力，但戈巴契夫和布希在兩次會晤後發表的聯合公報中，沒有提出反對美國動武的意見。一九九一年七月底到八月初，最後一次美蘇首腦會議在莫斯科舉行，這次會談討論是蘇聯的政治經濟形勢，重點是西方國家如何幫助蘇聯渡過危機。

至此，美蘇對抗徹底結束。

第五章 對抗的後果：進一步僵化

美蘇之間的長期對抗不僅極大的傷害了蘇聯的經濟，使其背上了沉重的軍費負擔，更重要的是，它促使蘇聯形成了高度集中的計劃經濟體制並導致了蘇聯經濟的高度軍事化，這必然使得蘇聯政治體制上的集權更加明顯。

十月革命後，美蘇雙方都把對方視為洪水猛獸，這不能不強化布爾什維克黨對資產階級意識形態的批判。雖然列寧時期的美蘇對抗主要表現在意識形態上的針鋒相對，還沒有對蘇聯的政治體制產生很大衝擊，但是已經使它顯露出走向僵化的苗頭，主要表現在廢除多黨制和取消新聞出版自由。實行一黨制後，黨內民主沒有建立起來；廢除新聞出版自由後，輿論監督功能喪失。史達林時期的農業集體化、工業化運動，包括大清洗都有美蘇對抗的背景。戰後的意識形態批判運動和政治清洗運動，包括東歐國家的清洗運動，都有美蘇對抗因素在起作用。這些運動都促使蘇聯的政治體制趨向僵化。

作者認為美蘇對抗使蘇共難以把握修復其僵化政治體制缺陷的時機。從二戰結束到史達林去世，蘇共獲得了不止一次修補其僵化政治體制缺陷的機遇。赫魯雪夫的改革對僵化的政治體制發起了衝擊，也確實一度使政治體制的僵化有所鬆動，但由於美蘇對抗，特別是波匈事件、U－二飛機事件和一九六八年的布拉格之春等事件造成的緊張局勢，使蘇聯領導人的認識發生了變化，過高的估計了形勢的嚴重性，加強了對國家和社會的控制，放緩甚至中止了政治體制改革的過程，一再失去扭轉其政治體制發展方向的機會。不僅如此，長期的對抗導致蘇聯人民的生活水準長期落後於美國為首的西方國家，最終使人民在失望當中動搖了自己的政治信仰。

一、經濟體制的僵化

前面說過，列寧去世後，布哈林堅持列寧晚年的社會主義經濟建設思想，主張繼續搞新經濟政策，而史達林主張中止新經濟政策，雙方圍繞著工農業發展道路和速度問題展開了激烈的爭論。布哈林認為應重視發展個體經濟，使合作化建立在個體經濟的基礎上；工業的發展應依靠農業的發展，只有在農業迅速增長的基礎上才能長期保持國民經濟的最快速度，相反，通過「榨取」農民來支持工業發展，而工業內部重工業和基本建設的投資又過大、日用輕工業發展緩慢的情況最終會減慢發展速度。現在看來，布哈林的這些主張基本上都是正確的。它們之所以沒有被蘇共領導層所接受，除了史達林大權在握外，蘇聯當時處於資本主義國家包圍之中的形勢也是重要原因。

史達林戰勝布哈林後，蘇聯開始了政治、經濟、思想、文化和對外政策等方面的「大轉變」。經濟上的大轉變主要是在高速工業化運動和以普遍建立集體農莊為內容的全盤集體化運動。在高速工業化的過程中，由於史達林教條主義地對待資本主義，高估了資本主義包圍的危險，使蘇聯走上了忽視輕工業和農業，突出重工業特別是軍事工業的畸形發展道路，並建立起了高度集中的計劃經濟體制，使國民經濟嚴重失衡。更為嚴重的是，這種優先發展重工業的觀念，成了幾代蘇聯領導人的思維定式，給蘇聯的經濟改革造成了嚴重的阻礙。二戰勝利後，滿目瘡痍，百廢待舉，飽受戰爭折磨的蘇聯人渴望美好的生活，社會上和領導層裡都出現了調整經濟結構、著力發展日用輕工業品和農產品的呼聲。時任部長會議副主席、國家計劃委員會主席沃茲涅先斯基試圖進行經濟結構方面的調整，結果受到了馬林科夫等人的攻擊，在一九四九年初的列寧格勒案件中，成為了史達林的刀下之鬼。

史達林去世後，馬林科夫繼任，當時蘇聯國民經濟結構失衡已經很嚴重了，一九二九年至一九五二年，蘇聯在重工業和運輸業上的總投資是八千三百一十億盧布，而用於輕工業僅七百二十億盧布。後者不足前者的十分之一。曾經就此問題狠捅過沃茲涅先斯基一刀的馬林科夫，此時倒和沃茲涅先斯基一樣想改變這一不合理狀況。他在一九五三年八月召開的蘇聯最高蘇維埃第五次會議上提出，改變失衡的國民經濟結構，調整農業、輕工業、重工業三者之間的關係，用對重工業一樣的重視，一樣的發展速度發展輕工業。這樣，「就能夠順利地實現我們的首要任務——確保進一步增進工人、集體農民、知識份子和全體蘇聯人民的物質福利」。

但馬林科夫的正確主張，卻成了赫魯雪夫打擊他的把柄。一九五五年一月《真理報》發表文章，強調加強國防建設，發展重工業的重大意義，指責馬林科夫為「馬克思主義的庸俗分子」；赫魯雪夫對馬林科夫的抨擊更加嚴厲：「這種見解只不過是對黨的誹謗，是右傾的復活，這是列寧主義敵對觀點的復活，當年李可夫和布哈林那一夥人就曾宣傳過這種觀點」。並指出如果實行這種主張就會破壞蘇聯的經濟力量，削弱蘇聯的國防力量，大大危害共產主義建設事業。馬林科夫百口難辯，在辭職聲明中承認了他關於工業發展觀點上的錯誤，不得不說：「進一步加快發展重工業是唯一正確的方針」。

戈巴契夫作為思想活躍的年輕領導人，思想上仍然沒有擺脫優先發展重工業的窠臼，他上臺後第一個經濟改革舉措就是「加速發展戰略」。前邊已經說過這實際上是重蹈優先發展重工業的覆轍。戈巴契夫後來反思到「改革開始從重工業——機器製造業出發，而未從農業、輕工業、食品工業出發，那樣就給人民實惠多一些，就可以鞏固改革的社會基礎」。

對抗極大的傷害了蘇聯的經濟，使政治生活出現軍國主義化的傾向（軍費、打經濟戰）。蘇聯自建國以來，沉重的軍費負擔一直在制約著經濟的發展。在二次大戰中，蘇聯取得了軍事上的勝利，但是經濟上損失是驚人的。二戰結束後，西方國家都進行了軍轉民，蘇聯其實也獲得了這樣一個機會。但是因為史達林的冷戰意識，蘇聯在經濟體制轉軌和從軍工產品轉為民用品生產方面都沒有實現軍轉民。一九五〇年，蘇聯軍事開支占國民收入的比重達百分之二十，再加上國民收入的近百分之一點二用於發展原子彈和火箭技術等方面，戰後第一個五年計劃時期的軍事開支吞沒了近四分之一的國民收入。為了儘快造出原子彈，蘇聯加大了科研投入。一九五一年－一九五五年，蘇聯用於原子工業的科研、設計試驗基地和導彈技術的科研中心、設計試驗機構的建設花費了六百四十八億多盧布（按一九五〇年價格計算）。

赫魯雪夫上臺後，提出了「一切為了人，為了人民的福利」的口號，對軍隊進行了裁減，軍費占國民收入的比重也有所下降，從一九五三年到一九六〇年國防部的開支在國家預算中所占的比重從百分之三十一點二降到百分之十一點一。可好景不長，從一九六〇年以後，蘇聯開始大量生產導彈和導彈核武器，同美國的軍備競賽又進入了新的階段。結果在一九五六年－一九六五年的十年間，「骨幹」軍事工業的數量增加了百分之五十，其工人數也增加了百分之五十多，按可比價計算，其總產值增加了二十一倍。

勃列日涅夫時期蘇聯與美國爭奪第三世界並大力擴軍備戰，結果使雷根政府和蘇聯展開了全面的對抗，包括和蘇聯打經濟戰。一九八一年十二月二十九日，雷根宣布對蘇聯實行經濟制裁，其主要措施有：暫停蘇聯航空公司對美國的一切飛行業務；關閉設在紐約的蘇聯採購委員會；暫停頒發和暫停延續向蘇聯出口的電子設備、電腦以及其他高級技術物資的許可證；推遲舉行簽訂新的糧食協定的談判；暫停新的美蘇海運協定的談判；暫停頒發向蘇聯擴大出口石油和天然氣設備許可證；不續訂美蘇各項應近斯續訂的交流協定，包括關於能源和科技合作協定，並將對其他所有有關美蘇交流協定進行全面審查。同時宣布對蘇聯建設天然氣管理所需的設備和技術實行禁運。蘇聯的天然氣管道項目是指鋪設從西伯利亞的烏連戈伊天然氣田到捷克邊境的天然氣管道。這個工程完成後，蘇聯每年將向法國、聯邦德國和義大利等西歐國家輸出一兆三千七百億立方英尺的天然氣，換取三百億美元。美國的制裁不僅影響了蘇聯天然氣管道的建設，使其推遲了兩年，損失了大約一百五十億——二百億美元的硬通貨，而且中斷了日本和蘇聯在薩哈林周邊地區的能源開發計畫，該計畫已經進行了七年正處於關鍵階段，美國的制裁使其遇到了技術困難，不得不中斷。這使蘇聯每年損失數十億美元。

雷根政府對蘇聯的技術封鎖遠遠不止在天然氣管道工程方面，而是全方位的。多年來蘇聯依靠西方的技術，不僅節省了大量的人力、物力和財力，而且維持了自己的軍事與經濟體制，使其保持了和美國的抗衡的實力。雷根政府相信一但把關鍵技術的轉讓途徑切斷，就可以使蘇聯經濟遭到嚴重損害。雷根政府不僅限制本國的技術流向蘇聯，而且還通過巴黎統籌委員會（巴統組織創立於一九四九年，該組織在與蘇聯集團進行技術與戰略物質的貿易方面，努力使西方做出一致的反應）嚴格限制西方國家向蘇聯出售技術。同時軟硬兼施逼瑞典這樣的中立國，不再充當把美國技術倒賣給蘇聯的「二道販子」。（自二十世紀七〇年代以來，瑞典是蘇聯獲得西方技術的中轉站，即從美國等國購買高技術，轉手賣給蘇聯，從中牟利）。到一九八六年，巴統成員國加強了各自的出口控制，堵塞了瑞典、奧地利和瑞士這幾個國家的漏洞，實際上使蘇聯不可能合法地購買到美國的先進技術。雷根政府認為蘇聯不僅能通過各種途徑購買美國的高技術，而且還大量偷竅美國等國的高技術。據估計，在蘇聯約有十萬人從事技術文件的翻譯工作。僅在軍事技術方面，蘇聯通過竊取西方的技術，來改善自己的武器系統，節省了好幾年的研究與開發時間和大量的資金。從某種意義上說，竊取西方的技術已經成為蘇聯經濟的「生命線」。為了切斷這根「生命線」，雷根政府決定將計就計，源源不斷地為蘇聯製造假情報。一九八四年初，五角大樓和中央情報局共同制定了一項通過故意製造假情報來破壞蘇聯經濟的祕密計畫，將目標對準蘇聯對西方技術訣竅的依賴最大的經濟領域。具體措施是：中央情報局和五角大樓通過各種管道，協同發表不完善的和容易引起誤解的技術資料以及製造敏感軍事技術專案的假情報。結果，這些假情報和錯誤的技術資料除了為蘇聯人製造了明顯的難題之外，還使蘇聯獲取外國技術的整個計畫幾乎處於癱瘓的狀態，進而使蘇聯經濟的效率低下和結構缺陷進一步加劇。

雷根政府對蘇經濟戰的另一戰線是石油價格戰，其主要目的是壓低國際市場的石油價格，減少蘇聯的硬通貨收入，使其難以擺脫財政困境。石油出口是蘇聯最重要的收入來源，在某種程度上佔據了硬通貨收入的一半以上。二十世紀七〇年代，當石油價格扶搖直上時，蘇聯從石油出口中獲得的硬通貨收入增長了百分之二百七十二，發了一筆橫財。而如果每桶石油的價格下跌十美元，那麼蘇聯將付出一百億美元的深重代價。不僅如此，與其他石油輸出國不同，蘇聯不能通過增加產量來增加收入，因為它的石油生產能力早已達到極限了。因此世界石油市場的價格對蘇聯經濟的狀況幾乎起著決定性的作用。與此相反，石油價格的降低，將大大刺激美國的經濟，因為每桶石油的價格下跌五美元，將使美國的國民生產總值增長百分之一點四，同時還能夠減少通貨膨脹和增加個人收入。此外還將直接減少美國的貿易逆差。為了降低世界石油價格，雷根及其班子費盡心機，除竭盡全力拉攏世界上最重要的石油生產國沙烏地阿拉伯外，還冒險減少了戰略石油儲備計畫。一九八三年初，美國政府宣布大幅度削減石油購買量，美國國會原來要求每天要購買二十二萬桶石油，但是美國政府預算只能購買十四萬五千桶。其重要目的是使石油價格下降。一九八五年八月，沙特終於決定增加石油產量。一九八六年初，每桶油的價格從八五年十一月份的三十美元下跌至十二美元，這給蘇聯本來就步履蹣跚的經濟帶來了沉重的一擊。

雷根對蘇聯的全面施壓，至少產生了三個結果。其一是使蘇聯背上了深重的政治和經濟包袱。蘇聯在侵入阿富汗後，在政治上和道義上失分很多，成了邪惡的帝國。經濟上則背了大包袱，每年在阿富汗的軍事開支大約五十億，是美國對阿富汗游擊隊援助的五倍到八倍。根據當時蘇聯外長謝瓦爾德納澤的說法，蘇聯對阿富汗的援助總額高達六百億盧布。而在尼加拉瓜、柬埔寨、埃塞俄比亞、安哥拉的衝突中，蘇聯的援助額同樣是美國的五倍至八倍。根據西方統計資料，八〇年代中期蘇聯為第三世界國家（包括越南和古巴）提供的援助總額，占國民生產總值的百分之一點四，美國則不到百分之零點三，顯然蘇聯背上了比美國沉重得多的經濟包袱。擴軍備戰，爭取對美國的軍事優勢給蘇聯的經濟帶來的傷害更大。據蘇聯的一些專家估計，八〇年代中期，蘇聯的軍費開支每年達二千五百到三千億美元，與美國相似，而蘇聯的國民生產總值只是美國的百分之五十到六十。因此，蘇聯軍費占國家預算的百分之四十五到五十，美國只占百分之二十五到二十七；蘇聯國民生產總值的百分之十二到十三被用在了軍事工業綜合體（國防）上，而美國只有百分之五到六。

其二是，導致了蘇聯經濟的高度軍事化，軍事工業綜合體的產值占到整個工業生產的百分之八十。最新最好的科技成果都被用在了軍事工業綜合體上，不僅消耗了巨額的社會財富，而且破壞了社會再生產。更重要的是擴軍備戰所導致的國民經濟軍事化，使經濟體制的改革幾乎成為不可能。高度集中的計劃經濟體制正是適應發展重工業，特別是軍工生產的要求而形成的，或者說前者是後者賴以生存的條件，反過來說，後者又成為維護前者的社會經濟基礎。而經濟體制改革，哪怕是擴大自主權這樣的「修補式」改革，也與加強軍備生產這一最重要的任務相抵觸。

二、政治體制的僵化

（一）列寧時期

列寧時期美蘇兩國對抗從表面上看並不激烈，對蘇聯政治體制似乎也沒有很大的影響，但看似平靜的水面下暗流洶湧。針對美國鎮壓社會主義者和傾向社會主義的進步人士，列寧曾提出嚴重抗議，並先後兩次致信美國工人，號召他們起來革命。列寧一直認為蘇維埃共和國與帝國主義國家長期並存是無法想像的，最終總是要一個征服另一個。這觀點常為史達林所引用，並影響了後來的領導人，如赫魯雪夫雖然想緩和與美國之間的對抗，但還是把他推行的「和平共處」政策界定為「是無產階級和帝國主義侵略力量之間在世界舞臺上的激烈的經濟、政治和意識形態鬥爭的一種形式。」因此可以說列寧時期就已經拉開了美蘇之間長期對抗的序幕。此後更一發而不可收，直至戈巴契夫時期。

列寧一直對資產階級民主持強烈的批判態度，他曾把資產階級議會貶為「清談館」，明確指出議會制和普選制充其量是「每隔幾年決定一次究竟由統治階級中的什麼人在議會裡鎮壓人民、壓迫人民，——這就是資產階級議會制的真正本質，不僅在議會制的立憲君主國內是這樣，而且在最民主的共和國內也是這樣。」十月革命後出於鬥爭需要，蘇俄曾經實行過多黨制和新聞出版自由。孟什維克和左派社會革命黨人參加了政府，但很快多黨制變成了一黨制，新聞出版自由也被嚴格的新聞和出版管制所取代。這雖然是由於孟什維克和左派社會革命黨人與布爾什維克的政見發生了無法調和的分歧，但也不排除意識形態上的原因。前面說過十月革命後美蘇雙方都把對方視為洪水猛獸，欲除之而後快，這不能不強化以列寧為首的布爾什維克黨對資產階級意識形態的批判。在他們看來，市場經濟、多黨制、三權分立、新聞出版自由等都是資產階級的「專利」，無產階級當然都應該把它們當作細菌和病毒一樣來清除。

十月革命後，「軍事共產主義」政策的推行，除了當時的環境所迫，也有強烈的否定資本主義私有制和市場經濟的意識形態因素。列寧在一九二〇年初所寫的《共產主義運動中的「左派」幼稚病》中認為：「小生產是經常地、每日每時地、自發地和大批地產生著資本主義和資產階級的。」布哈林也在一九二〇年五月出版的《過渡時期經濟學》一書中宣稱：工人階級對農民所採取的「各種形式的強制，從槍斃到勞動義務制，不管聽起來多麼離奇，都是一種把資本主義時代的人發展成為共產主義的人的方法」。

「軍事共產主義」在實踐中碰壁之後，新經濟政策這一正確舉措卻遭到了布爾什維克黨內強烈抵制，不少人把新經濟政策稱為「復辟資本主義的政策」，是對「十月革命的被判」。很多黨員對黨的方針政策產生懷疑，甚至悲觀失望。根據官方統計，僅實行新經濟政策以後的一年裡，就有一萬四千多人退黨；兩年間有一半共青團員退團，甚至還有一些人以自殺來表示自己的絕望。當時的著名詩人勃洛克，還有高級領導人皮達可夫的妻子，都是在這種絕望情緒下自殺的，知識界也出現了一場不大不小的自殺浪潮，以此抗議向「資本主義」過渡。

列寧去世後，新經濟政策被高度集權的史達林經濟模式所取代。其中一個重要原因是高層領導人中只有布哈林、李可夫等人理解了列寧對社會主義建設的重新思考，而黨的主要領導人史達林、托洛茨基、季諾維也夫、加米涅夫等人在思想深處還認為新經濟政策是對小資產階級的投降和退卻。

綜上所述，我們可以看出，列寧時期的美蘇對抗主要表現在意識形態上的針鋒相對。這種對抗雖然還沒有對蘇聯的政治體制產生很大衝擊，但是已經使它顯露出走向僵化的苗頭。具體表現在對包括美國在內的資本主義國家政治經濟體制和意識形態的極端排斥；廢除多黨制和新聞出版自由；實行軍事共產主義政策等。

實行一黨制後，黨內民主沒有建立起來，選舉制被任命制所取代，領導人大權獨攬不受監督和制約。正如學者陸南泉和薑長斌等所說，這「從而對蘇維埃政權的民主性產生了負面影響，這一影響隨著時間的推移越來越嚴重，一直演變為黨政不分、以黨代政、『領袖專政』」。廢除新聞出版自由後，輿論監督功能消失，這就為蘇聯政治體制的僵化掃清了一大「障礙」。

（二）史達林時期

晚年的列寧對蘇聯這種僵化的政治體制越來越擔憂，他一直在想方設法扭轉這個趨勢，著名的「遺囑」就是克服權力高度集中這個造成政治體制僵化最主要原因的最後努力。托洛茨基也很擔憂政治體制僵化給黨所帶來的危險。他明確指出：「書記處的官僚主義應予廢止。黨內民主制應該開始行使自己的權力，否則黨就有僵化和墮落的危險。」

當時還有不少人也意識到了這個問題，比如，一九二三年十月，四六名老布爾什維克給中央政治局寫信，批評黨內已形成書記特權階層，用這個階層所組成的機關代替黨，無法克服遇到的危機。因此，必須用黨內民主制度取而代之。

列寧去世後，蘇共黨內仍有人提出黨內民主問題。比如布哈林就認為蘇共迫切需要「大大發揚黨內民主」，要「少搞一些委派制」，以便加強無產階級民主。布哈林等人的正確意見由於史達林一意推行高度集權的政治體制而不可能被接受，史達林上臺後，連續發生了三次黨內鬥爭。第一次是一九二四年上半年史達林、季諾維耶夫和加米涅夫聯合起來，同托洛茨基的鬥爭；第二次是一九二四年下半年到一九二五年史達林同以季諾維耶夫和加米涅夫為首的新反對派的鬥爭；第三次是史達林同以季諾維耶夫、加米涅夫和托洛茨基為首的聯合反對派的鬥爭。到一九二八年史達林又展開了反對以布哈林、李可夫為首的所謂「右傾集團」的鬥爭，雙方圍繞著農業發展道路問題、工業化道路和速度問題展開了激烈爭論。在農業發展道路問題上布哈林主張繼續實行列寧時期的新經濟政策，強調發展個體經濟的重要性，反對農業集體化。在工業化發展道路和速度問題上，布哈林主張只有在保持農業迅速增長的基礎上，才能保持工業和國民經濟的最快速度，反對通過剝奪農民的方式來加快工業的發展速度，反對過分注重重工業忽略輕工業的畸形工業化發展模式。

現在看來，相對於史達林的農業集體化和工業化發展模式布哈林和李可夫的主張是有其合理性的。但是為什麼他們的主張沒有被接受呢？除了史達林已經牢牢控制蘇聯的黨政大權以外，當時蘇聯所處的被資本主義國家所包圍的國際環境也是一個重要原因。在論戰中史達林反復強調，形勢所迫優先發展重工業刻不容緩，他提出「我們比先進國家落後了五十年到一百年，我們應當十年內跑完這段距離」，「沒有重工業就無法保衛國家……如果這件事做遲了，那就要失敗」。史達林的觀點，被黨內的絕大多數人所接受，連戈巴契夫在推行改革時也對此予以肯定，直到今天，國內的許多學者還對此表示贊同，可見史達林的這種觀點說服力之「強」。

實行農業集體化的推行，不是以農民的自願為基礎，而是以國家權力為後盾，採取強制性的自上而下的方式，對農民恩威並用，對富農用暴力完全剝奪甚至肉體消滅。這引起了各地農民的不滿與反抗，有些地方甚至出現了暴動。針對這種情況蘇聯政府出動正規武裝進行鎮壓，甚至出動飛機大炮。集體化運動中的死亡人數，蘇聯和西方的統計有所不同，最少六百萬，最多的一千四百五十萬。

正是因為農業集體化和工業化運動是以國家權力為後盾的，所以為了衝破阻力強行推進，必須建立起高度集權的政治體制。著名的「大清洗」運動正是在這一歷史背景下產生的。它自覺或不自覺的完成了這一歷史任務。

「大清洗」是由二十世紀二〇年代末三〇年代初一系列針對「舊資產階級知識份子」的政治案件而拉開序幕的，他們在審判中被指控為從事破壞活動，為帝國主義入侵蘇聯和在蘇聯舉行武裝暴動作準備等等，如著名的「沙赫特事件」就是其中的一起。在這一系列審判中，大批的高級知識份子被判流放或槍斃。一九三六年七月開始「大清洗」運動進入了高潮。數以百萬計的黨政軍領導人、知識份子、普通老百姓甚至住在蘇聯的外國共產黨領導人被殺害。

最終「大清洗」運動使史達林高度集中的政治體制得以建立。導致「大清洗」產生的原因很多，蘇聯同包括美國在內的資本主義國家進行對抗產生的緊張情緒也是造成「大清洗」運動的原因之一。史達林在「大清洗」時期曾說過，「只要資本主義包圍還存在，我們這裡就會有外國代理人派遣到我們後方的暗害分子、間諜、破壞分子和殺人兇手。」既然如此，攘外必先安內，實行內部大清洗很有必要。

二戰中，蘇聯和美國、英國成為盟國，因此雙方之間的對抗讓位於同德國法西斯的生死之戰。但是二戰的硝煙尚未散盡，蘇聯同美、英、法等資本主義國家之間的對抗又重新開始。這種對抗對外表現為對歐洲的爭奪，對內表現為在國內開展了戰後的意識形態批判運動。

戰後意識形態批判運動的目的，實質上是全盤否定西方現代資產階級所創造的文明，實行文化上的封閉主義、排外主義和孤立主義。其直接打擊目標，是所謂的「資產階級世界主義」。

在二戰中，大量的美國軍援湧入蘇聯，二戰後期，數百萬軍人跨出國門，走過了東歐、德國和奧地利，通過與英美軍隊和當地居民的交往，他們瞭解了國外的真實情況，思想上產生了很大的震動。不少去過國外的人都這樣說：「我們到過國外的幾百萬士兵，都看到那裡的人們是怎樣生活的；大家都這樣說，比我們國家生活更糟的地方，哪裡也沒見過。」窮則思變，復員軍人的變革思想感染了國內的年輕一代。文藝界也受到了很大的影響，出現了不少寬鬆活躍的作品，反映了他們要求變革的心態。

這種要求變革的情緒和思潮引起了當局的高度緊張。於是展開了意識形態批判運動，與此同時，政治審查運動也自戰後開始一直沒有中斷。戰後從德國共遣返蘇聯軍人和平民共達五百二十二萬九千人，經嚴格審查後，交付內務部作刑事管制的共計為三十三萬八千人。打擊面嚴重擴大化了，傷害了不少好人。一九四八年起，當局又對許多刑滿釋放人員再次進行逮捕、關押或流放邊遠地區。

從一九四六年開始的戰後意識形態批判運動，到一九四八年就轉變為新的政治清洗運動。打擊的主要目標是所謂的「世界主義者」和那些對政治、經濟體制有不滿情緒的或有變革思想的人，其中很多是上過前線的軍人。

戰後政治清洗運動，就鎮壓規模而言，雖然趕不上一九三七年，但是鎮壓的方式和恐怖的氣氛同一九三七年極為相似。

一九四九年初製造了著名的「列寧格勒案件」。蘇聯政壇新秀、中央政治局委員、蘇聯部長會議副主席兼國家計委主席沃茲涅先斯基，中央政治局委員、黨中央書記處書記庫茲涅佐夫及中央政治局委員、俄羅斯聯邦部長會議主席羅吉昂諾夫、列寧格勒州委和市委第一書記波普科夫、列寧格勒市委第二書記卡普斯京等被捕並隨之被處決。在三年多的時間裡，因「列寧格勒案件」而被株連者前後竟多達二千餘人。

幾乎與此同時，又發動了反猶主義運動。戰爭期間，為了收集德軍暴行的材料，動員世界輿論揭露德寇罪行，宣傳蘇聯軍民的英勇鬥爭事蹟，在戰時蘇聯成立了一個猶太人組織——反法西斯委員會。由於猶太人在蘇聯數量較多，早在二〇年代蘇聯就曾設想過在烏克蘭、克里米亞或遠東某地，為猶太人劃出一塊集中居住地。戰爭期間驅逐克里米亞韃靼人之後，由於克里米亞人口稀少，反法西斯委員會主張把克里米亞劃為猶太區。據赫魯雪夫回憶，這引起了史達林的懷疑，史達林「認為在這項建議背後，有美國猶太復國主義者通過蘇聯情報局插手」，「以便從蘇聯手中奪取克里米亞」。這引發了對「反法西斯委員會」的鎮壓。先殺了「反法西斯委員會」的領導人米赫爾斯，半年後，開始了對「反法西斯委員會」成員和一批著名的猶太知識份子的逮捕。連莫洛托夫夫人也未能倖免。隨後，各行各業的猶太人都受到打擊。這項反猶主義運動實質上是對國際上親美猶太複國主義危險所做的一種病態的反應。

在這場清洗運動中，除了「列寧格勒案件」、「反法西斯委員會案件」外，著名的案件還有「航空工業案件」、「史達林汽車工廠案件」、一系列「青年社團案」以及「明格列爾案件」等等。每一案件都使數以千百計的人受到牽連，結果，打擊面越來越廣，敵人越抓越多，鎮壓的機器越開越快，鎮壓的規模也越來越大。據赫魯雪夫說，史達林已在懷疑莫洛托夫和伏羅希洛夫，並半公開地講述他們的「美英間諜」問題。

一九五二年底，包括史達林的內科醫生維諾格拉多夫在內的許多有名望的教授都被捕了。對醫生的審訊，是在史達林親自監督下進行的。一九五三年一月十三日，蘇聯官方宣布醫生暗殺集團以有害的醫療方法縮短蘇聯領導人的壽命，並說業已查明，這個醫生暗殺集團的所有參加者均受僱於外國情報機關，是帝國主義的忠實走狗。搞醫生謀殺案其實是醉翁之意不在酒，作為醫務人員，在政治上是很少或根本沒有什麼重要性的，他們不可能為了自己的利益而奪取政權。按照審判者的邏輯，醫生蓄意謀殺克里姆林宮的領導人是為了懷有更大的政治野心的陰謀家攫取最高權力掃清障礙。因此，醫生的招供只是等於在一場攻堅戰掃除了週邊而已，因此繼續進攻，揭露這次陰謀的「指揮中心」才應是「醫生謀殺案」的高潮。

戰後開展的政治清洗運動，很快就超出了國界，蔓延到了東歐。

蘇聯認為戰後世界已經分裂為帝國主義的反民主陣營和反帝國主義的民主陣營，美國是帝國主義陣營的中心力量，它正在通過馬歇爾計畫建立反對社會主義國家的聯盟，因此，必須把反帝國主義民主陣營組織起來，反對美帝國主義及其奴僕，具體措施是成立蘇、波、捷、匈、羅、保、南、法、意等九個國家的共產黨和工人黨組成的情報局，從而結成與美國抗衡的、以蘇聯為首的國家集團。

戰後南斯拉夫共產黨在鐵托的領導下開始探索適合本國國情的建設社會主義道路，沒有完全照搬蘇聯的模式。在國際上雖然執行情報局的反美方針，但由於沒有領會史達林的意圖，比如試圖和保加利亞、阿爾巴尼亞一起組建巴爾幹聯盟。這引起了史達林的強烈不滿，在他看來，南斯拉夫組建巴爾幹聯盟是破壞以集體力量與美國為首的西方勢力抗衡的嚴重行徑，必須制止。於是向南斯拉夫全面施壓，遭到鐵托的抵制後史達林惱羞成怒，宣布南共代表「英美帝國主義的意志」，搞的是「資產階級民族主義」，已成為帝國主義「侵略政策的工具」，「是南斯拉夫各族人民的公敵」。因此蘇共號召南斯拉夫人民起來推翻南共，蘇南矛盾日益激化。史達林準備用武力入侵南斯拉夫。面對危險，南斯拉夫轉而向美國靠攏，而美國也認識到要「不訴諸戰爭而削弱以至最後消除占壓倒優勢的蘇聯權力的唯一現實途徑，就是在它的衛星國中扶植共產黨異端，鼓勵非史達林主義式政權的出現，讓它們充當臨時性的政府哪怕他們的本性仍然是共產黨」。杜魯門寫信給國會要求對南斯拉夫進行援助，國會同意了總統的要求。這樣，幾十億美元的經濟和軍事援助幫助鐵托頂住了蘇聯的經濟和軍事壓力。

史達林沒能壓服鐵托，自感事態嚴重，為了防止其他東歐國家也效仿鐵托離經叛道，決計嚴加整肅，以防患於未然。

一九四九年三月，阿爾巴尼亞以「鐵托的代理人」罪名處決了阿爾巴尼亞勞動黨中央組織書記和國家內政部長科奇・佐治等人。

一九四九年八月，羅馬尼亞審判了十二名所謂為「鐵托集團」效勞的「間諜」、「賣國賊」。

一九四九年九月，匈牙利審判了中央政治局委員、內政部長拉伊克等八人。拉伊克等三人被處死，罪名也是「鐵托的幫兇」、「帝國主義的走狗」。此案株連的人數高達二十萬。

一九四九年十一月三十日，保共中央政治局委員，部長會議副主席科斯托夫等五人也以同樣的罪名被起訴，科斯托夫被判死刑。

波蘭自一九四八年至一九五一年以來對「鐵托分子」的清洗已進行了三次，一九五一年波蘭共產黨總書記哥莫爾卡被指控為「鐵托分子」，逮捕入獄。

一九五七年十一月，捷共總書記斯蘭斯基等人被指控為「托洛茨基——鐵托分子」，並被處以極刑。

通過上述的清洗，使東歐各國共產黨內有獨立思考能力、願意探索適合本國社會主義發展道路的領導人大部分被清除，從而使東歐各國在政治經濟體制方面全盤照搬蘇聯的模式。並反過來使蘇聯自身的體制更加僵硬。因為，這實際上堵塞了兄弟黨多樣性發展之路。而這種多樣性本來是可以給蘇聯體制某種觸動並提供借鑒，使之緩解自己體制的僵化程度。

農業集體化運動、工業化運動特別是「大清洗」運動、戰後的意識形態批判和政治清洗運動以及對東歐國家的「清洗」，是僵化的史達林模式政治體制得以形成和凝固化的最重要的舉措，這些運動都有美蘇對抗的背景。所以從這個意義上說，美蘇對抗是僵化的史達林模式政治體制形成和進一步發展的重要原因。

三、改革時機的喪失

（一）赫魯雪夫時期

史達林去世後，蘇共獲得了一次修補其政治體制缺陷的難得機遇，赫魯雪夫等人對蘇聯政治體制的僵化確實有相當程度的認識，並開始了改革的進程。

赫魯雪夫的改革從經濟、政治體制和對外政策等方面全面鋪開。

在經濟體制方面，赫魯雪夫的改革可分為農業、工業管理體制兩個方面的改革。

在農業方面，一九五八年以前基本上是按照「放權」和貫徹「物質利益」原則的思路進行的。

在工業管理體制上，赫魯雪夫充分認識到「條條」管理的弊端，因此下決心用「塊塊」管理方式取代「條條」管理方式，即建立經濟行政區，同時減少國家計畫指標，發揮員工參加管理的積極性。

在政治體制改革方面，赫魯雪夫有以下幾項重要舉措。

1. 恢復和健全法制

赫魯雪夫上臺後，結束了史達林時期的安全機構凌駕於黨和國家領導機構之上的不正常局面，進行了大規模平反冤假錯案的工作，為數百萬含冤而死的人恢復名譽，把數百萬無辜被關押和勞改的人釋放回家，並在此基礎上健全了司法和立法制度。

2. 揭露和批判個人崇拜

當時的蘇聯對史達林的崇拜已成為宗教現象。赫魯雪夫和蘇共領導層對個人崇拜的揭露和批判，打破了對史達林的神化，是一次意義深遠的思想解放運動。從此史達林的許多理論觀點不再被奉若神明，這有利於蘇聯的廣大幹部、黨員和群眾衝破思想禁錮，積極思考和探究實踐中遇到的問題，從而為變革僵化的政治經濟體制打下了重要的基礎。

3. 進行領導制度的改革

赫魯雪夫領導的蘇共中央為了減少官僚主義，簡化了政府機構，精簡了七十五萬名政府工作人員，同時試圖改進蘇維埃制度，設法確保蘇維埃代表的權力，並把一些具體的權力轉歸地方蘇維埃，提高地方蘇維埃在解決實際問題中的作用等。

赫魯雪夫推行的領導制度改革的重頭戲是建立幹部更新制度。在蘇共「二十二」大上，赫魯雪夫提議實行幹部更新制度，並在新黨綱和新黨章中，對各級領導幹部的任期作出硬性規定。

4. 調整對外政策

在對外政策方面，赫魯雪夫上臺後，認為史達林的帝國主義時代戰爭不可避免理論、兩大陣營相互對抗理論、兩個平行市場的理論已經不再適合時代需要。因此，在蘇共二十二大上赫魯雪夫提出了以「和平共處」、「和平競賽」和「和平過渡」為內容的著名「三和」理論，並把「和平共處」作為對外政策的總路線，通過在重大問題上與美國合作來儘量緩和東西方之間的緊張關係，以消除戰爭的危險，為蘇聯和社會主義陣營的發展創造和平的國際環境。

赫魯雪夫對外政策的調整一度使國際局勢的緊張狀態出現了緩和的趨勢，使長期以來蘇聯與西方經濟關係停滯不前的局面有所改變。

赫魯雪夫推行的改革實際上是很廣泛的，我們僅從政治、經濟、思想文化和對外政策等方面作了粗略的分析，但從中我們已經可以看到赫魯雪夫向僵化的史達林體制，特別是政治（包括思想文化）體制發出了猛烈的衝擊，提出了具有突破性和強大衝擊力的改革措施，從而打開了不小的缺口。如果他改革成功，那蘇共就獲得了一次很難再得到的自我更新的機會，其政治體制會由不斷改革而走向健全之路，蘇共就會避免被解散的命運。

遺憾的是，赫魯雪夫的改革失敗了。失敗的原因很多，仔細思之，直接原因主要有以下幾點：（1）改革不澈底，甚至淺嘗輒止。（2）戰略和策略上的重大失誤。（3）特權官僚階層強烈反對。如果進一步深究赫魯雪夫改革失敗的原因，我們不能不得出這樣的結論，那就是史達林時期形成的蘇聯政治體制的僵化是其根本原因。因為如果體制充滿彈性、活力並有健全的糾錯機制，那特權官僚階層就難以形成，即使出現了戰略上和策略上的失誤也容易糾正，方向正確的改革一旦開啟就會步步深入，不會出現淺嘗輒止的情況。

儘管我們認為政治體制僵化是其改革失敗的根本原因，但也應該看到，這個根本原因往往通過美蘇對抗這個外部因素而發揮作用。比如我們說赫魯雪夫改革失敗的直接原因之一是改革不澈底，淺嘗輒止，特別對史達林錯誤的揭批上過多的歸咎於史達林個人的品質，較少觸及蘇聯的體制。這一方面是赫魯雪夫個人認識方面的問題，另一方面也有國際鬥爭的考慮。一九五六年二月，在蘇共二十大上，赫魯雪夫代表中央所作的「祕密」報告，在國際上引起了軒然大波。以美國為首的資本主義國家將赫魯雪夫在「祕密」報告中所揭露出來的史達林的錯誤當作反對蘇共的有力武器，猛烈地攻擊蘇聯的社會制度，使西方國家的共產黨一時陷入了難以招架的困難境地。很多共產黨員思想發生了混亂，動搖了對共產主義的信念，而此時義大利共產黨總書記陶里亞蒂和南共領導人鐵托明確地把蘇聯的錯誤根源歸之為「以錯誤為特點的體制」。陶裡亞蒂指出：「史達林的錯誤同蘇聯經濟和政治生活中，也許首先與整個黨的生活中各個官僚機構的權力過分增長有關。」鐵托也明確指出史達林問題的根源「在於官僚主義的組織機構，在於領導方法和所謂的一長制，在於忽視勞動群眾的作用和願望……」。波蘭統一工人黨領導人哥莫爾卡說：「個人崇拜是一種明確的行使權力的制度。」應該說他們對這個問題的認識是清醒的。確實，個人崇拜和集權體制是一種共生和相輔相成的關係。集權勢必造成個人崇拜，也需要個人崇拜。反過來，個人崇拜也鞏固和強化了集權。因此，個人崇拜是制度的產物。赫魯雪夫一開始同意陶里亞蒂和鐵托等人的觀點，並明確表態對陶里亞蒂的講話「沒有任何意見，這裡準備全部發表」。但經過慎重考慮後，以赫魯雪夫為首的蘇共領導層不僅毫不接受陶裡亞蒂和鐵托的觀點，而且通過中央的決議和《真理報》的文章對他們的觀點進行連續的批判，指責鐵托的個人崇拜是制度產物的觀點是反動言論，結果忽視了對政治體制和意識形態弊端的反思，因此在清算史達林錯誤的實踐上難免虎頭蛇尾，左右搖擺。比如他一方面給數以百萬計的人平反昭雪，另一方面又肯定史達林對托洛茨基、季諾維也夫和布哈林等人的鎮壓。蘇共的態度之所以轉變，在很大程度上是擔心承認自己體制有問題，會給以美國為首的西方敵對勢力提供新的「炮彈」，使國內人民和國外的共產黨員喪失對共產主義的信心。

一九五三年六月，匈牙利勞動人民黨召開了中央擴大全會，對前幾年的左傾錯誤作了一些反思，主張改革的伊姆雷·納吉擔任部長會議主席，對政治和經濟政策做了一定的調整，放慢重工業發展的速度，努力提高人民的生活水準。納吉的改革政策受到了人民的擁護。可是在一九五五年三月的中央全會上，黨中央第一書記拉科西卻指責納吉發展輕工業的方針為「修正主義」，並把納吉開除出黨。拉科西的所作所為引起了黨內外群眾的強烈不滿。不得已，由蘇聯出面，讓拉科西的親信格羅擔任了黨中央第一書記。蘇共二十大對史達林錯誤的揭批使匈牙利各階層都受到了很大的震動，要求改革的人們受到了鼓舞。一九五六年十月，由一批主張改革的黨員幹部和知識份子組成的，以維護國家獨立和爭取民族自由為目標的「裴多菲俱樂部」，向黨中央提出了國內改革，撤走蘇聯駐軍的十點要求。以格羅為首的黨中央被迫恢復納吉的部長會議主席的職務，並向蘇聯當局誇大了匈牙利局勢的危險性，請求蘇軍進入首都維持秩序。十月二十四日，蘇聯軍隊在與匈牙利群眾和一部分軍警發生流血衝突後控制了局勢。蘇軍對布達佩斯的佔領激起了匈牙利人民的民族情緒，他們奮不顧身地同蘇軍激戰。蘇聯意識到自己倉促出兵的嚴重後果，遂於二十八日撤出了布達佩斯，並打算從匈牙利全境撤兵。蘇軍撤出布達佩斯後，反對政府的人迅速行動起來，武裝襲擊了布達佩斯的市委大樓，大批共產黨員被殺。

十月三十日，納吉宣布取消一黨專政，建立多黨制，並承諾秩序恢復後，立即在全國進行自由選舉。

十一月三日，匈牙利宣布成立由勞動人民黨、小農黨、社會民主黨參加的聯合政府。並已於十一月一日宣布退出華沙條約組織。

以美國為首的西方國家一開始就高度關注匈牙利事件，一直為反對者吶喊鼓勁。二十九日，歐洲自由電臺通過電波向匈牙利反對派提出七條指導方針和鬥爭策略。三十一日，美國中央情報局向記者表示，「美國期待著（匈牙利）有個鐵腕政府，……它能與共產主義制度澈底決裂，能清洗國家機關，使匈牙利回到西方陣營。」十一月四日，艾森豪公開要求蘇聯撤軍。

一九五六年六月，波蘭發生了波茲南事件，和匈牙利事件頗為相似，並對匈牙利事件起到很大的刺激作用。赫魯雪夫指責波蘭的「反蘇分子」實際上是想投靠美國，背叛社會主義陣營。蘇聯曾決心進行武裝干涉，蘇軍坦克部隊已向華沙前進，只是後來波蘭沒有退出華約，「使美帝國主義的陰謀破了產」，蘇聯才中止了武裝干涉。匈牙利就不同了，宣布脫離華約，在蘇聯看來，這就是投靠美帝國主義。因此別無選擇，只有武裝干涉。十一月四日，蘇軍再度攻進布達佩斯，推翻了納吉政府。

蘇聯武裝干涉匈牙利，導致了幾萬匈牙利人的傷亡。直接經濟損失相當於匈牙利全年經濟收入的四分之一，嚴重損害了匈牙利黨和政府的形象，為後來的匈牙利劇變埋下了伏筆。

匈牙利事件使赫魯雪夫及蘇共領導層受到了強烈的刺激，在他們的眼裡，「納吉政府是在世界帝國主義力量，特別是美國的扶植下產生的」。匈牙利的資產階級特務及流亡在國外的反革命分子「是坐著世界帝國主義力量特別是美國的飛機進來的」。因此，不得不重新繃緊階級鬥爭這根弦，在國內，對正常的批評進行嚴厲的打壓。比如，蘇共二十大後，蘇聯人的思想得到了一定程度的解放，特別是知識份子和大學生，他們勇於思考問題，提出自己的見解。匈牙利事件後，有些大學生組成了小團體，他們同情匈牙利的「起義者」，批評蘇聯的武裝干涉；在莫斯科大學的共青團會議上，他們組織了系列演講，散發了不少傳單，結果，以具有所謂「南斯拉夫傾向的」尤・馬什科夫和伏・澤赫密士特爾為首的一群大學生身陷囹圄。此外，由於當局過分緊張，還派人攪散了在莫斯科馬雅可夫斯基紀念碑下舉行的詩歌朗誦會，逮捕了詩人伊・布科什坦。在某些加盟共和國，有人因所謂民族主義情緒而鋃鐺入獄。這一切就像春天裡突然降了一場雪，使蘇聯本來已變得較為寬鬆的政治氣候驟然緊張了起來，反對揭批史達林錯誤的莫洛托夫、卡崗諾維奇等人找到了攻擊赫魯雪夫的炮彈。赫魯雪夫對史達林的揭批變得縮手縮腳，其推行政治經濟體制改革的決心受到了影響，步伐也變得踉踉蹌蹌。下面一段話清楚地表明瞭他當時的憂慮：「我們害怕解凍會引起洪水氾濫，這將使我們無法控制它並把我們淹死。怎麼能把我們淹死呢？洪水會溢出蘇聯河床的堤岸，並形成一股會衝破我們社會的所有堤壩的浪潮。」關於這一點，赫魯雪夫的兒子說得也很清楚：「波蘭的危機、尤其是匈牙利的悲劇對於這兩個國家以至蘇聯的民主進程影響甚大。我想我下面這番話並不為過：至一九六四年之前（往後的情況我不瞭解），蘇共中央主席團諸位委員的腦海中經常回想著布達佩斯街頭的隆隆炮聲。……我國許多其他領導人都因為匈牙利而在精神上受了刺激，往往一提一九五六年就可順利地在我國社會的民主化道路上設置障礙。」去過匈牙利處理危機的蘇斯洛夫、米高揚和安德羅波夫以及當時沒去但參與決策的基裡連科、科茲洛夫、伊利切夫等蘇共高層領導對匈牙利事件難以忘懷，一有風吹草動，就聯想起匈牙利事件。例如，六〇年代初，哈薩克的煤炭基地卡拉幹達發生了非政治性的罷工，和匈牙利事件風馬牛不相及，但領導層異口同聲地把它和匈牙利事件聯繫了起來，一致要求嚴厲鎮壓。

波匈事件所造成的領導人的緊張情緒也對蘇聯的思想解放運動產生了非常不利的影響。一九五三年後，蘇聯的文藝界和思想界空前活躍，一九五四年愛倫堡的小說《解凍》出版前後，蘇聯文藝界出現了第一次創作高潮。作家們觸及了大清洗等問題，並探討了造成個人崇拜的社會原因。而理論工作者也大顯身手，從事政治理論工作的學者們糾正了史達林的階級鬥爭越來越尖銳的錯誤理論；法學家們批判了維辛斯基的法學理論，主張恢復和健全法制；經濟學家們對史達林的《蘇聯社會主義經濟問題》一書進行反思，強調必須充分認識和發揮價值規律的作用，注重物質利益原則等等。在其他社會科學領域，同樣進行了反思和批判，過去的很多陳規就說被拋棄，在這近十年的解凍時期，赫魯雪夫對文藝界和思想界的態度基本上是寬鬆和積極的，比如一九六二年，索爾仁尼琴的名作《伊凡・傑尼索維奇的一天》遭到了蘇共大多數主席團成員的批評，但赫魯雪夫親自審看，力排眾議批准出版，但自從波匈事件之後，赫魯雪夫的寬鬆態度遭到黨內高層越來越多的批評，主席團成員們經常對他群起而攻之，一九六二年底，蘇共開始改變對知識份子的寬鬆政策，「解凍」被迫終止，思想解放運動夭折，為勃列日涅夫上臺後重新「史達林化」埋下伏筆。

在第四章美蘇對抗中我們已經談到赫魯雪夫執政後，在理論上突破了史達林始終堅持的戰爭不可避免論，提出了以「和平共處、和平競賽、和平過渡」為內容的對資本主義國家關係新原則，並切實採取了裁軍措施。在一九五四年底至一九五八年初，軍隊已裁去二百多萬人，一九五八年一月，曾決定再從軍隊中裁員三十萬人，在一九五九年底召開的一次中央主席團會議上，赫魯雪夫又提議將軍隊編員裁去三分之一。

為了實現「人民需要的緩和」，一九五九年九月十五日，赫魯雪夫帶著妻子、兒子、兩個女兒和大女婿及外長葛羅米柯等人第一次出訪頭號資本主義國家——美國。赫魯雪夫在美國四處訪問、演講，一共待了十五天。通過最高級會晤，美蘇雙方增進了瞭解，減少了敵意，緩解了柏林危機，商定來年五月在巴黎召開四國首腦會議和艾森豪回訪蘇聯，從而為美蘇兩國走向緩和打下了基礎。赫魯雪夫認為這次訪問開墾了處女地，「打碎了使我們關係一直僵持的冰塊」。他認為與美國總統會晤是一次愉快的會談。據赫魯雪夫之子謝爾蓋回憶，赫魯雪夫對在美國的所見所聞感到滿意。他特別喜歡那裡的人，喜歡他們的坦率、直爽和友好。赫魯雪夫和艾森豪在人道主義的相互理解方面都有了長足的進展，「出現了第一批信任的產兒」。赫魯雪夫相信了美國總統對於和平、對於睦鄰友好關係的渴求。「萬惡的戰爭挑撥者的形象已完全無影無蹤，剩下來的則是聯盟、善良、略顯疲憊、見多識廣的人」。

一九六〇年初，美、蘇、英、法四國首腦為會議的舉行進行了積極的準備。蘇聯宣布一九六〇年至一九六一年裁減常規部隊一百二十萬，使軍隊人數減少到二百五十萬。華約建議北約和華約簽署互不侵犯條約，蘇美商定艾森豪在會議後訪問蘇聯。一切似乎都朝著緩和的方向發展。可一九六〇年五月，蘇聯擊落了從巴基斯坦起飛，進入蘇聯領空的美國U－二偵察機，活捉了飛行員鮑爾斯。對此，蘇聯向美國提出了抗議，艾森豪在被迫承認事實後，聲稱蘇聯是個封閉社會，為了美國的國家安全，不得不派飛機偵察，因此拒絕道歉。這引起了蘇聯領導人的憤慨，破壞了雙方剛剛建立起來的信任。赫魯雪夫遺憾地說，「出其不意地發生了肆無忌憚地破壞我們主權的事件。它帶來了痛苦和可悲的失望」。赫魯雪夫之子謝爾蓋相信，艾森豪的欺騙行為嚴重傷害了赫魯雪夫的心，美國領導人在他的眼裡成為什麼事都幹得出來的背信棄義、不共戴天的敵人。很自然「巴黎會議失敗，鮑爾斯事件嚴重改變了國內的心理氛圍。……報紙大聲疾呼，要人們提高警惕，準備反擊侵略者。」

U－二事件，使巴黎首腦會議和艾森豪訪蘇都成為泡影，更嚴重的是它破壞了緩和的氣氛，重新開啟了美蘇對抗的進程。

可見，樹欲靜而風不止，由於美國不肯在U－二事件上讓步，使赫魯雪夫不得不重新開始同美國的軍備競賽，裁軍不得不暫停，軍費也不能削減。這嚴重地影響了國內的經濟和政治體制改革。

其實，不僅改革不徹底與美蘇對抗有關，赫魯雪夫改革戰略和策略上的失誤也和當時美蘇對抗的形勢分不開。改革本是一項非常複雜的系統工程，應在進行總體設計、通盤考慮、措施配套的情況下謹慎從事，逐步推進，而赫魯雪夫的改革總是在沒考慮成熟的情況下魯莽推進。之所以出現這種情況，除了政治體制僵化和赫魯雪夫的個性之外，美國與蘇聯的對抗也是一個不可忽視的外部原因。在赫魯雪夫的頭腦裡總有一根弦繃得很緊，那就是「埋葬資本主義」，而在經濟上超過美國是這一目標能否實現的關鍵。在制定經濟發展目標時以美國為參照物，這就必然導致急躁冒進，忽視國情，盲目超越社會發展階段。比如一九五七年五月赫魯雪夫提出「蘇聯已經具備一切條件，要在今後幾年在按人口平均計算的畜牧產品產量方面趕上美國……在按人口平均計算的肉類、牛奶和黃油等產量方面達到美國現有的水準。」這實際上是要求肉類產量年增長百分之六十到百分之七十。這種戰略上的不切實際的冒進必然導致在經濟發展上追求高速度，結果阻礙了改革，強化了行政命令體制，最終還是把事情搞得一團糟。赫魯雪夫決定在畜產品產量追趕美國後，在蘇聯對待這個問題的態度便成了判定一個人的階級立場和政治覺悟的重要依據，凡是懷疑和反對這個目標的人都極有可能挨批挨整，而以實際行動回應者則會獲得各種表揚和榮譽。梁贊州州委書記拉里奧諾夫為了迎合赫魯雪夫竟然提出一九五九年梁贊州賣給國家的肉類產品增加三倍。為了實現這個目標，他們通過宰殺幼畜、種畜、奶牛等殺雞取卵的方法和強買農民的私有牲畜以及到其他州高價購買牲畜來屠宰等方法完成預定的目標。其他州亦紛紛效仿，並嚴格控制本區域內的肉源。「功勳卓著」，拉里奧諾夫因此被授予社會主義勞動英雄的稱號，榮獲列寧勳章。但到一九六〇年，牲畜早已被趕盡殺絕的梁贊州再也無法完成預定任務，拉里奧諾夫只好自殺。赫魯雪夫在畜產品上追趕美國的雄心也成了笑柄。

赫魯雪夫和蘇共並未從這個失敗中吸取教訓。在一九六一年蘇共二十二大上，赫魯雪夫系統地闡發了「全面建設共產主義」的理論，並具體規定了二十年在蘇聯建成共產主義社會的時間表，要求在最近十年（一九六一－一九六〇）裡，在按人口平均計算的產量方面將超過美國。當時由於各種條件都不具備，赫魯雪夫只好採取高徵購、高積累、人為改變生產關係形式等辦法，結果強化了已有所鬆動的計劃經濟體制，使已開始的經濟體制改革又走了回頭路。前面說過，一九五七年以前的農業改革思路是「放權」和貫徹「物質利益」原則，個人副業得到鼓勵，農民的生產積極性得到提高。一九五八年後，赫魯雪夫逐漸改變了這種適合蘇聯農業發展的政策，轉而實行了一些實際上是抑制蘇聯發展的政策。如降低農蓄產品收購價格，提高農業機器零件價格，降低莊員宅旁園地、自留地和飼養牲畜的定額，限制個人副業發展，提高集體農莊內部積累，強行合併集體農莊，擴大集體農莊規模，以提高集體農莊的公有化水準，使得蘇聯農業生產重蹈覆轍。到一九六一年後，赫魯雪夫甚至要求集體農莊用自己的積累籌辦幼稚園、托兒所和寄宿學校，興建發電站、灌溉渠、修築公路等等。同時又實行了高徵購的政策，導致了極其嚴重的浮誇風和弄虛作假。

另外，在對外政策上，如前所述，赫魯雪夫雖然決心推行「三和」政策，但為了蘇聯和社會主義陣營的利益，不斷與美國發生對抗。對抗引起的危機使經濟上的行政命令體制難以動搖，因為這個體制是應付戰爭的最好體制。

赫魯雪夫推行改革時最大的策略失誤是裁軍。為了在經濟上趕超美國，並最終戰勝美國，赫魯雪夫決心調整武裝力量結構，大幅裁減常規武器力量的兵員。他似乎很清醒：「為什麼我們要單方面裁軍呢？因為我們不願意給敵人這樣一種機會，即他們可以在沒有戰爭的情況下迫使我們和他們進行無止境的軍備競賽，並消耗我們的經濟實力。即使我們不能說服他們裁軍和放棄以戰爭為施加政治壓力的手段，至少我們可以表明我們的和平意圖，同時還可以騰出一部分資金來發展我們的工業，生產消費品和改善生活水準。」赫魯雪夫不僅大幅裁減了兵員，而且削減了軍官（包括內務部軍官）的工資。裁軍雖是一個正確的舉措，但是卻深深地得罪了軍方和克格勃。正是在這兩股力量的支持之下，勃烈日涅夫等人才成功地把赫魯雪夫趕下了台。

赫魯雪夫在其執政後期，對其經濟改革的失誤進行了反思，他準備另辟奚徑，開始了對經濟改革的新一輪探索。在赫魯雪夫的支持下，一九六二年《真理報》發表了利別爾曼教授的《計畫、利潤、獎金》。在蘇共中央一九六二年十一月全會的報告中，赫魯雪夫指出：「利潤問題作為企業活動效率的經濟指標具有重要意義」，並主張「委託計畫機關、蘇聯科學院經濟研究所仔細研究這些建議，利用所有的有條理的、明智的建議來改進計畫工作。」

著名的「利別爾曼建議」核心是利潤刺激，它試圖把國家和企業之間的關係建立在利潤分配基礎之上，利別爾曼的建議抓住了經濟體制改革的中心問題之一——國家和企業的關係，並提出了相應的解決辦法。

利別爾曼建議及其大討論是蘇聯經濟學界的第一次思想解放運動，衝破了萬馬齊喑的狀況，對史達林模式經濟體制的弊端進行了揭露，並在某些方面取得了理論上的突破。如在政企關係方面，確認企業具有自己的利益，因而必須享有經營生產自主權。

當然「利別爾曼建議」及其大討論的局限性也是很明顯的，它沒有涉及計畫和市場的關係，工人和管理者及企業的關係等等根本性的問題。

根據赫魯雪夫的建議，從一九六二年起蘇聯的一些地方搞起了經濟改革的實驗。一九六四年初，又決定在莫斯科、頓涅茨、哈爾科夫等重要工業地區八十多個企業中試行「新獎勵制度」。

赫魯雪夫下臺後，這個很有希望的經濟改革思路和實驗被逐漸中止。從此，開始了長達十八年的停滯時期，從這個意義上說，赫魯雪夫下臺本身就使蘇共喪失了一次難得的改革時機。而從我們的分析可以看出，赫魯雪夫改革的失敗確實與美蘇對抗有著不可分割的聯繫。

（二）勃列日涅夫時期

赫魯雪夫下臺後，勃列日涅夫上臺，蘇聯開始了長達近二十年的停滯時期。在此期間，蘇聯經濟體制基本上回復到史達林時期高度集中的指令性經濟的老路。

在政治體制上，勃列日涅夫終止了幹部更新制度，代之以勃列日涅夫著名的「穩定幹部政策」。勃列日涅夫本人則成為穩定的化身，結果帶來了個人崇拜的死灰復燃及政治體制僵化和政治腐敗的進一步加深。主要表現是：勃列日涅夫大權獨攬，且逐漸被神化，幹部隊伍普遍老化，官僚階層迅速擴大並穩定下來成為改革難以逾越的障礙。

勃列日涅夫停滯時期的出現，內因是蘇聯政治經濟體制僵化的邏輯結果，外因是與以美國為首的西方世界對抗的壓力。在此我們對這個外因作一下簡要分析。

在勃列日涅夫執政的初期，蘇共曾延續了赫魯雪夫開始的經濟改革。最有意義的是推行「新經濟體制」。其核心為：1. 擴大企業經營管理的自主權；2. 在一定程度上改變了單純運用行政手段管理企業的制度，加強了經濟杠杆的作用；3. 貫徹國家、企業和個人三者利益相結合的原則。儘管改革中也出現了一些問題，但還是取得了一些成效。蘇聯前總理雷日科夫曾這樣評價當時的經濟改革：「一九六五年柯西金式的經濟改革對原地空轉的國民經濟起到了明顯推動作用。第八個五年計劃中工業產量增長了百分之五十，勞動生產率提高了三分之一。」這個「新經濟體制」如果堅持下去很可能引發蘇聯經濟體制的根本性變革。但是好景不長，如在「勃列日涅夫時期的美蘇對抗」部分所指出的，勃列日涅夫上臺後在對外政策上把赫魯雪夫的防禦性戰略改成了進攻型戰略，把與美國的爭奪、對抗放在了首位，擴軍備戰，加強對東歐的控制和對第三世界的爭奪。比如一九六八年入侵捷克斯洛伐克，一九七一年支持印度列印巴戰爭，一九七三年支持埃及打阿以戰爭，一九七六——一九七八年支援古巴軍隊甚至派部隊介入安哥拉內戰，一九七八年派兵介入索馬里和埃塞俄比亞在歐登加地區的衝突，一九七九年十二月蘇聯派軍隊入侵阿富汗。勃列日涅夫咄咄逼人的對外政策使得與美國的對抗逐漸加劇，美國政府在以上所有衝突中都與蘇聯針鋒相對。一九六八年蘇聯入侵捷克斯洛伐克受到美國的嚴厲譴責，尼克森從一九六九年開始打開多年冰封的中美關係，聯中抗蘇，給蘇聯施加了很大的壓力。一九七七年卡特上臺後，以人權為武器向蘇聯展開攻勢，支持蘇聯的「持不同政見者」，努力擴大蘇聯及其衛星國的內部矛盾，促使其和平演變。一九八一年雷根執掌白宮後，和蘇聯展開了全面對抗，主要表現為支持波蘭的團結工會，製造華約組織的分裂；大力支持阿富汗游擊隊，反抗蘇聯入侵；與蘇聯打經濟戰，用「星球大戰計畫」拖垮蘇聯等。

美蘇對抗的加劇對勃列日涅夫執政時期的蘇聯政治經濟體制都產生了深遠的影響。特別是對東歐國家的嚴密控制和對其改革思潮的打壓，反過來使蘇聯的政治經濟體制更加僵化。其中具有代表性的事件就是蘇聯對一九六八年捷克斯洛伐克改革運動的鎮壓。這個鎮壓「在助長國內保守趨勢中起了重要作用，這種趨勢最終導致了一個停滯時期。」

捷克斯洛伐克是蘇聯紅軍解放的國家，自然完全照搬蘇聯的政治經濟體制，同時作為社會主義大家庭的一員，它在經濟上必須遵守蘇聯規定的「國際公正」的要求，因此，捷克斯洛伐克事實上又演變成蘇聯原料的加工地，這一切使捷克斯洛伐克的經濟發展緩慢，嚴重影響了人民生活水準的提高，引起了人民群眾的強烈不滿。

一九六八年一月，有改革思想的杜布切克取代了惟蘇聯馬首是瞻的保守無能的諾沃提尼，當選為捷共中央第一書記，他上臺後順應廣大人民和黨員的改革要求，通過了「行動綱領」，綱領要求充分發揚社會主義的民主，保障人民的基本權利，堅持法治，勇敢地糾正冤假錯案，為受害者恢復名譽，並制定新的憲法，實現在黨的領導下的自由思想，保證重視和新聞自由；主張黨應該是依靠人民群眾的自覺支持而不是採取強制壓制手段來實現自己的領導；主張黨政分家，不允許黨的組織代替政府機構、經濟機構以及社會組織。綱領要求進行真正的經濟改造，擴大企業自主權，成立工廠委員會，恢復市場的積極作用，取消外貿壟斷，允許農業生產自由和個體經營。綱領強調同社會主義國家的友好合作，反對「帝國主義勢力」，在相互尊重主權平等的基礎上加強與蘇聯和其他社會主義國家的聯盟和合作。同時還提出：「我們將積極推行和平共處的政策。我們的地理位置和一個工業國家的需要和前景，要求有一個更加積極的歐洲政策，旨在同所有國家和國際組織發展互利關係，並鞏固歐洲大陸的集體安全。」

捷克處東歐中心地區，東與蘇聯（烏克蘭）接壤，南與匈牙利、奧地利為鄰，西與當時的兩個德國交界，北與波蘭連接。它地處東西歐交通要道，擁有較發達的重工業和豐富的鈾礦，是蘇聯在歐洲的重要戰略基地。這使得捷克斯洛伐克自身的重大變化都不會被鄰國特別是蘇聯僅僅當成是孤立的國內事件看待。因此，本是探索適合本國發展道路嘗試的捷共行動綱領在勃列日涅夫的眼裡成了威脅「社會主義大家庭利益」的舉措，特別是綱領中提出的對外政策顯然是想擺脫蘇聯的控制而向西方靠攏，這是無論如何也不能容忍的。在對捷共進行威逼和恫嚇無效後蘇聯悍然率華約五國軍隊侵入捷克斯洛伐克用武力鎮壓了捷克斯洛伐克的改革運動。

對捷克斯洛伐克的入侵產生了嚴重的後果，對此阿爾巴托夫院士回憶道：「捷克斯洛伐克所採取改革方針本身引起了出於純粹是國內原因和不願意走變革之路的敵視態度。」蘇聯前總理雷日科夫對此也很痛心：「改革真誠地開始了，而在六十年代末，卻突然草草地收場了……那些認為經濟變革將對政治穩定構成威脅的人，只是在等待扼殺這場改革的理由。而這種理由，到底還是讓他們等到了。一九六八年春，布拉格之春，可把教條主義思想的中堅人物和維護者們嚇壞了。」鎮壓「布拉格之春」之後，市場機制在勃列日涅夫眼中變成了資本主義的洪水猛獸，相反傳統的高度集中的計劃經濟體制仍然是十分有效的，特別有利於軍事力量的增長，因此他對柯西金大力推動經濟改革政策極力反對，明確表態說：「看他想出什麼來了，改革、改革……誰需要這個改革？而且，誰懂得改革？現在需要的是更好地工作，這是全部問題所在」。在勃列日涅夫支持下，蘇聯黨政部門和理論界輪番發動對「市場社會主義」的批判。例如，蘇聯科學院經濟研究所工作人員B. B.拉基茨基論證市場機制必要性的著作《企業的經營領導形式》和已故院士、著名經濟學家葉・薩・瓦爾加的著作遭到批判。利別爾曼教授也受到官方的點名批評，不得不對當年的建議「不適當地誇大了利潤的作用」而寫文章公開作自我批評。主張改革的人士或被調動工作，或被迫作自我批評。如著名經濟學家阿甘別基揚和翁斯拉夫斯卡婭等不得不遠離莫斯科去新西伯利亞。結果經濟改革基本停頓。

對「布拉格之春」的鎮壓在國內形勢和政治發展上帶來的影響比一九五六年匈牙利和波蘭事件所產生的影響更加消極。蘇共在意識形態、文化和社會科學方面加緊控制，蘇聯的政治氣氛明顯惡化。持不同政見者及其支持者開始被殘酷無情地撤職，受到黨紀處分。新聞檢查也變得更嚴格了，許多原先決定出版的文章和著作從編輯部和出版社計畫中撤了下來。俄羅斯歷史學家魯・格・皮霍亞對此評論道：「把捷克斯洛伐克事件同蘇聯及其他社會主義國家發生的事情聯繫在一起的蘇聯領導人從此開始認識到，現實的社會主義原則上是不可能改革的，改革和社會主義是兩個不可能搭配在一起的概念，要麼選擇改革，要麼選擇社會主義。捷克斯洛伐克的改革失敗成為蘇聯結束改革的起點。當局對持不同政見者的鎮壓力度開始加強。」當局認為對黨的政策不滿的人和不聽話的東歐國家是黨面臨的主要危險，於是，所有國家安全機構、黨組織的意識形態工作部、許多高級黨校、社會科學教研室、政治教育之家、黨委辦公室和相關部門都被動員起來，投入反對所謂「意識形態敵人」的鬥爭。在史學界，《歷史學與若干現代問題》一書遭到批判，史學界很多工作人員被開除，歷史學大會籌備組被解散，歷史研究所所長帕·瓦·沃洛布耶夫受到惡毒攻擊，被指控為客觀上在為資產階級的思想體系效力；在哲學界，《列寧主義與社會發展辯證法》一書和著名哲學家A. П. 布堅科等人的哲學著作也遭到了嚴厲的批判；在文藝界，最有影響的雜誌《新世界》編輯部被改組，主編和著名詩人亞·特·特瓦爾多夫斯基等人遭到打壓，諾貝爾文學獎獲得者索爾仁尼琴被開除出作家協會，後被剝奪國籍、驅逐出境，文藝界的批判運動株連到了時任蘇共中央宣傳部代部長雅科夫列夫，他由於一九七二年十一月在《文學報》上發表了題為《反對反歷史主義》的文章而被免去了代部長的職務。這些批判使得蘇共二十大所開始的思想解放運動的餘波蕩然無存，史達林主義重新復活。此後，領導層對來自黨內外的改革呼聲要麼充耳不聞，要麼嚴厲打壓。比如在一九七七年討論憲法草案期間，僅《真理報》、《消息報》和《勞動報》三家報紙的編輯部就收到大約四萬八千封讀者來信，提出了不少有見地的政治體制改革方面的建議。有不少人建議在蘇維埃選舉中要採取差額選舉的方式，也有人明確反對幹部終身制，這些建議自然都石沉大海。有個高級工程師公開反對搞對勃列日涅夫的個人崇拜結果被開除黨籍。在前面，我們討論了勃列日涅夫時期的美蘇對抗，特別是雷根對蘇聯攻勢的全面反擊，不僅使蘇聯經濟受到重創，促使了經濟的高度軍事化，而且還使蘇聯政治生活出現了軍國主義傾向。軍隊在蘇聯政治生活中起著舉足輕重的作用。首先，大量的宣傳、數不勝數的文藝作品「使社會精神生活軍國主義化」，在衛國戰爭時期僅僅作過軍政委的勃列日涅夫為自己的戎馬生涯感到非常的自豪，他找人幫他寫了回憶錄：《小地》、《復興》和《荒地》，不顧臉面的突出他在二戰中的作用，他貪求軍銜特別使軍功勳章，一九七六年終於當上了「小地」元帥，這一切使人民相信軍事力量幾乎可以解決一切政治問題。其次，軍事武裝力量和軍事工業的領導，在領導層中佔有強有力的地位，勃列日涅夫本人曾經作過負責國防工業的中央書記。中央委員中有百分之五十五的成員曾在軍隊與軍工企業相關的部門工作過，對勃列日涅夫有重大影響的位居二、三號的重要人物烏斯季諾夫長期擔任軍工部門的領導人，軍隊的頭面人物都在黨內擔任重要職務，國防部長是政治局委員，副部長們、各兵種、各主要軍區的司令們都是中央委員。勃列日涅夫清楚地知道沒有朱可夫鼎力相助赫魯雪夫在一九五三年難以保住自己的地位，沒有馬利諾夫斯基（當時的國防部長）的支持，他自己也難以成功的推翻赫魯雪夫。因此，上臺後就把軍方的支持作為他權力的基礎，盡一切可能去滿足軍方的要求，結果，軍工綜合體已膨脹到難以控制的程度。「政治上層建築成了他們活動的方便的掩體和帷幕。」他們不是為需要而發展，而是為發展而發展。到了七〇年代後期，常規武器和核武器包括軍隊人數、坦克、火炮、戰術火箭、許多種飛機、潛艇等諸多武器系統、核彈頭的運載數量、爆炸力的當量和戰略武器的投擲量以及中程武器等等，都已超過了美國。許多軍方高級人士包括總參謀長都不相信會發生核戰爭，但還是拼命生產核武器，可見軍備發展不是為了需要，而是為了軍工綜合體的自身利益。同樣重要的是軍工綜合體和強力部門的代表人物為了證明自身的重要性，不斷挑起衝突。據蘇聯高層披露，蘇中關係惡化就是軍方有意挑起的，因為這樣就需要花鉅資在蘇中邊界上。阿富汗戰爭的起因——總理阿明是美國特務的資訊，就是由克格勃系統的克留奇科夫提供的。軍方鷹派人物克留奇科夫對蘇聯深陷戰爭泥潭負有難以推卸的責任。社會和政治生活軍國主義化使蘇聯政治經濟體制向更僵化的方向發展，愈來愈難以調整。可見，對東歐的控制特別是對捷克斯洛伐克改革的扼殺，使得蘇共領導人加強了國家、社會和意識形態的控制，這個因素再加上軍國主義傾向的出現，導致蘇聯的政治體制從赫魯雪夫時代的鬆動又向僵硬倒退。

四、民心的喪失

二月革命後，布爾什維克在臨時政府和蘇維埃中都不佔優勢。但列寧為首的布爾什維克審時度勢，適時地提出了反映俄國民眾切身利益的口號。當時俄國人最痛恨的就是飢餓、專制和戰爭。列寧和布爾什維克提出的口號是「麵包、自由、和平」，結果大批士兵和工人轉而擁護並參加了布爾什維克，到一九一七年七月召開的第六次代表大會時，布爾什維克儘管在蘇維埃中仍不占多數但卻是擁有二四萬黨員的一支很有戰鬥力的大黨了。正是有了這支有戰鬥力的隊伍，布爾什維克才取得了十月革命和國內戰爭的勝利。但是由於在革命戰爭年代，黨沒有來得及對黨員和廣大群眾進行馬克思主義理論教育，革命勝利後，蘇共的意識形態的灌輸又充滿了個人崇拜和教條主義的色彩。因此，廣大黨員和群眾對馬克思主義的信仰並不是建立在科學和理性的基礎之上，而在很大程度上建立在馬克思主義對於未來社會描繪的盲目崇拜基礎之上，因此帶有很強的非理性特徵。這種基礎並不牢靠的信仰一旦和現實生活發生矛盾，自然就會坍塌。

在美蘇的長期對抗中，美國和西方確實想通過其和平演變戰略來達到其「不戰而屈人之兵」的目的。一九四七年初，美國駐蘇聯代辦喬治・肯南在給總統杜魯門的一個報告中寫到：「如果作為一種政治工具的黨的團結和效能遭到破壞的話，蘇俄可能在一夜之間從一個最強的國家，變成一個最弱和最可憐的國家」。因此，促進蘇聯共產黨的變化是關鍵。美國不應坐以待變，而「應極大地加大壓力，限制蘇聯政策的推行，迫使克里姆林宮採取比它近年表現出來的遠為克制和謹慎的態度，並通過這種辦法促進某種趨勢，這種趨勢最終必然導致蘇維埃政權的瓦解或逐步趨於軟化」。肯南這種通過和平演變來瓦解和軟化蘇聯的思想被杜魯門所接受，杜魯門政府制定了冷戰藍圖，推行了遏制戰略，和平演變就是遏制戰略當中的一項重要內容。艾森豪上臺後，推行所謂「解放」政策，即通過一切和平手段來爭取東歐國家從蘇聯共產主義國家統治之下解放出來，這實際上也是一種和平演變戰略。甘迺迪當選後也積極推行和平演變戰略，認為美國要通過援助、貿易、旅行、新聞、學生和教師交流，以及在「道義上」的支持來爭取東歐國家，使美國的自由民主在不發生核戰爭的條件下「傳染到共產黨控制的地區」。後來的領導人詹森、尼克森、雷根等都在繼續推行和平演變戰略。美國和西方的意識形態確實對蘇聯領導人及人民的政治信仰產生了一定的影響，但我們認為不應該誇大這種影響。

首先，和平演變本身是兩方面的，美蘇雙方互相演變，而由於蘇聯是個封閉社會，所有媒體都由官方控制，當局對資訊，特別是來自國外的資訊實行嚴格的封鎖。因此，在和平演變這場戰爭中，美蘇雙方並不對等，從理論上，蘇聯應該處於絕對優勢。事實上，我們難以找到有力的證據證明美國之音對蘇聯人民的思想產生了較大的影響。

其次，蘇聯領導人及人民的政治信仰動搖，主要是前面所說的基礎不牢靠，比如赫魯雪夫對社會主義的信仰就是建立在社會主義國家經濟發展一定比資本主義國家發展快這個基礎上的。他之所以推行「三和」政策，就是因為他相信在和平競賽中社會主義一定能戰勝資本主義，他甚至認為競賽的內容主要是：「在發展經濟，提高人民生活水準，縮短工作日和保障人們的一切福利方面」，甚至具體到「看誰能按人均計算生產更多的像今天波蘭朋友請我們吃的這樣鮮美的火腿。如果資本主義能做到這一點，那就是說它還能活下去。如果社會主義能做到這一點，那資本主義就活不長了」。他過分樂觀的宣稱「現在我們的國家在增長的速度方面和產品每年的絕對增長量方面都超過了美國。我們以比美國快三倍的速度前進，我們每年的增產量比它多，因此，趕上美國人現在是容易多了」。據謝爾蓋・赫魯雪夫回憶說，在與甘迺迪會談時，「父親向美國總統證明，過不了多久，蘇聯就會把美國遠遠拋在後面，資本家就會哀求著允許他們進入社會主義，什麼條件都行。」但是沒過多久，赫魯雪夫發現情況根本沒有像他想像那樣發展，俄國的工業產品根本無法與西方相比，人民的生活水準提高得也很慢。曾去蘇聯考察的美國學者喬治J・萊曼尼斯這樣描述蘇聯民眾的生活，「一大早，幾乎每家零售店都排起長隊，尤其是食品店的長龍——人們都擔心不到十點一切食品就會售空。」著急的赫魯雪夫決定出售黃金，換回一些西方先進產品的樣品，在國內組織生產，以便給停滯的國民經濟輸入新鮮血液。儘管蘇聯每年拋售五百噸黃金，但是仍造不出像「人家那樣的產品」。赫魯雪夫非常苦惱，無計可施，越來越失望，到一九六四年下臺時，已經身心疲憊。當得知他的部下準備推翻他的時候，一向鬥志頑強的他竟然懶得抗爭。到了晚年，當對自己的一生做總結的時候，他說：「我在一九一四年結了婚，那時我是二十歲。因為我做的是高度技術性的工作，我立刻得到一套房間。這套房間有會客室、廚房、臥室和餐室。革命後好多年，回想起我作為資本主義制度下的工人，有比現在生活在蘇維埃政權下我的工人同胞更好的居住條件，使我感到痛心。……我們已經推翻了君主政體和資產階級，我們已經贏得了自由，但是人民的居住條件比以前更差了。毋怪乎有人問道：這是什麼自由？你們答應我們會有天堂，大概我們死後才會登上天堂，但是我們想在人世至少嚐一嚐它的滋味。」連領導人都失望，更別說人民群眾了。談到蘇聯和美國的經濟差距時，蘇聯功勳演員扎斯拉夫斯基說：「最好不要再說我們已經趕上了美國。討厭再聽到我們整天高聲說，我們，我們，我們，這一切都是無止境的吹牛。」教師別莉洛夫斯卡婭也說：「不知道怎麼對我教課的班講。在與聽者交談時，我總是依據我們美妙的大綱，說勞動人民的物質狀況在不斷改善。現在我該說什麼？我不再相信了。」資料顯示，一九五〇年蘇聯人均食肉量竟比一九一三年少三公斤，糧食少二十八公斤。十月革命以前，俄國人的生活水準在歐洲居第五位，七〇年以後則排到最後幾位，在全世界排到第五十位。蘇聯人自己諷刺自己的國家為「擁有核武器的上沃爾特」。經濟發展和人民生活水準長期落後於包括美國在內的西方國家，不可能不使蘇聯人民政治信仰的基礎坍塌。正如鄧小平所說：「世界上一些國家發生問題，從根本上說，都是因為經濟上不去，沒有飯吃，沒有衣穿，工資增長被通貨膨脹抵消，生活水準下降，長期過緊日子。」

之所以會出現這種情況，除了蘇聯經濟體制本身的問題外，還因為美蘇長期對抗導致蘇聯重工業特別是軍事工業畸形發展，而與人民生活密切相關的輕工業和農業長期落後。尤其是軍備競賽耗費了蘇聯大量資源，因此在資源配置過程中，人民的物質和文化生活需要只好放到次要的位置，按照「剩多少算多少」的原則來安排。

到了二十世紀九〇年代初，蘇聯人民基本上放棄了原來的信仰，用索布恰克的話說：「仍被共產主義幻想俘虜的人，只有百分之幾了。共產主義在俄羅斯的命運已經註定了，共產主義教條已在人民心目中喪失了吸引力。」另據資料顯示，一九九〇年，有百分之三十二的人主張模仿美國模式，百分之三十二的人主張模仿日本模式，百分之十七的人主張模仿德國模式，百分之十一的人主張模仿瑞典模式。可見，蘇聯人民政治信仰的動搖主要是生活水準長期落後於美國為首的西方國家而導致的失望使然，主要不是美國的意識形態滲透的結果，否則為什麼只有百分之三十二的人主張模仿美國模式呢？

再次，葉利欽等人思想的變化也主要是對蘇共改革失望的結果。葉利欽長期擔任蘇共高級領導人。戈巴契夫上臺後他被提拔為政治局候補委員、莫斯科市委第一書記，以作風潑辣、大刀闊斧著稱，成為戈巴契夫改革的「前鋒」。由於其激進的改革措施受到了黨內傳統派的打擊，而後又和以戈巴契夫為首的黨內主流派發生了衝突，他轉而自成體系，成為黨內激進派的領袖。直到一九九〇年七月在黨的二十八大上退黨以前他一直謀求體制內的改革，他對西方價值觀的接受顯然是他在對蘇聯政治經濟體制絕望之後才開始的。如果說西方的和平演變在他身上發生作用，那種作用也是間接的、第二位的。

不僅葉利欽，很多持不同政見者一開始都是尋求體制內的改革，僵化的政治體制的打壓使他們逐漸走向了極端主義。絕望之餘，他們從根本上拋棄了蘇聯的政治經濟體制，但他們並非都受到了美國為首的西方意識形態的影響。比如著名的持不同政見者、諾貝爾獎獲得者索爾仁尼琴就是主張用俄羅斯傳統文化來取代社會主義。

可見，主要不是因為美國和平演變戰略，而是因為美蘇對抗本身和蘇聯的過度反應使本來就僵化的蘇聯政治經濟體制一再失去了自我修復的機會，導致人民生活水準長期落後於美國為首的西方國家，最終使人民在失望當中動搖了自己的政治信仰。

第六章 走向崩潰：改革的嘗試及其失敗

蘇聯政治體制僵化在列寧在世時就已顯露出苗頭，在史達林執政時期其僵化程度逐漸加深，到了二戰後幾乎發展到了頂峰，蘇共內部有不少人包括一些高層領導想扭轉其僵化的趨勢。史達林去世後，他們獲得了一個很好的機遇，赫魯雪夫上臺後，確實對僵化的政治體制發起了衝擊，也取得了一定程度的成功，使蘇聯政治體制的僵化有了相當程度的鬆動。但由於內外部因素的制約，內因是指體制內導致僵化的因素難以克服，外因是指美蘇對抗給蘇聯帶來的壓力，赫魯雪夫的改革失敗了，沒能從根本上改變蘇聯政治體制的僵化狀況。勃列日涅夫上臺後，蘇聯開始了長達二十年的停滯時期，使蘇聯政治體制的僵化到了積重難返的程度。戈巴契夫上臺後，又開始了改革的進程，但僵化的政治體制雖然是其改革的對象，同時又是改革的巨大障礙。和赫魯雪夫改革失敗的原因有些類似，由於內外兩方面的原因，戈巴契夫改革失敗了，蘇聯政治體制走向崩潰。為了更清楚的揭示僵化是其政治體制崩潰的根本原因，本章從戈巴契夫改革的歷程及改革失敗的外因，改革失敗的內因三個方面展開論述。

一、戈巴契夫改革的歷程

確實，戈巴契夫接手的蘇聯，看起來是與美國並駕齊驅的超級大國，其實已經是千瘡百孔，危機四伏了。他一上任就驚呼國內形勢已經潛伏著嚴重的社會經濟危機。他指出蘇聯正處於一個歷史的轉捩點上，經濟上的「澈底變革是我國歷史命運」的要求，「社會主義在現代世界上的地位將在很大的程度上取決於我們現在向何處去」。「我們沒有其他道路，改革沒有替代選擇！」

美國前總統尼克森在其辭世前的最後一本書《超越和平》中，批評戈氏搞改革不從經濟改革入手而從政治改革入手，是試圖以阿司匹林來醫治癌症。其實這種說法並不準確，包括反酗酒運動在內，戈巴契夫在其上臺一開始也是從經濟改革入手。

戈巴契夫在改革之初所採取的措施基本上都是經濟領域的、一九八五年戈巴契夫在其上臺後召開的第一次中央全會——「四月全會」上提出了「加速國家社會經濟發展的構想」，強調加速科技，經濟發展和實行改革。隨後加速國家社會經濟發展的任務在一九八六年二月召開的蘇共二十七大上被確認為本世紀蘇聯經濟、政治、軍事和外交等各方面工作的總的戰略方針，簡稱為「加速戰略」。

「加速戰略」首先是指在科學技術上的進步，經濟結構改造，有效管理，改進勞動組織和刺激的基礎上，使蘇聯經濟改變落後的粗放式經營狀況，儘快地實現整個國民經濟的全面集約化，從而在效益提高的基礎上，提高經濟增長速度。

其次，「加速戰略」還指加速整個社會的發展速度，執行積極的社會政策，不斷提高人民的福利，堅持社會公正；完善社會階級關係和民族關係，擴大社會主義民主，加深社會主義人民自治；更新政治機關和意識形態機關的工作方式和方法，堅決消除消極惰性、停滯不前、保守主義、形式主義、官僚作風等一切阻礙改革進展，妨礙社會進步的意識形態和社會勢力。顯然，「加速戰略」雖然以經濟改革為主要內容，但是也涉及到了一些社會和政治方面改革的內容，不過後者不是改革的重點。

到了一九八七年，蘇共中央召開了「六月全會」，通過了《關於根本改革經濟管理的任務的決定》和《根本改革經濟管理的基本原則》。七月，蘇共中央和部長會議又通過了包括計畫、科技、物資供應、財政、價格、銀行、統計、物資生產領域的部、加盟共和國管理機關、勞動與社會等十個領域的改革方案，從而揭開了「全面改革」的序幕。

可見戈巴契夫的錯誤並非一開始就大搞政治改革，而是把改革看得過於簡單了，犯了急於求成的老毛病。比如「加速戰略」要求在二十一紀以前的十五年內使國民收入和工業總產值翻一番，勞動生產率增加一點三至一點五倍，人均實際收入增加百分之六十至百分之八十，這顯然不切實際，所以根本不可能實現。再者，「加速戰略」在相當程度上靠史達林模式經濟體制的老思路，仍然把經濟發展的高速度建立在優先發展重工業、特別是機器製造業的基礎上，結果使本來就很不合理的經濟結構變得更加畸形，很難對提高人民生活水準產生影響，而人民得不到實惠，就等於剪斷了改革的翅膀，「加速戰略」及隨後的「全面改革」失敗就成為必然的事了。

正是由於經濟改革受挫，戈巴契夫逐漸把改革的重點轉移到以公開性和民主化為主要內容的政治改革上。

一九八六年七月三十一日，戈巴契夫在哈巴羅夫斯克（伯力）邊疆區黨組織積極分子會議上發表講話，第一次提出政治體制需要「改革」。他強調改革是一場社會革命。

一九八七年一月蘇共中央召開了一月全會，戈巴契夫在會上發言，把經濟改革受挫的原因歸咎於政治體制問題，而且把蘇聯的政治體制定性為「阻礙機制」，明確指出蘇聯「形成一種妨礙社會經濟發展、抑制能夠揭示和利用社會主義優越性的進步和改造的特殊機制。」

一九八八年六月二十八日到七月一日召開的蘇共第一九次全國代表會議上，戈巴契夫作了《關於蘇共二七大決議的執行情況和深化改革的任務》的報告，明確提出「根本改革政治體制的任務」，強調「政治體制改革是改革不可逆轉的極其重要的保證」。報告認為，「十月革命勝利後建立的政治體制在某一階段上發生了嚴重的變形」。現在的許多困難，根源在於這一體制。「如果政治體制仍原封不動，就不能完成改革的任務。」

在戈巴契夫看來政治體制改革勢在必行的主要理由如下：1.經濟、社會和國家管理職能越來越集中在黨政領導手中，人民群眾實際上被排除在外；2.過度膨脹的管理機關用行政手段把自己的意志強加於社會，不受蘇維埃和黨的機關有效監督，也不為自己的行動後果承擔經濟責任；3.國家幾乎控制著社會生活的所有方面，嚴重妨礙了人民群眾和基層組織積極性的發揮；4.國家機構的官僚化和人民群眾首創精神的下降，使整個社會思想僵化；5.政治體制不是依靠法律而是用行政命令來運行，結果使人民群眾同國家離心離德。

蘇共十九全國代表會議決議的政治體制改革具體措施如下：

（一）確定蘇共在政治體制中的地位，實行黨政分開，推行黨內民主，實行選舉制和任期制。

蘇共一九次代會議決定，蘇共中央委員會和政治局不能取代最高權力機關和管理機關的職能，作為政治領導機關，任務是制訂社會發展戰略和對外政策，開展政治思想宣傳工作，負責培養和配備幹部。嚴格執行黨的領導機關向經選舉產生的黨代表會議報告工作，黨委會向黨的基層組織報告工作的制度，特別強調蘇共中央政治局定期向中央委員會報告工作；各級黨委會委員和書記（到中央委員為止）的選舉中實行廣泛討論候選人、無記名投票和差額選舉制；從黨的基層組織領導到中央政治局委員包括總書記不得連任兩屆以上。

（二）改革國家最高權力機關結構，建立人民代表大會制度，把國家權力重心從蘇共黨的系統轉移到蘇維埃。

蘇共領導人認識到，以往政治體制一個嚴重弊端在於，各級黨委超越職權代行蘇維埃的職能，政府官員參加蘇維埃工作，政府凌駕於蘇維埃之上。為了改變這種狀況，蘇共十九次全國代表會議提出了列寧時期「一切權力歸蘇維埃」的口號。為了使素有「橡皮圖章」之稱的蘇維埃真正成為行使國家權力的政權機關，會議決定重組蘇聯人民代表大會作為國家最高權力機關。在加盟共和國和自治共和國相應建立人民代表大會作為各自的國家最高權力機關。除中央和共和國一級部長會議主席和地方蘇維埃執委會主席外，在政府中任職的官員不能成為人民代表。

（三）修改人民代表選舉法，擴大蘇維埃選舉機制的民主性。

會議決定，人民代表選舉要實行差額選舉，允許選民自由表達意見和競選，允許社會組織派代表參加競選，擴大勞動人民在國家權力機關代表中的數量。

（四）加強法制建設，推行司法改革。

改革重點在於突出蘇維埃的立法職能，實行廣泛的司法改革，改革護法機關的組織制度和工作制度，明確司法獨立原則，實行司法民主和無罪推定原則。

同時在本次會議上進一步提出了「社會主義多元論」問題，認為「公開性要求在有關對外政策的任何問題上的意見多元論，要求自由比較各種不同的觀點，要求開展討論。」

戈巴契夫認為，決不應該愚弄人民，因為任何建立在謊言與欺騙上的政策都不會持久。因此，在十九次代表會議前後，他還著手對史達林時期的冤假錯案進行平反。一九八八年三月二十六日蘇聯最高法院軍事庭宣布為一九三七年的所謂「反蘇托洛茨基軍事組織」和一九四四年的「列寧格勒案件」平反；六月十三日撤銷一九三六年和一九三七年審理的季諾維也夫、加米涅夫、皮達可夫、拉狄克的判決；七月九日，蘇聯宣布對前領導人布哈林和李可夫等人恢復黨籍；八月四日，為三〇年代的四起重大冤假錯案平反；一九八九年一月五日，蘇共中央進一步建議撤銷三〇—四〇年代以及五〇年代初由司法機關作出的判決，為所有受害者恢復名譽。平反的同時陸續開放機密檔案，繼續放鬆對意識形態的控制。一九八八年十二月蘇聯停止對幾家西方電臺的干擾，解禁七千九百三十種書籍，進口二十多種西方報刊並公開發行。

為了給國內改革創造良好的外部環境，戈巴契夫對外交政策也進行了大幅度的調整。為了宣傳他對國內和國際形勢的新認識和新觀點，一九八七年十一月戈巴契夫出版了《改革與新思維》一書。

在「新思維」的指導下，蘇聯外交取得了不少積極的成果，主要是放棄了蘇聯以往咄咄逼人的進攻態勢，從阿富汗全部撤軍，對地區性衝突採取和解態度；主動放棄了軍備競賽的政策，從而結束了兩個超級大國在全球範圍內的爭霸和對抗的局面，緩和了國際局勢；停止了對東歐和其他社會主義國家的控制與干涉，使各國共產黨之間、社會主義國家間，特別是中蘇兩國、兩黨之間的關係實現正常化。

一九八九年三月，蘇聯進行了改革後的第一屆人民代表大會選舉。這是蘇聯第一次以差額的方式選舉國家最高權力機關，蘇聯社會各界群眾以空前高漲的熱情投入了競選。戈巴契夫本希望通過差額選舉吸納社會上支持改革的力量進入政權機關，以擴大其執政基礎。可事與願違，激進派首領葉利欽、加・波波夫、阿・索布恰克以及著名的持不同政見者安・薩哈羅夫、羅・麥德維傑夫等當選為人民代表。這反映了許多群眾對蘇共的不滿和對激進改革的支持。

人民代表大會運行之後，在國家最高政權機構，開始出現了不同社會力量的政治角逐與制衡，蘇共逐漸喪失了權力重心地位。同時蘇聯的經濟也開始出現危機，工人罷工的風潮迭起，固有的民族矛盾也逐漸浮出水面並不斷激化。

一九八九年春以後，蘇聯社會政治危機迅速發展，面對危機戈巴契夫及蘇共領導層試圖用三權分立體制和總統制加強聯盟權威，一九九〇年初以前戈巴契夫明確反對和抵制多黨制，一九八九年以後，蘇聯社會上要求實行多黨制的呼聲一浪高過一浪，逐漸形成了實行多黨制的社會氛圍和基礎，戈巴契夫的立場也發生了變化。一九九〇年二月五－七日蘇共舉行擴大的中央全會，全會通過了提交蘇共二十八大的《走向人道的民主的社會主義》行動綱領草案。戈巴契夫在報告中提出準備實行多黨制。

三月十二日召開了蘇聯非常人民代表大會。三月十四日通過了《關於設立蘇聯總統職位和蘇聯憲法（根本法）修改補充法》。該法對確保蘇共領導地位的蘇聯憲法第六條作了如下修改：「蘇聯共產黨、其他政黨以及工會、共青團、其他社會團體和運動通過自己選入人民代表蘇維埃的代表並以其他形式參加制定蘇維埃國家的政策，管理國家和社會事務。」修改後的憲法增設了「蘇聯總統」一章，宣布將黨與國家分開，標誌著多黨制和總統制的正式實行。

憲法賦予總統廣泛的權力，包括行政人事權、護法和監督權、立法提案和否決權、緊急處置權、統帥武裝力量權、外交權等，共十六項。這大大強化了國家元首的權力，使之應對和處理危機的能力大大提高。

修改後的憲法規定，總統由全國公民直接選舉產生。但首屆總統作為例外由蘇聯人民代表大會選舉產生。戈巴契夫當選為蘇聯第一任總統。

實行多黨制後，蘇共黨內鬥爭越來越激烈，民主綱領派（激進派）力量越來越強，在三至四月舉行的地方蘇維埃選舉中獲得了巨大的勝利。民主綱領派領導人索布恰克和波波夫分別當選為列寧格勒市和莫斯科市蘇維埃主席。五月十六日俄聯邦蘇維埃召開第一屆人民代表大會，葉利欽當選為俄聯邦最高蘇維埃主席。

一九九〇年七月二日，蘇共在莫斯科召開第二十八次代表大會。大會通過了「走向人道的民主的社會主義」綱領聲明和「蘇聯共產黨章程」等文件，提出了建立「人道的、民主的社會主義」奮鬥目標，具體措施上提出了建立「以社會所有制和混合所有制為基礎的可調節市場經濟」的經濟模式；三權分立的法制國家的政治模式和「主權共和國聯盟」的國家體制。

在蘇共二十八大上，雖然大多數代表經過激烈爭論最終認可了以戈巴契夫為代表的主流派提出的改革綱領，但二十八大實際上宣告了蘇共的分裂，葉利欽、索布恰克、波波夫等民主綱領派退出了蘇共並引發了蘇共的退黨狂潮。

隨後，激進派圍繞雷日科夫內閣的去留問題和「沙塔林計畫」及十月革命節等問題向蘇聯當局發起一輪一輪的攻勢，蘇共中央、俄羅斯共產黨召開一系列會議，譴責激進派的行為，要求採取非常措施制止社會動盪，軍隊領導也紛紛出面抗議這種反社會主義的活動，戈巴契夫頒布法令，採取了一系列制止動亂、恢復秩序的措施。但激進派毫不示弱，一九九〇年十二月三日，俄羅斯聯邦最高蘇維埃通過土地私有化綱領，次年三月，蘇聯發生第二次大規模的煤礦工人大罷工，數十萬名礦工停止工作，激進派支持罷工工人的要求，增強自己的實力，並使戈巴契夫受到沉重打擊。

為了穩定國內的局勢，戈巴契夫被迫改變強硬姿態，向葉利欽為首的反對派做出妥協。一九九一年四月二十三日，戈巴契夫與包括葉利欽在內地九個加盟共和國最高領導人舉行「九＋一」會談，就穩定國內局勢和克服危機達成協議，簽署了《關於穩定國內局勢和克服危機的刻不容緩措施的聯合聲明》，大家同意：簽訂新的主權共和國聯盟條約；條約簽訂後六個月內起草並通過新憲法；隨後選舉聯盟的政權機構。「九＋一」會談及其聲明使蘇聯國內緊張局勢得到一定程度的緩和。同時也大大地提高了以葉利欽為代表的激進派的地位。

在六月份的俄羅斯總統選舉中，葉利欽以懸殊的票數大敗共產黨支持的雷日科夫，葉利欽當選為第一屆俄羅斯總統。與此同時，激進派的波波夫和索布恰克分別當選為莫斯科市市長和列寧格勒市市長。葉利欽上臺伊始頒布「非黨化」命令，停止各政黨在俄羅斯聯邦的政府機構和國營企業中的活動，激化了和蘇共傳統派以及主流派的矛盾。

與此同時，蘇共內部的主流派分裂進一步加劇。七月二日，蘇聯總統首席顧問雅科夫列夫和前外長謝瓦爾德納澤、莫斯科市市長波波夫、列寧格勒市市長索布恰克、蘇聯總統經濟顧問沙塔林、蘇聯總統經濟助理彼得拉科夫、俄羅斯聯邦副總統魯茨科伊、總理西拉耶夫等九人聯名發表了建立新的社會組織「民主改革運動」的呼籲書，「民主改革運動」的目的是效仿西方的兩黨制政治模式，在蘇聯建立互相競爭制衡的兩黨制，保證政治和經濟改革繼續進行。七月四日，謝瓦爾德納澤宣布退出蘇共。二十七日，雅科夫列夫辭去總統顧問職務（後來也退出蘇共）。

八月三日由蘇共分裂出去的俄羅斯共產黨人民民主黨宣告成立。魯茨科伊當選為臨時委員會主席。

儘管蘇共傳統派強烈反對簽署新聯盟條約，但是七月三日蘇共中央政治局還是通過了關於新聯盟條約的聲明。八日，蘇聯憲法監督委員會對聯盟條約草案作出結論，不認為制定新聯盟條約草案是對憲法的破壞和損壞聯盟最高機關的權力。十二日，蘇聯最高蘇維埃通過了《關於主權國家聯盟條約草案的決定》，確定了以戈巴契夫為團長的全權聯盟代表團的組成人員名單，並授權全權聯盟代表團同各加盟共和國全權代表團商定聯盟條約的最後文本，以便最終在蘇人代會上簽訂這一條約。

關於建立新聯盟的努力是在各加盟共和國紛紛提出主權要求的背景下開始的，其目的是革新聯盟關係，其措施是制定並簽署新的聯盟條約，使之成為維持聯盟國家統一的法律基礎。

一九九〇年六月，戈巴契夫主持召開了蘇聯聯邦委員會會議，提出了重建「主權的社會主義國家聯盟」的構想。十二月舉行的蘇聯第四次人民代表大會關於新聯盟條約的報告中，指出了未來國家的國體為主權共和國聯盟，也就是獨立國家的聯盟。

幾經周折，一九九一年三月，討論並通過新聯盟條約的草案。為使新聯盟條約具有廣泛的社會基礎，蘇聯最高蘇維埃決定舉行關於是否保留聯盟問題的全民公決。提交給公決的問題是：「您是否認為把蘇維埃社會主義共和國聯盟作為被革新的平等的主權共和國聯邦保留下來是必要的，該聯邦將完全保障各個民族的人的權利和自由。」三月十七日，蘇聯舉行了歷史上第一次全民公決，但遭到了立陶宛、愛沙尼亞、拉脫維亞、格魯吉亞、亞美尼亞和莫爾達瓦六國的抵制。公決的結果約百分之七十六點四的人贊成保留聯盟。

「九十一」會談及聲明發表後，新聯盟協調委員會又綜合各方意見進行修改。五月下旬，蘇聯聯邦委員會及起草委員會原則通過了條約草案。七月下旬，戈巴契夫與十個加盟共和國全權代表團領導人一起為新聯盟條約定稿，並決定八月二十日後簽署。

新聯盟條約規定各加盟共和國都是「主權國家」，可按規定程式退出聯盟。他們有確立自己國家體制和同外國建立外交關係等對外權；條約還規定共和國首腦可以參加聯盟內閣的工作並擁有表決權；條約規定各加盟共和國與聯盟共同擁有確定並實施國家安全戰略和軍事政策、管理國防工業的權利和義務，同時明文規定不允許用武力解決國內問題。中央獨自擁有的權力僅限於領導統一的武裝力量和組織、協調、發展貨幣統一的全蘇市場等任務。

在蘇共傳統派以及戈巴契夫身邊的掌實權的人看來，新聯盟條約的簽署必將使聯盟形同虛設，國家和黨不可避免地會四分五裂。為了挽狂瀾於既倒，他們決定鋌而走險，於新聯盟條約簽署的前一天——八月十九日發動了震驚世界的「八・一九政變」。

「八・一九政變」的失敗使簽署新聯盟條約的計畫落空，國內局勢急劇變化，聯盟中央的權威喪失殆盡。不僅直接導致蘇聯的解體，而且使蘇聯共產黨土崩瓦解，也宣告戈巴契夫改革的失敗。

二、改革失敗的外因——美蘇對抗的影響

美蘇對抗是戈巴契夫改革失敗的外因，本文從以下三個方面展開分析：

（一）西方價值觀對蘇聯的領導人、知識份子和廣大人民群眾的影響

在美蘇長期對抗的過程中，美國的自由、民主、人權等價值觀對蘇聯的領導人、知識份子和廣大人民群眾產生了潛移默化的影響。被稱為改革設計師的雅科夫列夫和葉利欽、索布恰克等激進改革派的代表人物幾乎全面接受了西方的價值觀，自不待說，戈巴契夫本人也受到了西方價值觀的深刻影響。在前面分析戈巴契夫時期的美蘇對抗時已談過，美蘇的長期對抗使蘇聯的軍費負擔越來越重，經濟發展難以為繼，戈巴契夫上臺後不得不迅速而全面地調整對外政策，根本改變與美國對抗的國策。在一九八七年戈巴契夫上臺的第二年即出版了《改革與新思維》，為調整對外政策做理論上的論證。戈巴契夫在書中已不再認為美國是「萬惡帝國」，相反，提出了「全人類的利益高於一切，全人類的價值至高無上」等著名論點，這實質上是對由歐美發達資本主義國家創造的人類文明成果的認可，也暗藏著對蘇聯傳統意識形態的厭惡和過

去脫離了人類文明發展的共同道路的悔恨，以及對重返人類文明的主流——歐洲文明的嚮往。戈巴契夫後來曾說：「在資本主義社會和社會主義社會有著就其內容來說十分相似的進程。」一九九〇年在蘇共中央二月全會正式肯定了「三權分立」學說：「三權——立法權、行政權和司法權分立對於管理效率來說有關鍵性意義。」下臺後，他直言不諱說：「我生活的目的就是消滅對人民實行無法忍受的獨裁統治的共產主義。……我只有身居最高層職位，才能對此有最大的作為。因此，我妻子要我不懈努力地往上爬。當我親自認識了西方，我的決定就成了不可更改的了。我必須消除蘇共和蘇聯的整個領導，我必須消除所有社會主義國家的領導。我的理想是走社會民主黨的道路。」戈巴契夫是黨內主流派的首領，他的思想實際也是主流派的思想。

除了領導人外，蘇聯知識份子也受到了以美國為代表的西方價值觀的強烈影響。最能說明這個問題的是以美國為首的西方國家對蘇聯持不同政見運動的同情、影響和支持。蘇聯持不同政見運動是從勃列日涅夫上臺時開始的，其成員絕大多數是知識份子，自由主義派是該項運動中影響最大的派別。這一派別在政治思想上崇尚歐美社會的自由、民主價值觀，它的代表薩哈羅夫進入七〇年代後逐漸成為一位美國式的自由民主的提倡者和鼓吹者。持不同政見運動雖然遭到了蘇聯當局的嚴厲鎮壓，但它對蘇聯政治體制的崩塌產生了深刻的影響。首先，傳播他們思想的地下出版物在群眾中廣泛流傳，不僅知識份子就連普通工人閱讀地下刊物也成了一種時尚，相當多的工人對持不同政見者抱同情態度，儘量保護他們的活動。其次，也是最重要的，他們思想直接影響了在赫魯雪夫時期成長起來的被稱為「六〇年代人」，這些人中的很多人也包括戈巴契夫和葉利欽後來都成為改革的中堅。「持不同政見者」許多思想和主張直接後來成為戈巴契夫特別是葉利欽改革的主導思想。葉利欽成為黨內激進派的首領時，薩哈羅夫就成為他的親密戰友，他倆經常並肩「戰鬥」，直到薩哈羅夫去世。從這個意義上說，索爾仁尼琴確實是一語成讖：持不同政見運動是「俄羅斯知識份子為反對蘇聯政權所作的精神和意識形態上的準備」。

持不同政見者不僅為蘇聯政治體制的改革及崩塌作了思想上的準備，而且在戈巴契夫上臺後，政治上相當活躍，不僅發表了大量的文章、小說和論著，揭露蘇聯的弊端，而且組織各種團體，積極進行遊行示威和競選等各種政治活動，成為改革的急先鋒。譬如，薩哈羅夫一九八九年六月九日在第一次人民代表會議上發言，第一條建議就是取消規定共產黨領導的憲法第六條，難怪有人說他臨死前「給了這個制度致命的一擊」。

以美國為首的西方國家，一開始就同情並採取各種方式支援蘇聯的持不同政見運動。一九七〇年著名持不同政見者索爾仁尼琴被授予諾貝爾文學獎，一九七五年八月，美國、蘇聯等三十五國在歐洲安全與合作會議上簽署了《赫爾辛基協定》。檔寫上了保衛政治權利和公民權利的內容，規定所有的簽字國都有義務允許東西方之間的人民、思想與商業更自由地交換與往來。此後，歐美國家公開支援持不同政見運動，一九七五年薩哈羅夫獲得諾貝爾和平獎，是對持不同政見運動的一大鼓舞。一九七七年蘇聯當局對莫斯科和基輔的赫爾辛基小組領導人奧爾洛夫和魯堅科的逮捕引發了世界性的抗議鬥爭。同年，卡特總統一上臺就接見索爾仁尼琴和剛獲准赴美的另一名蘇聯「持不同政見者」的領導人B．布科夫斯基，並致函薩哈羅夫，聲稱蘇聯的人權問題是美國政府主要關心的問題。在西方的支持和資助下，一些流亡在國外的「持不同政見者」發表自己的著述，出版《來自蘇聯的資訊》雜誌並向國內傳播。西方媒體開始系統地報導蘇聯「持不同政見者」活動的情況，為運動加油助威。一九八八年五月底，來蘇聯訪問的美國總統雷根公開接見了「持不同政見者」，再一次使他們大受鼓舞。

除了「持不同政見者」外，其他知識份子也受到了以美國為代表的西方價值觀的影響，特別是中青年知識份子，例如著名的經濟學家和政治活動家蓋達爾、丘拜斯等。蓋達爾成長在一個典型的革命家庭，他的祖父是紅軍指揮員和蘇聯兒童文學的經典作家，父親是著名的海軍將領和蘇聯駐古巴軍事代表團團長。在莫斯科大學上學時蓋達爾獲得了列寧獎學金，加入了蘇聯共產黨，博士畢業後，被任命為蘇聯黨中央最重要的理論刊物《共產黨員》雜誌經濟政策部主任。但蓋達爾閱讀了薩繆爾森的《經濟學》和亞當斯密的《國富論》，並深受後者的影響，到上世紀八〇年代，他主持了成員大多來自中央經濟數學研究所的地下經濟學研究小組，思想上發生了更大變化，被稱為「芝加哥小男孩」、「完全美國化了的專家」。而丘拜斯畢業於列寧格勒工程經濟學院，做過副教授，無獨有偶，他主持了聖彼德堡地下經濟學研究小組，他受西方經濟學的思想影響比蓋達爾有過之無不及。

早在一九八一年，戈巴契夫剛進中央書記處時身邊就聚集了一大批經濟學家和學者，當時幾乎蘇聯所有的經濟學研究所的所長、院士、大學的知名學者都定期和戈巴契夫聚會，以至於這幾乎成了一所獨特的學校，戈巴契夫在這裡瞭解情況接受培訓。他上臺後，將知識份子作為自己倚重的力量，對他們委以重任以推動改革。除亞歷山大・雅克列夫之外，瓦・安・梅德維傑夫、阿巴爾金、阿・格・阿甘別吉揚、安・伊・安奇什金、斯・阿・西塔良、斯・謝・沙塔林、格・阿・阿爾巴托夫等著名學者組成了戈巴契夫的智囊團，他們不僅準備講話稿，還參加重要文件的擬定和重要方案的制定。

前面分析過美蘇對抗動搖了人民的政治信仰，隨著民主化和公開性的推行，知識份子通過文章、演說、電影、戲劇等多種形式把他們的思想傳播給人民群眾，結果人民群眾的思想也發生了很大的變化，從對蘇共傳統意識形態的動搖發展到對它的背棄。一九八九年夏秋季爆發的支持激進派的煤礦工人政治大罷工就是一個明顯標誌。到一九九〇年，據社會學調查資料顯示，主張走西方道路的人占總人數的百分之九十以上。由此可見，以美國為代表的西方價值觀對蘇聯人民的影響之大。

（二）以美國為首的西方國家對東歐劇變和蘇聯民族分離運動的影響

一九八〇年九月二十二日波蘭成立了旨在改變現行政權的團結工會。經過多年的鬥爭，它終於在一九八九年的議會選舉中獲得勝利並組織了波蘭戰後第一個非共產黨聯合政府。完全失去政權的波蘭統一工人黨於一九九〇年一月解散。一九八九年的波蘭劇變宣告了戰後波蘭四五年社會主義實踐的失敗。

一九八五年匈牙利的政局開始動盪，大批知識份子陸續流亡西方，反對政府的地下刊物也出現。從一九八八年開始以民主論壇為首的反對派積極從事改變匈牙利政治體制的活動，同時匈牙利共產黨（社會主義工人黨）內的「改革派」也逐漸得勢，一九八九年十月初，社工黨改名為社會黨。在一九九〇年的選舉中，民主論壇獲勝。匈牙利「和平地」實現了政權更迭。

在波蘭、匈牙利變動的衝擊下，捷克的黨和政府受到了巨大的壓力。一九八九年六月，「七七憲章」提出澈底改革和推進民主化的要求。十一月十七日，首都布拉格發生群眾大規模遊行示威。十一月十九日，「七七憲章」等十二個反對派組織實行聯合，成立「公民論壇」。

接著，捷克共產黨發生分裂，黨內出現「民主論壇」，支持反對派的政治主張。在十二月二十八日至二十九日的聯邦議會選舉中，反對派獲勝，捷共丟失政權。

一九八九年民主德國開始有大批居民出走，政局開始不穩定。十月民主德國國內不斷發生示威遊行，衝突加劇。民主德國社會民主黨、新論壇等反對組織也相繼成立。在內外壓力下，民主德國統一社會黨一步步退讓，最終在一九九〇年的人民議院選舉中失敗，由執政黨淪為在野黨。同年十月，以民主德國加入聯邦德國的形式實現了兩德的統一。

隨著波蘭、匈牙利、捷克、民主德國共產黨政權的崩塌，其他東歐國家像羅馬尼亞、南斯拉夫、保加利亞、阿爾巴尼亞等社會主義國家也相繼發生了劇變。

東歐劇變雖然是內部矛盾發展的結果，但是以美國為首的西方國家對反對派的支持也是劇變的一個不可或缺的外部原因。東歐國家的反對派無一沒有得到以美國為首的西方國家的支持。從波蘭的團結工會，到民主德國的新論壇，到捷克斯洛伐克的公民論壇，到保加利亞的生態公開性組織等等反對派組織，他們的主張在西方得到宣傳並傳播到他們本國，他們的行動一直得到西方的鼓勵與支持，他們的活動經費也絕大部分來自西方國家。最有代表性的是波蘭的團結工會，其從成立伊始就得到美國政府的大力支持，一九八一年十二月團結工會遭到當局鎮壓，雷根政府用盡一切辦法對其進行挽救，到一九八八年團結工會終於東山再起，並最終奪取了政權。

東歐劇變對蘇聯民族分離主義是一個極大的鼓舞。他們自然會想到：既然東歐國家可以脫離蘇聯控制而實現真正的獨立自主，我們同樣可以成功。早在一九八八年十月，波羅的海三國的民族主義勢力相繼成立了人民陣線（在立陶宛為「立陶宛爭取改革運動」），開始了爭取獨立的活動，他們的行動受到了三國黨的領導人的支援和利用。一九八九年，立陶宛和愛沙尼亞最高蘇維埃通過致蘇聯人民代表大會和蘇維埃政府的呼籲書，要求宣布一九三九年蘇德條約非法、無效，在事實上公開提出了脫離蘇聯而獨立的要求。在東歐劇變的鼓舞下，立陶宛於一九九〇年三月十一日宣布獨立。隨即美國總統布希表示支持，而國會的態度更為堅決，參眾兩院立即敦促布希政府考慮承認立陶宛、儘早同它建立正常的外交關係，把批准美蘇貿易協定與蘇聯是否同立陶宛政府進行有誠意的談判與放棄其經濟制裁相掛鉤。一九九一年一月十三日蘇聯坦克進入立陶宛後，美國各界反應更為強烈，參眾兩院認為蘇聯繼續在立陶宛使用武力必將嚴重影響美蘇關係的前景；參議院要求政府重審和減少對蘇的經濟和其他援助，眾議院則要求布希政府同西歐盟國加以協調以對蘇進行制裁。結果在很短的時間內，美國就向波羅的海三國派駐了外交官；布希警告蘇聯在立陶宛使用武力可能對美蘇關係產生「不利影響」；在接見美籍波羅的海人社區領導人時，布希表示贊成立陶宛、拉脫維亞和愛沙尼亞變為「芬蘭式的獨立國家」；在五月二日的一次講話中，布希堅決主張「支持立陶宛、拉脫維亞、愛沙尼亞的自決」。可見，蘇聯的民族分離運動不僅受到東歐劇變的鼓舞，而且直接得到了美國的有力支持。民族分離運動的發展使蘇聯的局勢變得更加緊迫和複雜，比如立陶宛的共產黨因害怕被本國人民所拋棄而不得不支持獨立，他們的立場實際已經破壞了蘇共的統一，隨後，立陶宛共產黨分裂為維護蘇共組織統一和要求從蘇共中獨立出來的兩派，從而開始了蘇共從高度統一的體制向「聯邦化」轉變的過程。不僅如此，蘇聯的一黨制向多黨制轉變也是首先從立陶宛開始的，一九八九年十二月七日立陶宛最高蘇維埃修改了該共和國憲法第六條（該條規定共產黨的領導地位），宣布實行多黨制。次年二月，蘇共中央全會才決定放棄一黨制原則。所有這些都給戈巴契夫所推動的政治經濟體制改革帶來了更大的困難，並最終成為其改革失敗的導火索。

（三）以美國為首的西方國家對蘇聯激進改革派的支持及經濟援助的不力

以美國為首的西方國家所推動的東歐劇變不僅影響蘇聯的民族分離運動，而且給激進改革派以極大的鼓舞，增加了他們獲勝的信心，使已經出現危機的蘇聯政局產生了強烈的衝擊波。這個衝擊波用葉利欽的話說：「砸在柏林牆上的第一錘宣告了蘇聯的終結。」

蘇聯的激進改革派類似于東歐的反對派，他們同樣受到以美國為首的西方國家的同情、鼓勵與支持。葉利欽和戈巴契夫鬧翻被免去黨內高級職務後想去美國訪問，美國大使當即答應考慮。在當選為蘇聯最高蘇維埃民族院代表後，葉利欽作為反對派的代表果真收到美國政府的訪問邀請，並受到美國總統接見。一九九一年六月份葉利欽在剛當選俄羅斯總統而尚未就職的情況下就接到美國總統的訪問邀請。另一位激進改革派首領莫斯科市長波波夫在得到政變的可靠情報後難以直接告訴葉利欽，而是首先告訴美國大使，讓他設法通過總統布希轉告，由此可見，他們互相之間的信任已經到了何種程度。對於「八・一九」事件，布希經過短暫的「曖昧」後發表了聲明對政變表示譴責，認為政變是非法和違憲的，並立即和葉利欽取得了緊密聯繫，僅在政變的第二天布希就和葉利欽通了三次電話。葉利欽向布希介紹了國內局勢和進一步的行動方針，布希則向葉利欽保證美國支持戈巴契夫和葉利欽。此外，布希不惜違法瞞過國會把通過破譯密碼獲得的政變領導人的談話情況告訴葉利欽，這等於幫了葉利欽一個大忙，葉利欽掌握這一關鍵情報即掌握了軍事將領的態度，這樣就可以去做爭取和分化的工作。不僅如此，布希還派了一位通信專家去幫助葉利欽去爭取態度搖擺不定的軍事將領的支持。

雖然以美國為首的西方對戈巴契夫的改革表示了肯定和鼓勵，但是其支持主要表現在政治上，在經濟上則是「口惠而實不至」。雖說在政治上總體是支持戈巴契夫的，但這種支持是有條件和有限度的。首先，如前所述，他們在支持戈巴契夫的同時也支持激進改革派，後者力量的逐漸壯大和以美國為首的西方支持是分不開的，這反過來又制約了戈巴契夫的改革。其次，一旦戈巴契夫向傳統派靠攏，比如在波羅的海三國獨立的問題上採取強硬措施，美國就表示難以容忍，並給戈巴契夫施加壓力。美國對戈巴契夫改革在經濟上的「口惠」其實造成了一種誤導，他們一再表示會全力支持和配合戈巴契夫的經濟改革，這使得戈巴契夫誤認為他的改革會得到巨額資金，但到關鍵時刻，他們卻遲遲不兌現。例如一九九一年五月，戈巴契夫的經濟顧問亞夫林斯基與哈佛美國學者共同起草了旨在指導蘇聯改革的「哈佛計畫」，戈巴契夫打算用蘇聯「朝著民主化方向前進」，「實現市場經濟」和「建立新的世界安全秩序」為條件來換取一千五百億美元的外援（「哈佛計畫」提出），但他的頗具雄心的計畫並未得到西方的同情與回應。因為在蘇聯前途未卜去向不明時，西方國家不願隨便出手，以免造成援助的浪費。事實上，面對戈巴契夫急需外援的強烈要求，西方國家並未給出多少經濟援助，根據有關資料顯示，一九九〇年九月至一九九二年一月，西方國家對蘇聯提供了八百億美元的援助，而美國作為他寄予希望美國的國家，僅援助四十六億美元，約占西方總援助金額的百分之六點五。美國在經濟援助上的一再「吝嗇」對戈巴契夫的改革是個不小的打擊，減少了其改革成功的可能性。

三、改革失敗的內因——政治體制的僵化

社會主義國家的改革是一項沒有成功經驗可以借鑒的、一場艱巨的事業。這就要求改革者不僅有勇氣，而且有高度的智慧。從改革的總體設計到每一步驟的具體實施都要慎之又慎，穩紮穩打，同時要根據不斷出現的新問題，及時調整策略，改進方法，在探索中不斷前行。可戈巴契夫們勇氣有嘉，智慧不足，雖善於搞平衡，但急於求成，好大喜功，在條件尚不成熟的時候，加大了政治改革的力度，結果逐漸地喪失了對局勢的控制能力。在危急關頭和赫魯雪夫一樣過於自信，閉眼不看明眼人一望便知的危險，充耳不聞老搭檔們的警告，沒能阻止「八・一九政變」的發生，喪失了挽救蘇聯的最後機會。

筆者認為戈巴契夫改革雖然晚於赫魯雪夫改革二十年，但同赫魯雪夫一樣都是史達林模式的產兒，「他（戈巴契夫）出生在史達林時代，他們這代人完全是史達林模式鍛造出來的，在學校、少先隊和後來的青年團裡都接受洗腦般的教育，幾乎不對官方的教義提出疑義。」從這個意義上說，他們改革失敗的根本原因是一樣的，那就是蘇聯政治體制的僵化。

前面已經談到在勃列日涅夫停滯時期，蘇聯政治體制進一步僵化，給改革造成了巨大的障

礙。當一九八二年勃列日涅夫病逝時，博爾金歎道：「我當時明白了，與世長辭的不僅僅是勃列日涅夫一個人，而是一個時代，一個靠革命、戰爭、史達林的社會主義觀點培育起來的人支撐著的時代。」

中國學者劉遜等指出：「勃列日涅夫是一位『天生的官僚』，但正因為如此，他才不會冒險去改革，更何況赫魯雪夫的前車不遠。所以這位『天生的官僚』，執政長達竟二十年，竟沒對蘇聯的政治、經濟體制作絲毫的觸動。蘇聯在他執政時期達到了爭霸的頂峰，但活力窒息也到了最後的關頭。從某種意義上來說，一九八二年，勃列日涅夫的去世已經標誌著蘇聯的結束，只是龐大國家的慣性又使之殘喘了十年。有趣的是，戈巴契夫竟歡天喜地地接過了這只燙手的山芋。」中國學者陸南泉、姜長斌、徐葵等在談到戈巴契夫改革失敗的根本原因時也認為「歷史原因是根本原因，沒有歷史上的各種問題、矛盾的積累，不可能有後來的爆發和劇變。」「特別是史達林體制本身的各種問題和弊端，是導致蘇聯劇變和解體的根本原因。」

戈巴契夫的改革是在吸收了赫魯雪夫、安德羅波夫以及東歐國家改革教訓的基礎上進行的。他認為以前的改革「都是半途而廢的和不成功的。」他認識到了必須對以往的政治經濟體制進行根本性的改革。但是在改革初期，為了穩妥起見，他還是先進行了經濟改革，搞了「加速戰略」，到了一九八七年經濟方面又進行了「全面改革」。「加速戰略」和「全面改革」很快失敗，除了改革戰略設計本身不切實際之外，主要原因是由於掌管著管理機關的龐大的官僚隊伍對經濟改革的懷疑和抵制。比如在擴大企業自主權方面，蘇共領導原以為實行訂貨制度就可以改變過去由政府部門給企業下達生產指標的傳統辦法。但不少部和主管機關在實行這一制度時往往可以用超出國家制定的訂貨比例下達訂貨任務，訂貨額可高達企業生產能力的百分之八十到九十，使擴大企業自主權變成空話。

改革是一項系統工程，經濟體制改革和政治體制改革在改革進程當中是相互依賴的，因此經濟體制改革不可能在沒有政治體制改革配合的情況下取得成功。

同時改革是人民群眾的事業，離開人民群眾的積極參與，改革也不可能取得成功。

戈巴契夫原先以為只要抓住擁有一千九百萬黨員的黨，把黨變成一種變革的力量，就能順利地推進改革事業。他曾明確指出：「改革是根據蘇聯共產黨的倡議開始並且在它的領導下進行的。黨認為自己有勇氣、有力量制定新的政策，並能夠領導和開展社會的革新進程。」

但事實證明他錯了，蘇共脫離了人民群眾，是一個無力實施有力領導的黨。他自己後來也對蘇共失去了信心，「雖然他已經盡最大努力提高他在黨內的領導能力，但是他還是逐漸對自己所掌控的黨的機構傳達他的意願的能力感到失望。」因此，戈巴契夫決心依靠人民群眾，讓人民群眾成為改革的主人，同時也為暮氣沉沉的蘇共注入活力。

因此，戈巴契夫及蘇共領導層在經濟改革受挫之後，啟動政治改革的進程其本身並沒有什麼錯誤。

戈巴契夫及蘇共領導層認為，蘇聯以往的改革失敗的一個重要原因是沒有得到廣大人民群眾的理解和支持。為了避免重蹈覆轍，必須把真實情況告訴人民，增加公開性和透明度，用民主的方法動員群眾積極投身改革。

早在戈巴契夫上臺之前的一九八四年，他就論述過公開性問題，指出：「公開性原則是社會主義民主不可分割的一個方面，也是整個社會生活的準則。」

一九八六年他在黨的二十七大政治報告中指出：「擴大公開性問題對於我們來說是原則性的問題也是個政治問題。……我們應當使公開性成為不斷起作用的制度。」

一九八七年，在他的《改革與新思維》中戈巴契夫突出強調了民主問題對改革的意義。他認為，民主是社會主義的本質特徵，社會主義與民主不可分割，沒有民主，就沒有社會主義。民主化的程度不僅決定改革的成敗，還將決定整個社會主義的未來。

公開性和民主化並非戈巴契夫的發明，不僅馬克思和恩格斯對此有很多的論述，而且列寧在十月革命後也一直宣導。在《怎麼辦？》一書中，列寧說：「廣泛民主原則要包含以下兩個必要條件：第一，完全的公開性；第二，一切職務經過選舉。沒有公開性而談民主制是可笑的。」

當時不僅戈巴契夫大談公開性和民主化，而且被公認為保守派首領的利加喬夫，一九八七年在《論蘇聯改革的革命實質》一文中，也專門論述了公開性原則的意義：「只有在公開性、討論、自由與公開比較各種觀點的情況下，才能防止在制定關係到國家命運的決定中犯錯誤。只有在民主化、批評與自我批評、自覺地讓每一個人自由判斷發生的一切，才能防止對社會主義原則的歪曲。最後，只有在民主化和自上而下監督的情況下，才能發揮創造性的個體——為人民的聰明才智和才能的誠實競賽，為貫徹有效的幹部政策，防止濫用職權創造有利氣氛。」

可見，公開性和民主化是改革之初的蘇共領導層的共識，「民主對於他們來說已經不再是洪水猛獸，他們認為蘇聯已經取得了社會主義的勝利，現在需要的正是在國家植入民主的思想。」公開性和民主化推行後受到了社會的廣泛歡迎。連反對戈氏的博爾金也承認：「戈巴契夫上任後，全會工作出現很多新跡象，恢復了一部分列寧的民主原則，消滅的形式主義，給工作中的變化帶來一股新鮮空氣。」

馬克思、恩格斯指出：「人們自己創造自己的歷史，但是他們並不是隨心所欲地創造，並不是在他們自己選定的條件下創造，而是在直接碰到的、既定的、從過去承繼下來的條件下創造。」推行公開性和民主化的初衷是好的，但長期封閉的蘇聯社會就像一個孱弱的病人，他受不了公開性和民主化這劑猛藥。也如一個打足氣的氣球，哪怕刺破一個小口，就會引起整個爆裂。

「戈巴契夫和他的顧問們誰也沒有想到引進民主思想會給他們的國家帶來這麼大的變化。」公開性和民主化的推行，很快就引發了黨內的激烈鬥爭。黨內分為戈巴契夫為首的主流派或稱中間派、利加喬夫為首的保守派或稱傳統派，和以葉利欽為首的激進派或稱民主派。

葉利欽擔任蘇共中央政治局候補委員和莫斯科市委第一書記時，大刀闊斧地推進改革，採取嚴厲措施清除官僚腐敗，大膽地向那些貪污受賄的黑首黨開刀，撤換了莫斯科三十三個區委第一書記中的二十三個。同時，也去掉了高級幹部享受的許多特權。因此，獲得了許多莫斯科人的擁戴。但也激起了官僚特權階層的憤怒，激化了和利加喬夫為代表的傳統派的矛盾，《莫斯科真理報》上發表的一封高級官員夫人的一封信，集中地反映了官僚特權階層的惱怒。「別再攻擊我們啦！你們不過是在白費力氣。你們都是精英，但你們阻擋不了社會兩極分化的趨勢，你們還沒有這份能耐！我們要把你們改革之船的風帆扯得粉碎！你們奈何不了我們，還是知趣點，別再咋呼啦！」

很自然，利加喬夫利用主持書記處日常工作的權利處處為難葉利欽，兩人多次發生尖銳衝突，葉利欽因此沒能從政治局候補委員轉成正式委員。事實上，戈巴契夫從內心深處是同情和支持葉利欽的，但他主張穩步推進改革，擔心葉利欽急躁魯莽會適得其反，給利加喬夫提供打擊改革的「彈藥」。因此沒有明確表態支持葉利欽。結果葉利欽對戈巴契夫的抱怨日益加深，在一九八七年九月十二日政治局會議上，兩人公開發生衝突，葉利欽的政治局候補委員和莫斯科市委第一書記的職務被免除，降職為國家建設委員會第一副主席。

葉利欽作為蘇共培養起來的高級幹部，一開始也是想走體制內改革之路的，他和利加喬夫乃至戈巴契夫僅僅是在改革戰略上有分歧，但隨著改革的深入，他和利加喬夫之間的矛盾越來越尖銳，直至難以調和。利加喬夫越是打壓他，他的反擊就越猛烈，對體制的批判也就越激底。這樣以來，利加喬夫更加不能容忍。到後來戈巴契夫也不能容忍他了，結果葉利欽對體制內改革失望之極，於是走上了體制外的反叛之路，最終成為反體制的英雄。可見，葉利欽是僵化體制本身製造的問題。

保守派、中間派和激進派在激烈的角逐中，力量對比很快就發生了變化。激進派越戰越強，這一度導致了戈巴契夫和保守派拉開了距離，甚至打壓保守派。戈巴契夫把利加喬夫降為負責農業的中央書記。在蘇共二十八大上，蘇共領導層宣布實現政治多元化、多黨制和建設人道的民主的社會主義。但保守派的巨大壓力，使得戈巴契夫重新向保守派靠攏。這主要表現在戈巴契夫反對葉利欽「倒閣」，暫時保住了總理雷日科夫，並放棄了原來與葉利欽達成的執行沙塔林計畫向市場經濟過渡的協議，而是搞了一個把沙塔林和雷日科夫計畫折衷起來的「總統計畫」。

戈巴契夫向保守派靠攏，使葉利欽獲得了更多的支持，態度也更趨激進。一九九一年六月十二日，葉利欽當選為俄羅斯總統，很快頒布「非黨化」命令，矛頭直指蘇共。在葉利欽的凌厲攻勢之下，中間派分裂了，總統的左膀右臂謝瓦爾德納澤和雅科夫列夫先後離開總統並退出蘇共，而戈巴契夫信任的掌握強力機構的如克格勃主席克留奇克夫、內務部長普戈和國防部長亞佐夫等人則靠向了保守派。正是上述幾個人發動了「八・一九」政變。結果使蘇聯社會反體制的情緒達到了最高峰。不僅蘇聯解體了，連蘇共也被解散了。

事實表明，葉利欽及所代表的激進派越是被打壓威望就越高，獲得的支持也越多。一九八七年，葉利欽被解職後，「抗議全會決議的信件如巨浪一般，湧向中央委員會，湧向《真理報》編輯部，甚至湧向所有中央級報刊的編輯部。」

一九八八年六月底，在第十九次黨代會上，葉利欽又受到打壓，差點沒當上代表，但聲望大增。在一九八八年年底開始競選第一屆人民代表大會代表並取得成功。一九九〇年五月又當選為俄羅斯聯邦最高蘇維埃主席，成為蘇聯幅員最大的加盟共和國的總管。一九九一年二月至三月戈巴契夫對葉利欽這顆冉冉上升的政治明星進行了猛烈的攻擊。二月二十三日，莫斯科舉行了慶祝蘇聯建軍節的三十萬人集會，譴責葉利欽。一些領導人、團體以及報刊紛紛發表言論，要求葉利欽下臺，可是同以往一樣，對葉利欽的打擊只能給葉利欽帶來更高的政治聲望。一九九一年六月，葉利欽又當選為俄羅斯首任民選總統。八·一九政變時，政變當局試圖逮捕葉利欽，結果葉利欽的威望達到頂峰，以至於有些女士在徵婚廣告中聲稱：只考慮與葉利欽政治傾向一致的男士。

何以會出現這種情況？或者說為什麼改革所培育的新興的社會力量會成為現政權的對立面並且越來越強大呢？其深層原因在於：政治體制僵化使問題積重難返，認同度很低而又尤其缺乏彈性的政府沒有能力通過有效的多種管道將政治參與適時適度地調整至既有利於改革，又對政府不形成過大壓力的最佳狀態，而一旦政府感到壓力太大，就只能採取簡單粗暴的方式對政治參與進行壓制，結果嚴重挫傷參與者的政治熱情，加劇認同危機，最終使雖對體制不滿但贊同改革的社會力量，轉變成為威脅政權的對立力量。

同時，改革意味著實施新的制度，意味著權力和利益的重新分配。但舊制度不可能一下子全部清除，既得利益者也不會輕易放棄原有的權力和地位，尤其是涉及改革者本身的權力與利益時更是如此。而恰在此時，舊制度的殘餘和舊勢力的腐敗與特權，較之往日更容易地激起人們的憎恨。政府如果不能滿足民眾的革除腐敗的舊勢力的要求，或者使改革倒退，必然會受到人民的強烈譴責，最終被無情地拋棄。相反這時以反對舊勢力英雄面目出現的人物就會受到人民的熱烈支持和擁戴。因此，歸根結底這一切還是缺乏彈性過度僵化的政治體制使然。

換個角度，從蘇聯社會各個階層對改革的態度來看。我們發現：勞動者在改革中政治態度發生了變化。一九八九年夏秋季爆發的大規模的礦工罷工浪潮就標誌著蘇聯工人階級開始倒向激進派；知識份子階層在改革初期支持政府，後來也倒向激進派；「地方精英」即各加盟共和國、各地區的領導者階層的態度也隨著改革的進程不斷發生變化，立場越來越接近激進派。當俄羅斯聯邦率先宣布自己擁有主權後，出於對大俄羅斯主義的警惕和防禦，其他各加盟共和國立即做出本能的反應，紛紛發表了獨立和主權宣言；與此同時，整個社會思潮也在發生急劇的變化，大多數年輕人和文化程度較高的人，贊同激進派的觀點。如果政治體制不那麼僵化，認同度比較高，政府就可能不斷地調整政策，改革弊端從而逐漸獲得人們的諒解、理解和支持，政府的社會基礎就越來越牢固，激進派就難以坐大。

有人說公開性和民主化的推行，特別是平反冤假錯案，重新評價蘇聯歷史，使政府失去了人民的信任，降低了合法性，是蘇聯政治體制演變的一個重要原因。這話並不錯。但問題在於改革就是去除弊端、糾正錯誤，而做到這一點就必須首先承認錯誤並找到錯誤的根源，也就是還歷史的本來面目。但這樣以來人民就會瞭解歷史的真相，痛苦的傷疤就會被揭開，從農業集體化到三〇年代的大清洗再到戰後的大清洗，幾千萬人成為冤魂，他們的親戚朋友和有良知的人們能不怨恨？能不思考產生這些冤案的原因？可不這樣做又無法獲得道義上的力量——黨敢於承認錯誤，勇於糾正錯誤。真實進退兩難，難怪托克維爾在反思法國大革命失敗的原因時深有感觸地說：「被革命摧毀的政權總是比它前面的政權更好，而且經驗告訴我們，對於一個壞政府來說，最危險的時刻通常就是它開始改革的時刻。」「因為人們耐心忍受著苦難，以為這是不可避免的，但一旦有人出主意想消除苦難時，它就變得無法忍受了」托克維爾的話，換個說法就是一個壞政府在走向改革之路時，就象一個背負沉重包袱的人在攀登懸崖峭壁，一不小心就會粉身碎骨。所以，說來說去，還是包袱沉重的問題，也就是僵化的政治體制的問題。

最後，如果不看到政治體制僵化這個根本原因，只看到戈巴契夫的錯誤，我們就無法回答下面的問題：

戈巴契夫是什麼樣的政治體制造就的？他的好大喜功、盲目自信、浮躁輕率不是和他的前任們很類似嗎？在他一再失誤的情況下，蘇共領導層為什麼不能糾正他的錯誤或者把他撤換？

為什麼先於蘇聯改革的東歐國家政治體制都無一例外地發生了演變？難道他們的領導人都和戈巴契夫一樣無能？

結語

一

十月革命後，列寧曾對建立社會主義新型民主做出了積極的探索，進行了多黨合作的嘗試並主張新聞出版自由。但由於當時年輕的蘇維埃政權處於內憂外患之中，很快由多黨合作變為布爾什維克一黨執政並廢除了新聞出版自由，實行了軍事共產主義政策。雖然後來實行了新經濟政策，但是多黨制和新聞自由並沒有恢復，黨外制約和輿論監督功能消失，而黨內民主又沒有建立起來，選舉制被任命制所取代，這樣就缺少了對領導人權力的監督與制衡，為蘇聯政治體制的僵化埋下了伏筆。

史達林上臺後，建立起了對國家和社會實行全面控制的一黨制。在這種體制下，史達林集黨政軍大權於一身，黨內監督與權力制衡名存實亡，黨內民主不復存在。不僅如此，史達林還實行高度的思想壟斷，推行對他個人的崇拜，甚至用國家機器來處理黨內分歧。同時他還實行幹部終身制，培育出脫離群眾的，由高級幹部組成的特權階層。這些都導致了，官僚主義盛行、腐敗問題嚴重、社會道德滑坡和統治基礎的削弱，成為後來改革的巨大障礙。與史達林高度集權的一黨制相對應的是立法、行政、司法三權合一的國家體制，蘇聯政府成為蘇共領導機構的執行機關，而國家權力機構——各級蘇維埃，都成為一塊「橡皮圖章」。成熟的公民社會是一個社會凝聚力和政治體制保持穩定與彈性的重要基礎，而在蘇聯由於受到高度集權的政黨和國家體制的擠壓，公民社會難以發育，也就發揮不了阻止蘇聯政治體制走向僵化的作用。

列寧本想把蘇聯建成為各平權民族的自願聯合體，但在史達林執政後，蘇聯的中央政府高度集權，聯邦制名不符實。史達林時期和後來的赫魯雪夫時期以及勃烈日涅夫時期的民族政策都出現了一系列的錯誤，主要是以階級矛盾代替民族矛盾，以大俄羅斯主義代替了當初的民族平等、尊重、互助的民族關係。高度集權名不符實的聯邦制不僅沒有解決好民族團結問題，反而引發了民族不滿，埋下了民族仇恨，加劇了各民族的離心傾向。而各民族的不滿與反抗又不斷促使中央政府加強集權，結果加劇了蘇聯政治體制的僵化。

從史達林執政開始，蘇聯官方對媒體進行嚴格控制，導致資訊來源單一和言論高度統一，使人民群眾知情權和通過媒體對政府進行監督的可能性減少，也使黨內監督變的十分困難，從而使政治體制的僵化難以避免。

蘇聯高度集權的政治體制另一個特徵是思想禁錮。其主要表現是學術問題政治化，用行政和司法手段處理學術問題，其後果是自然科學和社會科學的發展被延誤，人民的思想被禁錮。同時，蘇共實行過左的宗教政策，嚴重影響了黨和信教群眾的關係，把本來是可能有助於社會穩定的力量推倒政權的對立面，結果不但沒有發揮宗教主要是東正教應有的社會作用，反而受到它的負面影響。思想的禁錮和宗教的負面影響，都使對僵化的政治體制進行改革更加困難。

不難看出，蘇聯政治體制的每一個特徵都從一個不同側面說明了其體制的僵化。可見，僵化是蘇聯政治體制的最大特徵，正是僵化導致了它的最終演變。

在蘇聯僵化的政治體制形成和發展過程中，蘇共內部一直有不少人，包括一些高層領導，想扭轉其僵化的趨勢。史達林去世後，他們獲得了一個很好的機遇。赫魯雪夫上臺後，確實對僵化的政治體制發起了衝擊，比如力圖恢復和建立法制；揭露和批判個人崇拜，建立集體領導體制；廢除幹部終身制等措施。赫魯雪夫的改革取得了一定程度的成功，使蘇聯政治體制的僵化有了相當程度的鬆動。如果他改革成功，那蘇共就獲得了一次很難再得到的自我更新的機會，其政治體制會由不斷改革而走向健全之路，蘇共就會避免被解散的命運。但遺憾的是赫魯雪夫的改革失敗了，其失敗的內因主要是體制內導致僵化的因素難以克服，比如特權官僚階層的強烈反對，再加上赫魯雪夫的改革本身也不澈底，以及在改革的戰略和策略上出現了重大失誤。如果我們進一步深究赫魯雪夫改革失敗的原因，我們不能不得出這樣的結論，那就是史達林時期形成的蘇聯政治體制的僵化是其根本原因。

赫魯雪夫及其支持者之所以在思想認識上出現錯誤，那是因為在蘇聯已形成了嚴重的思想禁錮。赫魯雪夫及其支持者就是在這種思想禁錮中成長起來的，他們的思想不可能不打下僵化思想的烙印。蘇聯學者尤・阿克秀金指出，赫魯雪夫是個行政命令體制的產物因而具有造就了他的那個時代的一切特點。他的心理和對現實的感受，其本身就包含著他想摧毀的那些刻板公式。他一隻腳向民主邁進，而另一隻腳卻陷入了教條主義和教條主義的泥潭。蘇聯著名歷史學家羅・亞・麥德維傑夫也認為，赫魯雪夫是史達林的門生，是史達林時代的產物，他「本人肯定沒有把掃除他前任所建立的那種政治體制當成自己的任務」。如果蘇聯領導層中有人比赫魯雪夫思想更解放、認識更深刻，那我們倒可以把他失敗的原因更多的歸結於他個人。問題是蘇聯領導層中沒有比赫魯雪夫所受的思想禁錮更少的人，可見體制對人思想的束縛是有普遍意義的。因此，我們只得把改革的失敗歸咎為體制的僵化。

另外，赫魯雪夫率先向史達林體制發起全面衝擊，作為第一個吃螃蟹的人，能走到如此地步，已難能可貴。如果各級黨政官員特別是高層領導能夠理解他、諒解他和支持他，並和他一起糾正錯誤，排除困難，繼續前進，而不是惡意奉承，甚至誘導他犯錯誤，並最終用陰謀手段對付他，那赫魯雪夫所推行的改革還是有希望繼續推進的。可是蘇聯各級黨政官員在改革碰到困難、出現失誤並觸及到他們利益時，卻聯手破壞和阻滯改革。其實說到底，由蘇聯各級黨政官員所構成的特權官僚階層也是其政治體制的產物。他們反對改革是赫魯雪夫改革失敗的重要原因，這恰恰說明了政治體制僵化是改革失敗的根本原因。

勃列日涅夫上臺後，蘇聯開始了長達二十年的停滯時期。在這時期內，蘇聯政治體制又基本上回到了史達林時期，成為史達林政治體制的延續。不僅如此，近二十年的時光使得政治體制的僵化程度加深了。官僚特權階層的擴大化、凝固化和腐敗給政治體制改革帶來了巨大的障礙，雖然他們當中相當一部分人贊成一定程度上的改革，但當改革深入觸及到他們的切身利益，比如觸及到他們特權的時候，他們就會想方設法的阻礙改革的進程。同時社會道德精神危機不斷增長，人民群眾日益不滿，蘇共在很大程度上喪失了工人階級的支持。這些都使蘇聯政治體制的僵化到了積重難返的程度。

戈巴契夫上臺後，又開始了改革的進程，但政治體制僵化既是其改革的對象，同時又是改革的巨大障礙。由於主觀和客觀兩方面的原因：主觀方面和赫魯雪夫類似，戈巴契夫勇氣可嘉，智慧不足，急於求成，好大喜功，在改革的戰略和策略上出現了嚴重失誤；客觀方面，近二十年的勃烈日涅夫停滯時期，使得政治體制的僵化程度加深，官僚特權階層擴大化、凝固化，腐敗盛行，再加上人民群眾對政權的低認同度，給政治體制改革帶來了巨大的障礙。最終導致了戈巴契夫改革的失敗，其失敗的深層原因同樣是蘇聯政治體制的僵化。因為正是政治體制的僵化，使得認同度很低而又尤其缺乏彈性的政府沒有能力通過有效的多種管道將政治參與適時適度地調整至既有利於改革，又對政府不形成過大壓力的最佳狀態，而一旦政府感到壓力太大，就只能採取簡單粗暴的方式對政治參與進行壓制，結果嚴重挫傷參與者的政治熱情，加劇認同危機，最終使雖對體制不滿但贊同改革的社會力量，比如以葉利欽為代表的激進派，轉變成為威脅政權的對立力量。

同時，改革意味著實施新的制度，意味著權力和利益的重新分配。但舊制度不可能一下子全部清除，官僚特權階層也不會輕易放棄原有的權力和地位，尤其是涉及改革者本身的權力與利益時更是如此。而恰在此時，舊制度的殘餘和舊勢力的腐敗與特權，較之往日更容易地激起人們的憎恨。政府如果不能滿足民眾的革除腐敗的舊勢力的要求，或者使改革倒退，必然會受到人民的強烈譴責，最終被無情地拋棄。事實正是如此，蘇聯勞動者階層、知識份子階層和

「地方精英」即各加盟共和國、各地區的領導者階層，在改革初期曾支持政府，但隨著改革的進程他們的態度不斷發生變化，立場越來越接近激進派。而如果政治體制不那麼僵化，認同度比較高的政府就可能不斷地調整政策，改革弊端從而逐漸獲得人們的諒解、理解和支持，政府的社會基礎就越來越牢固，激進派就難以坐大。因此，歸根結底這一切還是缺乏彈性、過度僵化的政治體制使然。

二

蘇聯的政治體制是作為以美國為代表的西方資本主義國家的對立物而出現的，或者說它出現的本身就是對以美國為代表的西方資本主義國家的否定。所以從它誕生那一刻起，它無時不感到以美國為首的西方國家的壓力。事實上，這個壓力伴隨著蘇聯政治體制的始終。對它的發生、發展和崩潰都產生了不可忽視的深刻影響。因此，我們認為，以美國為首的西方國家的壓力是蘇聯的政治體制逐步趨向僵化的外部原因。

蘇聯領導層本來在思想認識上，對包括美國在內的資本主義國家政治經濟體制就極端排斥，把市場經濟、多黨制、三權分立體制、新聞出版自由等都看成是資產階級的「專利」。十月革命後，美蘇雙方都把對方視為洪水猛獸，這不能不強化布爾什維克黨對資產階級意識形態的批判。雖然列寧時期的美蘇對抗主要表現在意識形態上的針鋒相對，還沒有對蘇聯的政治體制產生很大衝擊，但是它已經顯露出走向僵化的苗頭，主要表現在廢除多黨制和取消新聞出版自由。實行一黨制後，黨內民主沒有建立起來；廢除新聞出版自由後，輿論監督功能喪失。史達林時期的農業集體化、工業化運動，包括大清洗都有美蘇對抗的壓力在起作用。因為打破包括美國在內的資本主義國家對蘇聯的包圍是這些運動的主要目的之一。史達林在大清洗時期曾說，清洗西方勢力在我國的代理人及派到我國進行破壞的敵特是打破資本主義包圍必要舉措。言下之意，攘外必先安內。戰後的意識形態批判運動和政治清洗運動，包括東歐國家的清洗運動，也都有美蘇對抗的背景。二戰剛結束，蘇聯同美、英、法等資本主義國家之間的對抗又重新開始。這種對抗對外表現為對歐洲的爭奪，對內表現為在國內開展了戰後的意識形態批判運動和清洗運動。蘇聯認為戰後世界已經分裂為帝國主義的反民主陣營和反帝國主義的民主陣營，美國是帝國主義陣營的中心力量，它正在通過馬歇爾計畫建立反對社會主義國家的聯盟，因此，必須把反帝國主義民主陣營組織起來，反對美帝國主義及其奴僕，具體措施是成立蘇、波、捷、匈、羅、保、南、法、意等九個國家的共產黨和工人黨組成的情報局，從而結成與美國抗衡的、以蘇聯為首的國家集團。但是，南斯拉夫共產黨不屈從史達林的壓力，堅持走適合本國國情的社會主義道路。史達林在打壓南斯拉夫未果後，對東歐進行了清洗。在戰後開展的意識形態批判運動和清洗運動，撲滅了黨內要求改革的呼聲，對東歐的清洗使東歐各國共產黨內有獨立思考能力、願意探索適合本國社會主義發展道路的領導人大部分被清除，從而使東歐各國在政治經濟體制方面全盤照搬蘇聯的模式。這堵塞了兄弟黨多樣性發展之路，也使蘇聯自身的體制更加僵化。因為兄弟黨對自身政治經濟體制多樣性的探索本來是可以給蘇聯體制某種觸動和借鑒，使之緩解自己體制的僵化程度。戰後對東歐和蘇聯內部的清洗促使蘇聯政治體制的僵化一度發展到了登峰造極的地步。史達林去世後，蘇共獲得了一次修補其僵化政治體制缺陷的機遇。赫魯雪夫的改革對僵化的政治體制發起了衝擊，也確實一度使政治體制的僵化有所鬆動，但由於美蘇對抗，特別是波匈事件、U－二飛機事件和一九六八年的布拉格之春等事件造成的緊張局勢，使蘇聯領導人的認識發生了變化，過高的估計了形勢的嚴重性，加強了對國家和社會的控制，放緩甚至中止了政治體制改革的過程，一再失去扭轉其政治體制發展方向的機會。勃列日涅夫執政後，對美國採取了全面「進攻」的政策，對東歐的控制進一步加強。一九六八年出兵捷克斯洛伐克，用武力撲滅了捷克斯洛伐克的改革運動，蘇共領導層自身也受到了很大的驚嚇，加強了對國家政治生活、特別是意識形態方面的控制，把任何改革的要求和呼聲都作為危險的苗頭加以扼殺，使得自己再次喪失修復其僵化政治體制缺陷的時機。

雷根就任美國總統後，面對勃列日涅夫咄咄逼人的「攻勢」展開了全面的反擊，不僅使蘇聯背上了沉重的經濟包袱，而且導致了蘇聯經濟的高度軍事化。這不僅使得經濟體制改革幾乎成為不可能，而且使得蘇聯政治體制的僵化程度進一步加深。因為，高度集中的經濟體制的運行必然要求政治上的集權來推行。另外，蘇聯為了對抗美國，大搞輸出革命，對外擴張，這本身也要求政治上高度集權，出兵阿富汗這個重大決策，就是勃列日涅夫和葛羅米柯、烏斯季諾夫幾個人決定的，總參謀長等軍隊領導人強烈反對也無濟於事。

美蘇對抗特別是軍備競賽極大地傷害了蘇聯的經濟，使經濟結構嚴重失衡，重工業特別是軍事工業畸形發展，而涉及人們生活的輕工業、農業長期停滯，人民的生活水準長期落後於美國及西方國家，這使得蘇聯模式在人民心中逐漸喪失了吸引力，最終使蘇聯人民的政治信仰坍塌，從而嚴重危及了政權的合法性。結果既增大了改革的緊迫性，又加大了改革的難度。因為「對於一個政府來說，最危險的時刻通常就是它開始改革的時刻。」換個角度說蘇聯的經濟雖然長期停滯，但停滯是相對的概念，是橫向比較的產物，如果縱向比較相對於帝俄蘇聯已有的長足的發展。人民生活也有很大的改善。正是和美國等發達國家相比，人民的政治信仰才開始動搖，政府也才有澈底變革的壓力和動力，從這個意義說美蘇對抗促使了蘇聯的政治體制走向了崩潰。

三

外因是變化的條件，內因是變化的根據，外因通過內因而起作用。事實上，美蘇對抗所產生的壓力這個外因正是通過蘇聯政治體制僵化這個內因而起作用，最終導致了它的崩潰。如果蘇聯政治體制不僵化，相反它具有自身調節的彈性和糾錯機制，那它就可以在不斷調整的過程中化解來自外部的壓力和挑戰，而不會走向崩潰。在這方面，美國政治體制在美蘇對抗壓力下的調整就是一個力證。在此，我們不妨回顧一下美蘇對抗對美國政治體制的衝擊。

十月革命的爆發和一戰的創痛以及美國國內的階級衝突匯合成一股巨流，對美國政治體制產生了劇烈的衝擊，為美國歷史上最保守的十年蒙上了陰影，使得言論自由和勞工權利受到了限制，種族主義得以抬頭。可隨著時間的推移，美國三權分立且制衡的國家體制和兩黨制、聯邦制、利益集團、獨立媒體等分權制衡機制的糾錯功能發揮了作用，先說言論自由問題。早在建國初，美法在海上發生了武裝衝突，兩國處於「准戰爭狀態」。出於戰爭引起的緊張，美國第二任總統亞當斯力促國會於一七九八年頒布了《外僑法》和《煽動法》，並憑藉後者封閉了反對派的報館、鉗制了輿論。在《煽動法》名義下的起訴有十四起，其中八起和報紙有關，儘管有違法之嫌，但傑佛遜等新聞自由的鼓吹者還是奮起反抗，他們擬定了《弗傑尼亞決議》與《肯塔基決議》，肯定各州擁有宣布聯邦政府的行動無效的權力，以便用「州權」來捍衛新聞自由。在國會內部，人們也不斷努力修正或廢除《煽動法》。一八〇一年，參議院挫敗了聯邦黨人將該法有效期延長兩年的企圖，終於使它壽終正寢。

一九一七年六月，美國國會頒布了《間諜法》，一九一八年五月又頒布了《煽動法》，又一次把矛頭對準了新聞自由。這次由於處於「一戰」期間，所以來勢更加兇猛，許多共產黨人和社會主義者因言論而獲罪。壓迫激起反抗，儘管在當時為共產黨人辯護很不得人心，但一九二〇年成立的專門幫助那些言論自由權利受到侵犯的人打官司的民間組織——美國公民自由聯盟，（因捍衛自由而於一九一七年成立的公民自由管理局，一九二〇年變為公民自由聯盟，是由反戰主義者，像杜威這樣的被戰時鎮壓震驚的進步主義者以及那些對違反美國人權的行為感到義憤的律師組成的聯盟）還是挺身而出，儘管屢戰屢敗，但是愈挫愈奮，屢敗屢戰，終於獲得一些突破。比如一九二三年，雖然在「基特羅對紐約州案」中敗訴，但卻震動了最高法院的大法官，使得美國憲法第一修正案的適用範圍開始進入州的司法領域。到一九三一年，在斯特郎堡案中，公民自由聯盟終於獲得了第一次重大勝利，言論自由的權利得到保護。同樣，儘管工人運動步履維艱，但人們並未放棄鬥爭，到羅斯福新政時期，工人運動重新振興，有百萬成員的產業工人聯合會的成立，是工運進入輝煌時代的標誌。與此同時，人們也對種族主義進行了反擊。移民們堅持強調文化多元的合法性，一九二四年，天主教聖名協會組織了一場萬人向華盛頓進軍的活動，對三K黨和土生居民保護主義提出挑戰。一些組織還在全國各地進行遊說，要求制定禁止雇主、大學和政府機構對天主教徒的歧視。他們的鬥爭捍衛並擴展了美國人對自由的定義，並獲得最高法院的支持。

二戰後，伴隨共產主義勢力不斷擴大而產生的「忠誠」審查和麥卡錫主義狂潮再次衝擊了美國的政治體制。在這個逆流中，不僅美共和工會再次受到嚴重衝擊，而且美國人的公民權利包括言論自由也再次受到限制。也同上次一樣面對逆流，美國人在體制內開始了「抵抗運動」，比如著名電視人、被稱為偉大評論員的愛德華．R．默羅和麥卡錫展開了激烈的較量。默羅利用影響力頗大的電視直播節目——《現在請看》向麥卡錫主義發起進攻。一九五三年，默羅用攝像機調查了受指控的預備役軍官米洛．拉杜洛維奇的情況，使他免除了懷疑。一九五四年三月九日，默羅在《現在請看》節目中向麥卡錫猛烈開火，他慷慨激昂地指出：「我們向稱在國外捍衛自由，實際上我們也是如此，儘管這自由已所剩無幾。然而我們不能一面在國外捍衛自由，一面卻在國內拋棄自由。來自威斯康辛州的那位資歷不深的參議員的行動已經引起我們盟國的驚詫和沮喪，而使我們敵人感到欣慰。這是誰的過錯？其實並不是他的過錯，這種人人自危的局面不是他製造出來的，他僅僅是利用了這種局面而已，而且利用得相當成功……」

沒過多久，當麥卡錫主義給美國的政治體制造成嚴重損害時，不僅廣大民眾，統治階級內部的大多數人很快都對他產生了厭惡。「這時，美國政治集團開始為恢復資產階級的民主與法制而撥亂反正。其中，聯邦法院運用憲法審查制度起了重要作用，在一系列判決中限制國會調查機構的的調查權力，劃分鼓吹以暴力推翻政府的抽象學說與鼓吹行動的界限，承認被告根據憲法第五條修正案享有不得自證其罪的權利，等等。」美國最高法院的法官們甚至裁定，一九五一年認定美國共產黨領袖有陰謀顛覆政府罪其實並不準確，因為這些領導人鼓吹的「暴力革命」，更像是宣傳一種信仰，並沒有引起非常「明確而現實的危險」，而只有引起「明確而現實的危險」的言論，政府才有權干預。

每當國家處於戰爭狀態，政府特別是行政部門都趨於集權、趨向於保密、抑或擺脫其他部門、民眾和新聞媒體的監督。美國的歷史，特別是威爾遜、羅斯福、杜魯門、甘迺迪、詹森、尼克森和雷根執政時的歷史都清楚地表明這一點。事實上，我們不得不承認戰爭狀態本身需要相對集權的「戰時體制」來應對。所以一戰、二戰、韓戰、越戰，包括整個冷戰期間政府（特別是行政分支）的集權趨勢都好理解。問題的關鍵在於，隨著時間的推移，美國的政治體制內部的相互制衡力量隨著行政分支的權力增長而愈加有力。民眾、媒體、最高法院和國會加強了對行政部門的監督和控制。比如在尼克森上臺後，發動了「反對報紙的戰爭」。但《紐約日報》、《華盛頓郵報》毫不懼怕，最高法院也堅定地站在報界一邊。從此，媒體真正享有了對政府監督權而不論是平時還是戰時，最近曠日持久的伊拉克戰爭也不例外。再如，雖然憲法規定，國會享有招募與維持軍隊及宣戰權，但自聯邦政府成立以來，出兵海外進行戰爭一百六十多次，其中由國會宣戰的只有五次。因為戰爭本身有緊迫性必須當機立斷，所以儘管總統的多次對外用兵國會事先並不知情，但事後總予以支持。但到了一九七三年，尼克森把戰火燒到了柬埔寨，引起舉國譁然，國會不顧總統的否決，通過了一項限制總統派兵到國外作戰的權力的《戰爭權力法》，對總統的軍事權進行限制。從此，在對外軍事行動中，總統們不得不更尊重國會和民眾的意見。

縱觀美蘇的對抗的歷史，我們發現，對抗雖然對美國的政治體制構成了衝擊，一度使政治張力增大，造成了很壞的影響，使其出現倒退趨勢。但其體制內的糾錯機制功能強大，時隔不久，就會使因對抗造成的緊張鬆弛，並對體制的缺陷進行修補。一九六四年《民權法》和《政府部門準則法》等法案的頒布，新聞媒體第四權的確立以及獨立檢查官制度的建立都說明美蘇對抗不僅沒有使美國政治體制受到了傷筋動骨的傷害，而且使其經受了考驗，變得更牢固了。

美蘇對抗的歷史告訴我們，儘管在對抗過程中，由於「戰爭的壓力」雙方的體制都有「集權」的「衝動」，但蘇聯的政治體制由於缺乏制約和糾錯機制，結果在集權的道上一路滑去，難以自拔。比如，十月革命後，蘇聯一開始還有一定的程度的多黨制和新聞自由，但由於體制內在的要求和外在的壓力（比如協約國的軍事壓力，支持叛亂等），多黨制和新聞自由不復存在。相反亞當斯和尼克森出於戰爭的壓力，都想打壓新聞自由，但由於體制的原因，難以得逞。再比如，越戰使美國人陷入戰爭泥潭，統治階層內部和民眾都有反對意見，這種反對的聲音，有合法的管道表達。結果，反對的聲浪彙集起來，越來越壯大，迫使政府退出越戰。而蘇聯陷入阿富汗戰爭泥潭，不僅領導層，而且民眾都有反對的聲音，問題是這種反對的聲音，無法表達更無法凝聚成足以和政權抗衡的力量，結果，這場戰爭幾乎把蘇聯的經濟拖垮。

集權的趨勢因為缺乏制衡的機制，所以到了史達林時期，逐步發展到了登峰造極的地步。二十世紀三〇年代開始的「大清洗」不僅使列寧的戰友們和大批的紅軍指揮員，而且使數百萬無辜者命喪黃泉。但蘇聯高度集權的政治體制卻由於缺乏「制動」裝置，只得任由自身在錯誤的軌道上滑行，對軍隊的清洗由於二戰的爆發而停止。（不然，像羅科索夫斯基元帥這樣的戰爭英雄可能已被鎮壓）但戰爭剛結束，蘇聯就開始了文藝界和學術界的大批判，許多傑出而正直的作家和科學家受到了嚴厲的批判。幾乎與此同時，蘇聯又揭開了一場大肅反的序幕。在一九四九年初開始的名為「列寧格勒案」中，蘇聯政壇新秀、中央政治局委員、部長會議副主席沃茲涅夫斯基、黨中央書記庫茲涅佐夫和列寧格勒州委和市委幾乎全體領導幹部都被處死，受株連者多達兩千餘人。

史達林不僅在國內進行新的「肅反」，在國際上也在進行著新的清洗。一九四八年六月二十日，以南共背叛馬列主義和國際主義為由，將它開除出由蘇聯領導的九國共產黨和工人黨組成的情報局。翌年十一月，情報局又作出了所謂《關於南斯拉夫共產黨在殺人犯和間諜掌握中的決議》。

赫魯雪夫上臺後，對高度集權的政治體制進行了一定程度的改革，赫魯雪夫改革的嘗試確實使蘇聯高度集權的政治體制有所「鬆動」，自從處死貝利亞及其親信後，再也沒有從肉體上消滅失勢的領導人。但赫魯雪夫的改革觸及了原體制的受益者——各級官員、軍事和軍工集團的精英，所以他們聯合起來推翻了赫魯雪夫。到了勃列日涅夫時期，特別是後期個人迷信重新盛行。這個垂垂老矣的病夫集黨政軍大權於一身，被人奉若神明，使蘇聯的政治體制幾乎倒退到史達林執政時期。結果經濟停滯，政治腐敗道德淪喪，整個蘇聯死氣沉沉，但當勃列日涅夫、安德羅波夫和契爾年科這三個病夫相繼去世時，以戈巴契夫為代表的領導層，從主觀上很想振作一番，但當戈巴契夫真的接過了蘇聯領導人這個燙手的山芋時，發現蘇聯已經是千瘡百孔，危機四伏了，他不由地驚呼：國內形勢已經潛伏著嚴重的社會經濟危機。當然，蘇聯嚴重的社會經濟危機和美國的壓力密不可分，美國學者彼得・施魏策爾相信：「如果不是由於克里姆林宮面臨著美國『戰略防禦倡議』和國防建設，在波蘭和阿富汗的地緣政治挫折，在能源出口方面遭受了數百億美元的硬通貨損失以及無法獲得西方技術等綜合因素所產生的累積效應，我們有理由相信蘇聯會渡過難關。」施魏策爾的觀點有道理，但為什麼同樣面臨軍備競賽巨大壓力的美國經濟在美蘇對抗中安然無恙，而蘇聯則難以招架呢？筆者認為其一是美國不僅政府內部存在著行政、立法和司法的三權分立且制衡而且政府受到新聞媒體、利益集團、民間社團及至廣大民眾的強有力的制約，其經濟的軍事化程度比蘇聯低得多。軍費開支不可能超過「限度」（八〇年代中期軍費占國民生產總值百分之五至六，蘇聯為百分之十二至十三）相反，在蘇聯，以軍工企業集團和軍人為代表的既得利益集團，對蘇聯的政治生活影響巨大，為了一己私利誇大美國的威脅，推動政權用損害和限制非軍工生產部門的方法，維持一支遠遠超出需要的軍力（美國亦有軍工企業利益集團，但它受到其他利益集團的抗衡，因此，對政府的影響力是有限的）。其二是美國實行的市場經濟制度，大量高新軍事科技很快就會被追逐利潤的企業轉用於民用工業，而蘇聯實行的高度集權的計劃經濟，企業沒有主動性和積極性，甚至也沒有權力這樣做。結果，軍備競賽大量消耗了本來應用於民用生產部的人力、物力和財力，使民用部門長期落後。

綜上所述，我們不難看出，美蘇對抗這個外因使得蘇聯政治體制的僵化程度不斷加深，而政治體制的僵化這個內因又使得它更容易受到美蘇對抗這個壓力的影響而變得越發僵化。如此惡性循環終於使它到了積重難返的地步。而錯誤的改革路徑終於使它走上了崩潰之路。

主要參考文獻

（一）

［一］《馬克思恩格斯全集》第一卷，人民出版社，一九九五年。
［二］《馬克思恩格斯全集》第五卷，人民出版社，一九五八年版。
［三］《馬克思恩格斯全集》第一六卷，人民出版社，一九六四年版。
［四］《馬克思恩格斯全集》第一八卷，人民出版社，一九六四年版。
［五］《馬克思恩格斯全集》第三七卷，人民出版社，一九七一年版。
［六］《馬克思恩格斯全集》第三九卷，人民出版社，一九七四年版。
［七］《馬克思恩格斯選集》第三卷，人民出版社，一九九五年版。
［八］《列寧全集》第三卷，人民出版社。

[九]《列寧全集》第四卷，人民出版社，一九八四年十月版。
[一〇]《列寧全集》第六卷，人民出版社，一九八六年十月版。
[一一]《列寧全集》第九卷，人民出版社，一九八七年十月版。
[一二]《列寧全集》第一〇卷，人民出版社，一九八七年十月版。
[一三]《列寧全集》第一二卷，人民出版社，一九八七年十月版。
[一四]《列寧全集》第一四卷，人民出版社，一九八八年十月版。
[一五]《列寧全集》第二〇卷，人民出版社，一九八九年十月版。
[一六]《列寧選集》第二六卷，人民出版社，一九八八年十月版。
[一七]《列寧全集》第二七卷，人民出版社，一九九〇年一月版。
[一八]《列寧全集》第二九卷，人民出版社，一九八五年十月版。
[一九]《列寧全集》第三一卷，人民出版社，一九八五年十月版。
[二〇]《列寧全集》第三二卷，人民出版社，一九八五年十月版。
[二一]《列寧全集》第三三卷，人民出版社一九八五年十月版。
[二二]《列寧全集》第三四卷，人民出版社，一九八五年十月版。
[二三]《列寧全集》第三五卷，人民出版社，一九八五年十月版。
[二四]《列寧全集》第三七卷，人民出版社，一九八六年十月版。
[二五]《列寧全集》第三九卷，人民出版社，一九八六年十月版。

[二六]《列寧全集》第四〇卷，人民出版社，一九八六年十月版。
[二七]《列寧全集》第四一卷，人民出版社，一九八五年十月版。
[二八]《列寧全集》第四二卷，人民出版社，一九八五年十月版。
[二九]《列寧全集》第四三卷，人民出版社，一九八七年十月版。
[三〇]《列寧全集》第四八卷，人民出版社，一九八七年十月版。
[三一] 列寧著：《列寧論報刊與新聞寫作》，新華出版社，一九八三年版。
[三二]《史達林全集》第五卷，人民出版社，一九五七年十一月版。
[三三]《史達林全集》第八卷，人民出版社，一九五四年九月版。
[三四]《史達林全集》第九卷，人民出版社一九五四年版。
[三五]《史達林全集》第一〇卷，人民出版社，一九五四年版。
[三六]《史達林全集》第一二卷，人民出版社，一九五七年十二月版。
[三七]《史達林選集》下卷，人民出版社，一九七九年十二月版。
[三八]《鄧小平文選》第二卷，人民出版社，一九九四年版。
[三九]《鄧小平文選》第三卷，人民出版社，一九九三年版。

（二）

[四〇][美]湯瑪斯・潘恩著，馬槐清等譯：《潘恩選集》，商務印書館，一九八一年版

[四一][美]湯瑪斯・傑弗遜著，朱曾文譯：《傑弗遜選集》，北京商務印書館，一九九九年版

[四二][美]漢密爾頓等著，程逢如等譯：《聯邦黨人文集》，北京商務印書館，一九八〇年版

[四三][英]洛克著，瞿菊農、葉啟芳譯：《政府論》（上篇），商務印書館，一九八二年十一月版

[四四][法]托克維爾著，董果良譯：《論美國的民主》，商務印書館，一九九一年第一版

[四五][日]立花隆著，于濤、王原譯：《我看美國》，世界知識出版社，二〇〇二年六月版

[四六][美]奧利維爾・如恩斯：《為什麼二〇世紀是美國世紀》，新華出版社，二〇〇二年一月第一版

[四七][美]布熱津斯基：《大失敗》、《大失控和大混亂》，軍事科學出版社，一九八九年十月第一版

[四八][英]阿克頓：《自由史論》，譯林出版社，二〇〇一年八月第一版

[四九][美]埃里克・方納著：《美國自由的故事》，商務印書館二〇〇三年版

[五〇][意]圭多・德・拉吉羅著，李軍譯：《歐洲自由主義史》，吉林人民出版社，二〇〇一年版

[五一][美]撒母耳・鮑爾斯等著：《民主和資本主義》，北京商務印書館，二〇〇三年版

[五二]哈耶克著，王明毅等譯：《通往奴役之路》，中國社會科學出版社，一九九七年版

[五三][法]弗朗索瓦・傅勒著，孟明譯：《思考法國大革命》，三聯書店，二〇〇五年一月版

[五四][美]霍華德・威亞爾達著，婁亞譯：《比較政治學導論：概念與過程》，北大出版社，二〇〇五年版

[五五][美]羅奈爾得・L・約翰斯通著：《社會中的宗教》，四川人民出版社一九九二年六月第二版

[五六][美]布占姆等著：《美國的歷程》，商務印書館，一九八八年十一月第一版

[五七]哈耶克著，鄧正來譯：《自由秩序原理》，三聯書店，一九九七年版

[五八][英]卡爾・波普爾著，鄭一明等譯：《開放社會及其敵人》，中國社會科學出版社，一九九九年版

[五九][美]艾倫・D・赫茨克著：《在華盛頓代表美國》，上海人民出版社，二〇〇三年版

[六〇]哈樂德・F・戈斯內爾等：《美國政黨和選舉》，上海譯文出版社，一九八〇年版

[六一][美]加里・沃賽曼著，陸震倫等譯，《美國政治基礎》，中國社會科學出版社，一九九四年版

[六二][美]羅伯特・A・達爾著：《論民主》，商務印書館，一九九九年版

[六三][美]彼德・施魏策爾著：《雷根政府是怎樣搞垮蘇聯的》，新華出版社二〇〇一年二月版

[六四]羅奈爾得・雷根：《雷根自傳：一個美國人的生活》，東方出版社，一九九一年版

[六五][英]約翰・鄧思編，林猛等譯：《民主的歷程》，吉林人民出版社，一九九九年版

[六六][英]羅傑・斯克拉斯著，王皖強譯：《保守主義的含義》，中央編譯出版社，二〇〇五年一月版

[六七][美]D・B・杜魯門著，陳堯譯：《政治過程——政治利益與公眾輿論》，天津人民出版社，二〇〇五年三月版

[六八][法]邦雅曼・貢斯當著，閻克文譯：《古代人的自由與現代人的自由——貢斯當政治論文選》，商務印書館，一九九九年版

[六九][英]阿克頓著，侯健等譯：《自由與權力》，北京商務印書館，二〇〇一年版

[七〇][美]麥克斯・J・斯吉德摩：《美國政府簡介》，中國經濟出版社，一九九八年版

[七一][美]文森特・奧斯特羅姆：《美國聯邦主義》，上海三聯書店，二〇〇三年六月第一版

[七二][美]施密特等著，梅然譯：《美國政府與政治》，北京大學出版社，二〇〇五年版

[七三][美]雅各・尼德曼著，王聰譯：《美國理想》，北京華夏出版社，二〇〇四年版

[七四][美]科林・布朗著，查常平譯：《基督教與西方思想》（卷一），北京大學出版社，二〇〇五年六月版

[七五][美]詹姆斯・M・伯恩斯等著，譚君久譯：《美國式民主》，中國社會科學出版社，一九九三年版

[七六][美]史蒂夫・威爾肯斯等著，劉平譯：《基督教與西方思想》（卷二），北京大學出版社，二〇〇五年版六月版

[七七][美]施密特著，汪曉丹等譯：《基督教對文明的影響》，北京大學出版社，二〇〇四年九月版

[七八][美]撒母耳・亨廷頓著，程克雄譯：《我們是誰？——美國國家特性面臨的挑戰》，新華出版社，二〇〇五年一月版

[七九][美]莫尼卡・克羅利著：《尼克森傳》，時代文藝出版社，二〇〇〇年十一月版

[八〇][美]L・J・賓客萊著，馬元德等譯：《理想的衝突——西方社會中變化著的價值觀念》，北京商務印書館，一九八六年版

[八一][美]萊斯利・里・普森著：《政治學重大問題》，華夏出版社，二〇〇一年版

[八二][俄]謝・赫魯雪夫著，述韜譯：《赫魯雪夫下臺內幕》，中央編譯出版社，二〇〇〇年版
[八三]赫魯雪夫著：《赫魯雪夫回憶錄》，東方出版社，一九八八年版
[八四][美]羅奈爾得・H・齊爾科特著：《比較政治學理論——新範式的探索》，社會科學文獻出版社，一九九七年版
[八五][俄]T・切爾尼科夫等著，李建民等譯：《誰主宰俄羅斯》，經濟科學出版社，二〇〇〇年版
[八六][英]維爾著，王合譯：《美國政治》，商務印書館，一九八一年十一月版
[八七]赫克著，高驊、楊繽譯：《俄國革命前後的宗教》，學林出版社，一九九九年一月版。
[八八][美]小傑克・F・馬特洛克著，吳乃華等譯：《蘇聯解體親歷記》，世界知識出版社，一九九六年版
[八九]《蘇聯共產黨代表大會、代表會議和中央全會決議彙編》第一分冊，人民出版社，一九六四年版。
[九〇][英]倫納德・夏皮羅：《一個英國學者筆下的蘇共黨史》，東方出版社，一九九一年版
[九一][美]哈裡・羅西茲克著，奮然譯：《中央情報局的祕密活動》，群眾出版社，一九七九年版
[九二]瑪律科維奇・塔克等：《國外學者論史達林模式》，中央編譯出版社，一九九五年版。
[九三][美]羅伯特・文特森・丹尼爾斯：《革命的良心——蘇聯黨內反對派》，北京出版社，一九八五年版
[九四][俄]瓦・巴卡京：《擺脫克格勃》，新華出版社，一九九八年八月第一版
[九五][蘇]羅・亞・麥德維傑夫：《讓歷史來審判》，人民出版社，一九八三年版
[九六][俄]格・阿・阿爾巴托夫：《蘇聯政治內幕——知情者的見證》，新華出版社，一九九八年十月出版
[九七][俄]阿・切爾尼亞耶夫：《在戈巴契夫身邊六年》，世界知識出版社，二〇〇一年一月出版

[九八]中國社會科學院馬列主義毛澤東思想研究所編：《論布哈林和布哈林思想》，貴州人民出版社，一九八二年版

[九九][俄]瓦・博爾金：《戈巴契夫沉浮錄》，中央編譯出版社，一九九六年版

[一○○][美]卡爾・多伊奇著，周啟朋等譯：《國際關係分析》，世界知識出版社，一九九二年版

（三）

[一○一][俄]弗・沃・日里諾夫斯基著，李惠生等譯：《俄羅斯的命運》，新華出版社，一九九五年版

[一○二][美]斯蒂芬・F・科恩：《布哈林政治傳記》，北京東方出版社，一九八八年版

[一○三]杜攻：《轉換中的世界格局》，世界知識出版社，一九九二年版

[一○四][俄]米・謝・戈巴契夫著，述濤等譯：《戈巴契夫回憶錄》，社會科學文獻出版社，二○○三年四月版.

[一○五][美]布熱津斯基著：《大失敗——二十世紀共產主義的興亡》，軍事出版社，一九八九年十月版。

[一○六][美]丁・布盧姆等著：《美國歷程》，商務印書館，一九九五年二月版

[一○七][美]斯塔夫里阿諾斯著，吳象嬰、梁赤民譯：《全球通史——一五○○年以後的世界》，上海社會科學院出版社，一九九五年一月版

[一○八]理查・萊亞德、約翰・派克著：《俄羅斯重振雄風》，中央編譯出版社，一九九七年十一月

[一〇九][俄]亞・尼・雅科夫列夫著，徐葵等譯：《一杯苦酒——俄羅斯的布林什維主義和改革運動》，新華出版社，一九九九年版
[一一〇]史密斯著，傅偉良等譯：《星條旗下的爭鬥》，中國廣播電視出版社，一九九三年版
[一一一]《蘇聯對外政策的回顧（一九一七－一九九一）》，莫斯科，一九九三年版
[一一二][美]尼克・史蒂文生著，王文斌譯：《認識媒介文化》，北京商務印書館，二〇〇一年五月版
[一一三][美]馬克・E・沃倫著，吳輝譯：《民主與信任》，華夏出版社，二〇〇四年版
[一一四]薩托利：《民主新論》，北京東方出版社，一九九八年版
[一一五][美]加里・沃德曼著，陸震綸等譯：《美國政治基礎》，中國社會科學出版社，一九九四年五月版
[一一六][美]林肯・斯蒂芬斯，展江、萬勝主譯：《新聞與揭醜》，海南出版社，二〇〇〇年五月版
[一一七][美]西爾斯曼著，曹大鵬譯：《美國是如何治理的》，一九八六年四月版
[一一八][蘇聯]涅奇金娜主編、劉祚昌等譯：《蘇聯史》，生活・讀書・新知三聯書店，一九五七年版
[一一九][蘇聯]尤裡・阿法納西耶夫編、王複士等譯：《別無選擇——社會主義的經驗教訓和未來》，遼寧大學出版社，一九八九年版
[一二〇][俄羅斯]瓦・博爾金著、李永全等譯：《戈巴契夫沉浮錄》，中央編譯出版社，一九九六年版
[一二一][蘇聯]羅伊・麥德維傑夫著、史正蘇等譯：《社會主義民主》，商務印書館，一九八二年版
[一二二][蘇聯]羅伊・麥德維傑夫著、趙洵等譯：《讓歷史來審判——史達林主義的起源及其後果》，人民出版社，一九八一年版

[一二三][美]蘇珊・羅斯・艾克曼著，王江等譯：《腐敗與政府》，新華出版社，一九九九年十二月版

[一二四][英]札斯廷・羅森伯格著，洪鄆生譯：《市民社會的帝國》，江蘇人民出版社，二〇〇二年九月版

[一二五]理查・萊亞德等著：《俄羅斯重振雄風》，白潔等譯，中央編譯出版社一九九七年版。

[一二六][美]羅伯特・文特森・丹尼爾斯著：《革命的良心——蘇聯黨內反動派》，北京出版社，一九八五年版。

[一二七][美]大衛・科茲，弗雷德・威爾著：《來自上層的革命》，中國人民大學出版社，二〇〇二年七月第一版。

[一二八][俄]安德蘭尼克・米格拉尼揚著，徐葵等譯：《公民社會與俄羅斯現代化》，新華出版社，二〇〇三年十一月。

[一二九]《俄國革命前後的宗教》，學林出版社，一九九九年一月。

[一三〇][英]理查・克羅卡特著：《五〇年戰爭》王振西譯，新華出版社，二〇〇三年版。

[一三一]Stephen F. Cohen, *Rethinking the Soviet Experience: Politics and History Since* 一九一七, Oxford University Press, 一九八六.

[一三二]John Reshetar, *The Soviet Polity: Government and Politics in the USSR*, Harpercollins College Div, 一九八八.

[一三三]Richard Sakwa, *Soviet Politics in Perspective*, Routledge, 一九九八.

[一三四]Barrington Moore, *Soviet politics: the dilemma of power: The role of ideas in social change*, Harvard University Press, 一九五一.

[一三五] Archie Brown, *New Thinking in Soviet Politics*, Palgrave Macmillan, 一九九二.

[一三六] Huskey, *Executive Power and Soviet Politics*, M E Sharpe Inc., 一九九二.

[一三七] Alfred G Meyer, *The Soviet political system: An interpretation*, Random House, 一九六五.

[一三八] Robert Conquest, *The Soviet Political System*, International Thomson Publishing, 一九六八.

[一三九] Zbgniew K.Brzezinski, *The Soviet Political System: Transformation or Degeneration*, Irvington Publishers, 一九九三.

[一四〇] Alexander Dallin,ed., *The Nature of the Soviet System* (*Articles on Russian and Soviet History*, 一五〇〇–一九九一, *Vol.* 八), Taylor & Francis, 一九九二.

[一四一] Harry G.Shaffer,ed., *The Soviet System in Theory and Practice: Western and Soviet Views*, Frederick Ungar, 一九八四.

[一四二] Mervyn Matthews, *Party, State, and Citizen in the Soviet Union: A Collection of Documents* (The USSR in Transition) M E Sharpe Inc., 一九九〇.

[一四三] Peter J. Potichnyj, *The Soviet Union: Party and Society*, Cambridge University Press, 一九八八.

[一四四] Stephen White, *Political Culture and Soviet Politics*, Palgrave Macmillan, 一九八〇.

[一四五] G・・R・Urban, END OF EMPIRE-The Demise of the Soviet Union, THE AMERICAN UNIVERSITY PRESS, 一九九三.

[一四六] George J. Neimanis, The Collapse of the Soviet Empire: A view from Riga[M], London: Greenwood Publishing

Group, Inc. 一九九七.

[一四七] Michael H.Hunt, *Ideology and U.S Foreign Policy*, Yale University Press, 一九八七.

[一四八] George F.Kennan, *Russia Leaves the War*, Princeton Uinversity Press, 一九五六.

[一四九] Robert Paul Browder, *The Origins of Soviet-American Diplomacy*, Princeton Uinversity Press, 一九五三.

[一五〇] John Kenneth White, *Still Seeing Red: How the Cold War Shapes the New American Politics*, Colorado, Westview Press, 一九九七.

[一五一] Robert W. McElroy, *Morality and American Foreign Policy: The Role of Ethics in International Affairs*, Princeton University Press, 一九九二.

[一五二] Louis J.Halle and Kenneth W.Thompson, *Foreign Policy and the Democratic Process*, The Geneva Paper, University Press of America, 一九七八.

[一五三] G.R.Hudson, Richard Lowenthal, and Roderick MacFarguhar, eds., *The Sino-Soviet Dispute* (New York: Praeger, 一九六一),

[一五四] Pravda, February 一三, 一九五七, referred to in Philip Windsor, "Yugoslacia, 一九五一, and Czechoslovakia, 一九六八," in Force without War:U.S.Armed Forces as a Political Instrument, ed. Barry M. Blechman and Stephen S. Kalpan

[一五五] "U.S. Policy toward the Soviet Satellite States in Eastern Eruope," p.p.s. 五九, August 二五, 一九四九, FRUS, 一九四九, vol. 五.

[一五六] Wisla Suraska: How the Soviet Union Disappeared——An Essay on Causes Of Dissolution (Duke University Press, 一九九八).

[一五七] Boris Yeltsin:The Struggle for Russia, New York: Random House, 一九九四.

[一五八] Wisla Suraska: How the Soviet Union Disappeared——An Essay on Causes Of Dissolution (Duke University Press, 一九九八)

(四)

[一五九]俞可平著：《政治與政治學》，社會科學文獻出版社，二〇〇五年二月版

[一六〇]張定河、白雪峰著：《西方政治制度史》，山東人民出版社，二〇〇三年版

[一六一]劉軍寧編：《直接民主與間接民主》，三聯書店，一九九八年版

[一六二]辛旗著：《諸神的爭吵》，海南出版社，二〇〇二年四月第一版

[一六三]左風榮著：《走進克里姆林宮》，湖南人民出版社，二〇〇一年版

[一六四沈國麟著：《鏡頭中的國會山——美國國會與大眾傳媒》，復旦大學出版社，二〇〇五年五月版

[一六五]陸鏡生：《美國人權政治》，當代世界出版社，一九九七年三月第一版。

[一六六]薛勇著：《右翼帝國的生成——總統大選與美國政治的走向》，廣西師範大學出版社，二〇〇四年版

[一六七]李道揆：《美國政府和美國政治》，中國社會科學出版社，一九九〇年第一版

[一六八]啟良著：《龍種與跳蚤》，花城出版社，二〇〇三年六月版

[一六九]張茲暑：《試論美國兩黨制的特點》，《河北師範大學學報（哲學社會科學版）》，二〇〇三年一月

[一七〇]譚融：《美國利益集團政治研究》，中國社會科學出版社，二〇〇二年版

[一七一]武寅主編：《世界歷史研究所學術文集》，江西人民出版社，二〇〇一年版

[一七二]張澤清著：《美國，你為何強大？》，中國城市出版社，一九九九年版

[一七三]張樹華著：《過渡時期的俄羅斯社會》，新華出版社，二〇〇一年版

[一七四]辜曉進：《走進美國大報》，南方日報出版社，二〇〇二年十月版

[一七五]顧曉明主編：《我看美國媒體》，新華出版社，二〇〇〇年十月版

[一七六]韓召穎：《輸出美國：美國新聞署與美國公眾外交》，天津人民出版社，二〇〇〇年四月版

[一七七]郝雨凡、張燕東主編：《限制性接觸》，新華出版社，二〇〇一年九月版

[一七八]林子以：《言論自由與新聞自由》，臺灣月旦出版公司，一九九七年六月版

[一七九]劉華蓉：《大眾傳媒與政治》，北京大學出版社，二〇〇一年十一月版

[一八〇]劉勇：《大追尋：美國媒體前沿報告》，上海遠東出版社，二〇〇二年十一月版

[一八一]王銘銘：《想像的異邦》，上海人民出版社，一九九八年六月版

（五）

[一八九]趙成根：《民主與公共決策》，黑龍江人民出版社，二〇〇〇年十二月版
[一九〇]張友倫等著：《美國社會的悖論》，中國社會科學出版社，一九九九年十月版
[一九一]劉緒怡等著：《戰後美國史》，人民出版社，一九八九年版
[一九二]宮達非主編：《蘇聯劇變新探》，世界知識出版社，一九九八年十二月。
[一九三]王福春：《毀譽參半赫魯雪夫》，學苑出版社，一九九六年版
[一九四]劉金質：《冷戰史》，世界知識出版社，二〇〇三年一月版
[一九五]劉緒怡等譯：《一九〇〇年以來的美國史》，中國社會科學出版社，一九八三年版
[一九六]陸南泉等：《蘇聯興亡史論》，人民出版社，二〇〇二年版
[一九七]資中筠主編：《戰後美國外交史》，世界知識出版社，一九九四年五月版
[一九八]吳楚克：《民族主義幽靈與蘇聯劇變》中國人民大學出版社，二〇〇二年七月。
[一九九]江流、陳之驊主編：《蘇聯演變的歷史思考》，北京中國社會科學出版社，一九九四年
[二〇〇]孫有中、莊錫昌著：《細說美利堅》，上海文匯出版社，一九八七年版
[二〇一]王長江著：《蘇共：一個大黨衰落的啟示》，河南人民出版社，二〇〇二年版
[二〇二]左鳳榮：《致命的錯誤》，世界知識出版社二〇〇一年十一月版

[二〇三]邢廣程：《蘇聯高層決策七〇年》，世界知識出版社，一九九八年版
[二〇四]陳力丹著：《世界新聞傳播史》，上海交通大學出版社，二〇〇二年五月第一版
[二〇五]李良榮：《西方新聞事業概論》，復旦大學出版社，一九九七年十月版
[二〇六]黃葦町：《蘇共亡黨十年祭》，江西高校出版社，二〇〇二年版
[二〇七]林達著：《我也有一個夢想》，三聯書店，一九九九年三月第一版
[二〇八]李勝凱著：《二〇〇〇年白宮內幕》，山東人民出版社，二〇〇三年版。
[二〇九]劉軍寧編：《民主與民主化〉，北京商務印書館，一九九九年版
[二一〇]何順果：《美國史通論》，學林出版社，二〇〇一年十一月版
[二一一]唐士其著：《西方政治思想史》，北大出版社，二〇〇二年版
[二一二]孫哲主編：《美國國會研究》，復旦大學出版社，二〇〇二年八月版
[二一三]張立平：《美國政黨與選舉政治》，中國社會科學出版社，二〇〇二年版

(六)

[二一四]王繩祖主編：《國際關係史》，世界知識出版社，一九九五年版
[二一五]沙那等編：《第一次世界大戰史》，人民出版社，一九七九年版
[二一六]姜長斌：《蘇聯早期體制的形成》，黑龍江教育出版社，一九八八年版

[一一七]劉克明、金揮主編：《蘇聯政治經濟體制七十年》，中國社會科學出版社，一九九〇年版
[一一八]陸南泉、張文武編：《國外對蘇聯問題的評論簡介》，求實出版社，一九八二年版
[一一九]周尚文等：《蘇聯興亡史》，上海人民出版社，一九九三年版
[一二〇]劉洪潮等主編：《蘇聯一九八五－一九九一年的演變》，新華出版社，一九九二年版
[一二一]姜長斌、左鳳榮著：《讀懂史達林》，四川人民出版社，二〇〇一年版
[一二二]申健著：《論蘇聯劇變的體制原因》，經濟管理出版社，二〇〇〇年版
[一二三]張盛發著：《史達林與冷戰》，中國社會科學出版社，二〇〇〇年版
[一二四]許新等：《超級大國的崩潰——蘇聯解體原因探析》，社會科學文獻出版社，二〇〇一年版
[一二五]陳之驊等編：《蘇聯興亡史綱》，中國社會科學出版社，二〇〇四年版
[一二六]孫哲著：《權威政治》，復旦大學出版社，二〇〇四年版
[一二七]老搖著：《美國草根政治日記》，社會科學文獻出版社，二〇〇五年五月版
[一二八]陸南泉主編：《蘇聯改革大思路》，瀋陽出版社，一九八九年版
[一二九]姚海：《近代俄國立憲運動源流》，四川人民出版社，一九九六年版
[一三〇]高放主編：《當代世界社會主義概論》，中國人民大學出版社，一九八九年版
[一三一]孫大維著：《憲政體制下的第三種分權》，中國社會科學出版社，二〇〇四年五月版
[一三二]馬龍閃著：《蘇聯劇變的文化透視》，中國社會科學出版社，二〇〇五年三月版
[一三三]顧關福編著：《戰後國際關係》，時事出版社，二〇〇三年八月版

[二三四]丹今等編：《蘇聯社會主義改革理論》，東方出版社，一九八八年四月版
[二三五]姜長斌主編：《蘇聯社會主義制度的變遷》，黑龍江教育出版社，一九八八年十二月版

（七）

[二三四]李東燕著：《杜魯門》，學苑出版社，一九九六年四月版
[二三五]隋曉明編著：《積習》，中央民族大學出版社，二〇〇〇年一月版
[二三六]陳啟能主編：《蘇聯大清洗內幕》，社會科學文獻出版社，一九八八年十月版
[二三七]黃宗良、高金海等編著：《蘇聯政治體制的沿革》：春秋出版社，一九八八年十二月版
[二三八]亞・雅科夫列夫著，高洪山等譯：《「改革新思維」與蘇聯之命運》，吉林人民出版社，一九九二年五月版
[二三九]張定河：《美國政治制度的起源與演變》，中國社會科學出版社，一九九八年版
[二四〇]曹沛霖：《議會政治》，三聯書店，一九九三年版
[二四一]李興耕等編：《前車之鑒》，人民出版社，二〇〇三年三月版。
[二四二]陸南泉等著：《蘇聯興亡史論》（九五國家重點課題），人民出版社，二〇〇二年一月版。
[二四三]李振城著：《蘇聯興亡的沉思》，改革出版社，一九九六年十一月第一版。
[二四四]徐隆彬著：《赫魯雪夫執政史》，山東大學出版社，二〇〇二年七月版。

[二四五]陳之驊等著：《蘇聯興亡史綱》，中國社會科學出版社，二〇〇四年十二月版，第四八八－四八九頁。

[二四六] G・・R・Urban, END OF EMPIRE-The Demise of the Soviet Union, THE AMERICAN UNIVERSITY PRESS, 一九九三, P一八－二一.

[二四七]參見G・・R・Urban, END OF EMPIRE-The Demise of the Soviet Union, THE AMERICAN UNIVERSITY PRESS, 一九九三, P一八－二〇.

[二四八]左鳳榮著：《致命的錯誤》，世界知識出版社，二〇〇一年十一月版，第四頁。

[二四九]高放，《政治學與政治體制改革》，中圖書籍出版社二〇〇二年版，第五九〇－五九一頁。

[二五〇]徐育苗，《政治體制概念辨析》，《江漢論壇》，二〇〇四年第七期。

[二五一]陸南泉等著：《蘇聯興亡史論》（九五國家重點課題），人民出版社，二〇〇二年一月版，第一六－二二頁。

[二五二]趙虎吉：《比較政治學——後發展國家視角》中山大學出版社二〇〇二年版，第二五－二六頁。

[二五三]謝翊：《論政治體制的內涵和結構》，《政治學研究》一九八六年第五期。

[二五四]參見宮達非主編：《蘇聯劇變新探》，世界知識出版社，一九九八年版，第三四三頁。

[二五五]參見劉金質著：《冷戰史》，世界知識出版社，二〇〇三年一月版，第六六七－六六九頁。

後記

鄭易平

本書是我的博士論文，此論文的寫作過程非常艱辛。二〇〇七年，當我手捧沉甸甸論文列印稿時，禁不住悲喜交集。悲的是，這三年多來，頭疼和胃病的折磨給我帶來了太多的痛苦，當一切辦法都試過還是頭疼欲裂時，我多次嚴肅地思考：在這樣的狀態下寫作，是不是摧殘自己？放棄是不是明智之舉？喜的是，我終於戰勝了病情和絕望，完成了論文的寫作。

這個論文題目是在導師譚君久先生的幫助下定下的。今天看來，這個選題本身的意義和我對它的興趣，對我戰勝困難也起了很大作用。

譚老師不僅肯定了我的主要觀點，而且多次關心我的身體和具體的論證過程，在學術和心理上都給我很大的支持，所以首先對譚老師的教誨和指導表示衷心的謝意。

在本論文的寫作過程中，我的幾位學生王豔、李青、王永梅、牛霞飛，還有愛人劉又生、母親歐陽儒萍和兒子鄭德洛，都給了我很多難得的支持和幫助，面對這些恩賜，我只能先說一聲「謝謝！」。

本書在沉寂七年之後能夠有幸出版，得益於好友邵建教授的推薦、盧羿珊編輯的辛勞和秀威資訊科技股份有限公司的認可，在此一併表達誠摯的謝意。

Do觀點28　PF0173

蘇聯政治體制及崩潰

作　　者／鄭易平
責任編輯／盧羿珊
圖文排版／莊皓云
封面設計／楊廣榕

出版策劃／獨立作家
發 行 人／宋政坤
法律顧問／毛國樑　律師
製作發行／秀威資訊科技股份有限公司
地址：114 台北市內湖區瑞光路76巷65號1樓
電話：+886-2-2796-3638　傳真：+886-2-2796-1377
服務信箱：service@showwe.com.tw
展售門市／國家書店【松江門市】
地址：104 台北市中山區松江路209號1樓
電話：+886-2-2518-0207　傳真：+886-2-2518-0778
網路訂購／秀威網路書店：https://store.showwe.tw
國家網路書店：https://www.govbooks.com.tw

出版日期／2016年1月　BOD一版　定價／450元

|獨立|作家|
Independent Author
寫自己的故事，唱自己的歌

蘇聯政治體制及崩潰 / 鄭易平著. -- 一版. -- 臺
北市 : 獨立作家, 2016.01
面 ;　公分. -- (Do觀點 ; 28)
BOD版
ISBN 978-986-92257-0-0(平裝)

1. 政治制度　2. 美俄關係　3. 俄國

574.48　　104019716

國家圖書館出版品預行編目

讀者回函卡

感謝您購買本書，為提升服務品質，請填妥以下資料，將讀者回函卡直接寄回或傳真本公司，收到您的寶貴意見後，我們會收藏記錄及檢討，謝謝！
如您需要了解本公司最新出版書目、購書優惠或企劃活動，歡迎您上網查詢或下載相關資料：http:// www.showwe.com.tw

您購買的書名：______________________________

出生日期：________年________月________日

學歷：□高中（含）以下　□大專　□研究所（含）以上

職業：□製造業　□金融業　□資訊業　□軍警　□傳播業　□自由業
□服務業　□公務員　□教職　□學生　□家管　□其它_____

購書地點：□網路書店　□實體書店　□書展　□郵購　□贈閱　□其他

您從何得知本書的消息？

□網路書店　□實體書店　□網路搜尋　□電子報　□書訊　□雜誌
□傳播媒體　□親友推薦　□網站推薦　□部落格　□其他__________

您對本書的評價：（請填代號　1.非常滿意　2.滿意　3.尚可　4.再改進）

封面設計____　版面編排____　內容____　文／譯筆____　價格____

讀完書後您覺得：

□很有收穫　□有收穫　□收穫不多　□沒收穫

對我們的建議：______________________________

____

____

____

請貼
郵票

11466
台北市內湖區瑞光路 76 巷 65 號 1 樓
獨立作家讀者服務部 收

(請沿線對折寄回，謝謝！)

姓　　名：________________　年齡：________　性別：□女　□男

郵遞區號：□□□□□

地　　址：______________________________________

聯絡電話：(日)________________ (夜)________________

E-mail：______________________________________